エビデンスに基づく青少年保護政策

サイバーリスクから子どもを守る

経済協力開発機構（OECD）[編著]
齋藤長行 [著訳]
新垣 円 [訳]

OECD The Protection of Children Online
Internet Literacy in Japan

明石書店

経済協力開発機構（OECD）

　経済協力開発機構（Organisation for Economic Co-operation and Development, OECD）は、民主主義を原則とする34か国の先進諸国が集まる唯一の国際機関であり、グローバル化の時代にあって経済、社会、環境の諸問題に取り組んでいる。OECDはまた、コーポレート・ガバナンスや情報経済、高齢化等の新しい課題に先頭になって取り組み、各国政府のこれらの新たな状況への対応を支援している。OECDは各国政府がこれまでの政策を相互に比較し、共通の課題に対する解決策を模索し、優れた実績を明らかにし、国内および国際政策の調和を実現する場を提供している。

　OECD加盟国は、オーストラリア、オーストリア、ベルギー、カナダ、チリ、チェコ、デンマーク、エストニア、フィンランド、フランス、ドイツ、ギリシャ、ハンガリー、アイスランド、アイルランド、イスラエル、イタリア、日本、韓国、ルクセンブルク、メキシコ、オランダ、ニュージーランド、ノルウェー、ポーランド、ポルトガル、スロバキア、スロベニア、スペイン、スウェーデン、スイス、トルコ、英国、米国である。欧州委員会もOECDの活動に参加している。

　OECDが収集した統計、経済、社会、環境の諸問題に関する研究成果は、加盟各国の合意に基づく協定、指針、標準と同様にOECDの出版物として広く公開されている。

　　本書はOECDの事務総長の責任のもとで発行されている。本書で表明されている意
　　見や主張は必ずしもOECDまたはその加盟国政府の公式見解を反映するものではない。

Originally Published in English under the titles:

"The Protection of Children Online"
(http://www.oecd.org/sti/ieconomy/childrenonline_with_cover.pdf)
© OECD, 2012

Saito, N. (2015), "Internet Literacy in Japan", OECD Science, Technology and Industry Working Papers, No. 2015/03, OECD Publishing, Paris.
DOI: http://dx.doi.org/10.1787/5js0cqpxr6bq-en
© OECD, 2015

© サイバーリスクから子どもを守る──エビデンスに基づく青少年保護政策, Japanese language edition, Organisation for Economic Co-operation and Development, Paris, and Akashi Shoten Co., Ltd., Tokyo 2016
Cover image：© tan4ikk-Fotolia.com
The quality of the Japanese translation and its coherence with the original text is the responsibility of Akashi Shoten Co., Ltd.

　本書に掲載する文書及び地図は、あらゆる領土の地位や主権を、国際的な境界設定や国境を、また、あらゆる領土や都市、地域の名称を害するものではない。

はしがき

　本書は、経済協力開発機構（OECD）が、インターネットを利用する青少年の保護政策を各国との協調のもとで施行するための政策的基盤の整備として、OECD情報コンピュータ通信政策委員会（OECD Committee for Information, Computer and Communications Policy: ICCP）情報セキュリティ・プライバシー作業部会（Working Party on Information Security and Privacy: WPISP）で取り組まれてきた調査研究の成果がまとめられた報告書である。その調査研究の成果は、2012年2月に公開された「OECDインターネット上の青少年の保護に関する理事会勧告（Recommendation of the Council on the Protection of Children Online）」［C（2011）115］の基礎となっている。

　この勧告は、日本側が委員会に対して提案したものである。このことから我が国は、インターネットを利用する青少年保護のための国際協調に大きな貢献をしたとともに、この分野において国際社会をリードする存在であると言っても過言ではないであろう。

　本書は、大きく3つの柱に分けられる。本書の冒頭では「インターネット上の青少年の保護に関する理事会勧告（以下：青少年保護勧告）」が掲載されており、その後に第Ⅰ部として「インターネットのリスクにさらされている子どもたちを守るための青少年保護政策報告書（英題："The Protection of Children Online: Risks Faced by Children Online and Policies to Protect Them"）」が掲載されている。これらは、OECDから"The Protection of Children Online"のタイトルで一冊の報告書として公開されている。

　さらに本書では、第Ⅱ部として「日本のインターネット・リテラシー指標開発プロジェクト（英題："Internet Literacy in Japan"）」が掲載されている。この報告書では、青少年保護勧告で言及されているエビデンスに基づく青少年

保護政策の実践を目指す目的で日本が取り組んだ「青少年がインターネットを安全に安心して活用するためのリテラシー指標（Internet Literacy Assessment indicator for Students: ILAS）」策定の開発とその指標を用いた調査結果が報告されている。

このように本書は、OECDの勧告と2つの報告書の3編を一冊の書籍として出版されている。このことには意義がある。というのも、OECDにおけるインターネット上の青少年保護に関する政策に関しては、ICCP、WPISPにおいて日本が加盟諸国を先導する立場で積極的に取り組んできた。その取り組みの成果は、青少年保護勧告として踏襲されている。さらに、第Ⅱ部の「日本のインターネット・リテラシー指標開発プロジェクト」は、日本で実践されたILASの取り組みをOECD加盟国に共有するために、本書著訳者がOECDに赴任し、科学技術産業局（Directorate for Science, Technology and Industry: DSTI）所属のポリシーアナリストとして執筆したものである。本書の公開にあたっては、日本の事例報告としての意味合いから、著者のクレジットは小職の名前でOECD出版局から公開されている。

これらのことから、本書は日本がインターネット上の青少年保護のためにOECDに貢献した諸成果を取りまとめた書であると言える。

第Ⅰ部は、DSTI所属のLaurent Bernat氏の監修のもと、コンサルタントであるKristina Irion氏によって執筆されたものである。日本語訳は共同翻訳者の新垣円氏と小職と2人で行った。第Ⅱ部は、小職がパリのOECD事務局で執筆したものであり、帰国後日本で翻訳したものである。

これらのインターネット上の青少年保護に関する成果は、現在OECDに新たに編成されたデジタル経済政策委員会（Committee on Digital Economy Policy: CDEP）の作業部会であるデジタル経済計測分析作業部会（Working Party on Measurement and Analysis of the Digital Economy: WPMADE）に引き継がれ、国際的な青少年保護指標の策定に向けた取り組みの基礎となっている。

本書第Ⅰ部では、OECD加盟国における子どもたちのインターネットの利用

状況およびその利用から隆起する様々なリスクとの遭遇状況について報告されている。それらの報告を基に、子どもたちが直面しているインターネットリスクの類型化が試みられている。

さらに、各国の青少年保護政策の実践状況の報告として、特に各国における自主規制・共同規制の体制について言及がなされている。さらに、国境を越えるインターネットリスクに対する対策として国際的な協調のもとで、自主規制・共同規制を主体とした青少年保護政策を講じることが重要であるとを読者に伝えている。

そのためには、関係機関が協調し、各政策の整合性を図るとともに、一貫性の高い政策の施行が重要となり、そのような政策を実現するための手法として、エビデンスに基づく政策を施行することの意義が論じられている。

本書第Ⅱ部では、そのような政策を世界各国に先駆けて実践した日本のILASプロジェクトの取り組みが報告されている。このようなインターネット上の青少年保護政策に関するOECDの成果を翻訳し、日本が成し遂げた国際社会に対する貢献を再確認することは意義があると言えよう。

齋藤 長行

サイバーリスクから子どもを守る
エビデンスに基づく青少年保護政策

目 次

勧　告
OECDインターネット上の青少年の保護に関する理事会勧告

第Ⅰ部
インターネットのリスクにさらされている
子どもたちを守るための青少年保護政策報告書

序　文 ……………………………………………………………………………………… 29
要　旨 ……………………………………………………………………………………… 31

序　章 ……………………………………………………………………………………… 35
　はじめに ………………………………………………………………………………… 36
　第1節　報告書の全体像 ……………………………………………………………… 38
　第2節　子どもたちのインターネット利用における統計 ………………………… 40
　第3節　インターネットのリスクに直面する子どもたちの統計データに関する考察
　　　　　………………………………………………………………………………… 47
　　　3.1　データの利用可能性 …………………………………………………… 47
　　　3.2　データの比較可能性 …………………………………………………… 48
　第4節　結論 …………………………………………………………………………… 50

第1章　インターネット上の子どもたちのリスク ………………………………… 51
　第1節　リスクの類型 ………………………………………………………………… 52
　第2節　リスクの概要 ………………………………………………………………… 53
　　　2.1　インターネットユーザーとしての子どもたちのリスク ……………… 54
　　　2.2　インターネット上で子どもたちが消費者としてターゲットにされること …… 68
　　　2.3　情報プライバシーとセキュリティのリスク …………………………… 71
　第3節　結論 …………………………………………………………………………… 79

目　次

第2章　インターネットを利用する子どもたちの保護政策…………………81
　　はじめに……………………………………………………………………………82
　　第1節　インターネットを利用する子どもたちの保護政策の3つの側面………82
　　　1.1　複数の階層にわたる政策………………………………………………83
　　　1.2　複数のステークホルダーによる政策…………………………………91
　　　1.3　マルチレベルでの政策…………………………………………………95
　　第2節　政策比較分析……………………………………………………………99
　　　2.1　ハイレベルの政策の対比………………………………………………99
　　　2.2　子どもの定義……………………………………………………………100
　　　2.3　政策の組み合わせ………………………………………………………101
　　　2.4　エビデンス、政策分析、効果評価の利用……………………………102

第3章　政策上の主要な知見…………………………………………………105
　　はじめに……………………………………………………………………………106
　　第1節　政策の一貫性……………………………………………………………107
　　　1.1　協調………………………………………………………………………108
　　　1.2　整合性……………………………………………………………………109
　　　1.3　一貫性……………………………………………………………………110
　　第2節　エビデンスに基づく政策………………………………………………111
　　　2.1　リスクの測定……………………………………………………………111
　　　2.2　政策インパクト・アセスメント………………………………………112
　　　2.3　運用評価…………………………………………………………………113
　　第3節　国際協力…………………………………………………………………113
　　　3.1　国際的対話と調和を保証する…………………………………………113
　　　3.2　国境を越えた情報と資源の共有および能力向上……………………114
　　　3.3　国際的なエビデンスに基づく政策のための実証的基盤の設置……115
　　　3.4　運用レベルにおける国際的ネットワークと戦略的パートナーシップ………116

付録1　インターネットを利用する子どもたちの保護政策の記述的概要......119
 はじめに......120
 第1節　地域政策の枠組みと国家戦略......120
  1.1　地域政策の枠組み......120
  1.2　国の政策の枠組み......122
 第2節　法的手法......124
  2.1　コンテンツ関連リスクの法律......125
  2.2　コンタクト関連リスクの法律......129
  2.3　インターネット上の子どもたちの消費者としてのリスクに対する法律......130
  2.4　子どもたちのプライバシーと情報セキュリティ関連リスクの法律......131
  2.5　法的手法の効果......133
 第3節　自主・共同規制アプローチ......135
  3.1　携帯通信......137
  3.2　ソーシャルネットワーク・サービス（SNS）......138
  3.3　オンラインゲーム......139
  3.4　インターネット広告......139
  3.5　違法で子どもたちに不適切なコンテンツ......141
 第4節　コミュニティや望ましい利用政策......142
 第5節　技術的手法......144
  5.1　技術の概観......144
  5.2　技術的手法に対する政府の政策......155
  5.3　技術的手法のまとめ......157
 第6節　意識向上および啓発教育......158
  6.1　意識向上キャンペーンの種類......159
  6.2　インターネット・リテラシー教育......161
 第7節　良いコンテンツの提供......163
 第8節　国際協力......165

付録2　表と図......169

第Ⅱ部
日本のインターネット・リテラシー指標開発プロジェクト

序　文 ……………………………………………………………………………… 209
謝　辞 ……………………………………………………………………………… 212
要　旨 ……………………………………………………………………………… 213

第1章　政策立案のためのインターネット・リテラシーの効果の検証 …… 215
第1節　政府部門にとっての利点 ……………………………………………… 216
第2節　民間部門にとっての利点 ……………………………………………… 217
第3節　保護者にとっての利点 ………………………………………………… 218
第4節　教員にとっての利点 …………………………………………………… 219

第2章　日本のインターネット・リテラシー指標システムの開発 ………… 221
はじめに ………………………………………………………………………… 222
第1節　インターネット・リテラシー指標の開発プロセス ………………… 223
▶インターネット・リテラシー指標（ILAS）の開発ステップ ……………… 223
第2節　青少年のインターネット・リテラシー・リスク定義リストの策定 … 224
▶インターネット・リテラシー指標（ILAS） …………………………………… 226
第3節　ILASテスト・システムの開発 ……………………………………… 227
3.1　リスク分類カテゴリーに連動したテスト・アイテムの開発 ………… 227
3.2　予備実験によるテストの問題出題数の検証 …………………………… 228
3.3　プレ・テストによるILASテスト・セットに対する信頼性と妥当性の検証
　　 …………………………………………………………………………………… 228
3.4　プレ・テストによるテスト・セットに対する検証 …………………… 229
第4節　被験者の属性を測定するためのアンケートの開発 ………………… 232
第5節　ILASテストの運用 …………………………………………………… 233
5.1　ILASテストの概要 ……………………………………………………… 233
5.2　ILASテスト・システムの信頼性と妥当性の検証 …………………… 234

第3章　青少年のインターネットの安全利用の分析と評価 237
　　はじめに 238
　　第1節　クロス分析結果 238
　　　1.1　各リスク中分類正答率 238
　　　1.2　高校のロケーションと平均正答率との関係 239
　　　1.3　各通信ディバイスの所持率 240
　　　1.4　インターネット接続機器として最も利用されている通信ディバイス 241
　　　1.5　テスト結果と啓発教育の受講経験との関係 241
　　　1.6　家庭における親子の話し合いの有無と正答率との関係 242
　　　1.7　オンライン・リスクの遭遇経験と正答率との関係 242
　　　1.8　青少年が遭遇するオンライン・リスクのタイプ 244
　　第2節　青少年のスマートフォン利用環境整備の必要性 245
　　　2.1　青少年保護サービスの利用状況 246
　　　2.2　3GネットワークとWi-Fiネットワークの認知と利用状況 247
　　　2.3　アプリケーションのインストールによる情報漏洩リスクに対する認知 248
　　　2.4　プライバシーポリシー同意書の確認 248
　　　2.5　家庭における話し合いとプライバシー設定機能利用との相関 249
　　　2.6　各種保護サービス利用の相互関係 249
　　　2.7　情報漏洩に対する認識とプライバシーポリシーの確認行動との相関 250
　　第3節　青少年の学齢ごとの知識と安全対策との関係 250
　　　3.1　フィルタリングに対する認知と実際の利用との相関 251
　　第4節　知識伝達型の教育と規範意識を育てる教育 251
　　第5節　保護者の啓発教育経験と実際の安全対策実施との相関 252
　　　5.1　保護者の啓発教育受講経験とインターネット・リスクに対する注意行動との相関 253
　　　5.2　保護者の啓発教育受講経験と家庭におけるルールの設定状況との相関 253

第4章　主要な知見と政策提言 255

　第1節　インターネット・リテラシー指標の開発と検証 256

　　1.1　ILAS 指標システムによる 15 歳の青少年に求められるインターネット・リテラシー 256

　　1.2　ILAS テスト・セットの策定による青少年のインターネット・リテラシーの測定 256

　　1.3　CBT、紙筆式テストのどちらにおいても実施可能な ILAS 指標システム 257

　　1.4　ILAS テストのスコアにおいて男女の性差はない 257

　　1.5　インターネット・リテラシーを測るための指標としての信頼が証明された ILAS 指標システム 257

　第2節　ILASテストの結果を基にした政策提言 258

結　論 263

あとがき 269

勧 告

OECDインターネット上の
青少年の保護に関する理事会勧告

インターネットは経済や社会のあらゆる側面に浸透してきており、我々の子どもたちの生活にも欠かせないものとなっている。インターネットは子どもたちの教育や発達において多大な利益をもたらす一方、不適切な情報へのアクセス、他の子どもたちや大人たちとのオンライン上での不適切な交流、過剰なオンライン広告というようなリスクに子どもたちがさらされることとなった。またインターネットの利用によって、子どもたちは、長期的なプライバシー保護への影響を認識しないまま、彼らのコンピュータから個人情報が漏れてしまうというリスクにもさらされることとなった。

これらのリスクはすでにオフラインの世界で子どもたちの身に起こっている危険が単にインターネット上にも拡張されただけのように思えるかもしれないが、子どもたちを守る手段はそれほど単純にバーチャルかつグローバル化したインターネットの世界に応用できるとは限らない。たとえば、インターネット上では、身元や年齢にかかわらず、すべてのユーザーが平等にアクセスし、グローバルにつながることのできる開放性が重要な要素となっている。このような開放性が、主に研究者が使っていたコンピュータ・ネットワークをグローバルなプラットフォームへと変化させ、経済・社会活動に重要な革新をもたらすインフラとした。このような開放性やインターネットの基本的な価値を知らずして、オフラインの世界で若者を保護するために設けられてきた物理的な障壁や社会的価値観をインターネットの世界に持ち込むことができるだろうか。

教育は、オフラインにおいてもインターネット上においても子どもたちを守る基本的な手段である。しかし、インターネットの技術的進化や利用の拡大は、社会がインターネットのリスクを認識し、対処できる時間に比べて急激に発展している。保護者や教員はインターネットの技術の進化について行くのがやっとであるのに対し、「デジタル・ネイティブ」である子どもたちは自然とインターネットに親しみ、メッセージやブログ、SNSと普通につながっている。保護者や教員は、いったいどのようなアドバイスをすることができるのだろうか。インターネットでは一般的にビジュアル的なインタラクションではなく、身元を保証する仕組みが乏しいため、常に、誰が知り合いで誰が知らない人かの疑

問がつきまとう。子どもたちはスマートフォンやゲーム機を通じてインターネットを1人で使うことが多く、簡単にソフトをインストールしてリンクをクリックすることができるため、「知らない人と話してはいけません」といったアドバイスをすることはオフラインの場合と同様に難しいものである。逆に、SNSなどを通じて、同じ興味を持つ知らない人と話ができることは、まさにインターネットの利点というべきものである。いつ、どのように知らない人とインターネット上で話すべきかを教えることは、一切インターネット上で話さないようにと教えるよりは良い方法だろう。こういった簡単な例からも、子どもたちだけでなく教員に対しても教育する必要性があることが明らかである。この問題は親の目の届く範囲を超えており、子どもたちを守ることが課されたすべてのステークホルダーの協力が必要なことがわかる。

　2008年6月に開催された、未来のインターネット経済に関するソウル閣僚会議（Seoul Ministerial Meeting on the Future of the Internet Economy）において、政府、企業、市民社会、インターネット技術団体に対して、インターネットを使う子どもたちの保護と援助を行うために、影響の把握をするなど、協力して取り組むことが求められた[1]。また、青少年保護に向けて政府や執行機関の国境を越えた協力も求められた。

　ソウル宣言に続き、OECDはアジア太平洋経済協力電気通信・情報作業部会（Asia-Pacific Economic Co-operation Telecommunications and Information Working Group: APEC TEL）と共同開催によるシンポジウム「子どもたちの安全なインターネット利用を促す経済活動のメンバーによる協力について」を開催した（シンガポール、2009年4月15日）[2]。2010年には、OECD情報コンピュータ通信政策委員会（OECD Committee for Information, Computer and Communications Policy: ICCP）の情報セキュリティ・プライバシー作業部会（Working Party on Information Security and Privacy: WPISP）が、インターネットを利用する子どもたちのリスクと保護政策に関して分析し、2011年5月に報告書を発表した[3]。

　本勧告は、この報告書に基づいており、ビジネス界、市民社会、インターネ

ット技術団体によってさらに発展されたものである[4]。1989年の「国際連合子どもの権利条約（United Nation Convention on the Rights of the Child）」にならい、すべてのステークホルダーは安全なインターネット環境を構築し、子どもたちが責任あるデジタル市民となるよう教育するという原則を本勧告は含んでいる。さらに、インターネット上で子どもを守るために政府が公共政策として直面する以下の3つの喫緊の課題について焦点を当てている。すなわち、エビデンスに基づく政策形成のアプローチをとる必要があること、政策協調を促すために複雑なバランスをとること、国際協力のために国内政策の効率性と処理能力を上げ、一貫性と妥当性を確保することである。

　本勧告は、ICCP委員会に提出された草案に基づき、2012年2月16日にOECD委員会において採択された。

注

1. OECD（2008）「インターネット経済の未来に向けたソウル宣言（Seoul Declaration for the Future of the Internet Economy）」、available at *www.oecd.org/futureinternet*.
2. OECD（2009），"Report on the APEC-OECD Joint Symposium on Initiatives among Member Economies Promoting a Safer Internet Environment for Children", available at *www.oecd.org/dataoecd/46/46/44120262.pdf*.
3. OECD（2011），"The Protection of Children Online: Risks Faced by Children Online and Policies to Protect Them", *OECD Digital Economy Papers* no. 179, OECD Publishing, available at *http://dx.doi.org/10.1787/5kgcjf71pl28-en*.
4. 本勧告をレビューした民間団体は以下である。経済産業諮問委員会（Business and Industry Advisory Committee: BIAC）、市民社会とインターネット社会諮問委員会（Civil Society Internet Society Advisory Council: CSISAC）、インターネット技術諮問委員会（Internet Technical Advisory Committee: ITAC）。

> # OECDインターネット上の
> # 青少年の保護に関する理事会勧告
> 2012年2月16日 ［C（2011）155］

理事会は、

1960年12月14日のOECD協定第5条b）に関して；

プライバシー保護と個人情報の国際流通管理ガイドラインに関する理事会勧告［C（80）58/FINAL］、電子商取引に関する消費者保護ガイドラインに関する理事会勧告［C（99）184/FINAL］、情報システム・ネットワークセキュリティガイドライン～セキュリティ文化の普及に向けて～に関する理事会勧告［C（2002）131］、インターネット経済の未来に向けたソウル宣言［C（2008）99］、およびインターネットの政策立案のための指針に関する理事会勧告［C（2011）154］を踏まえて；

幼い頃からインターネットに多くの時間を費やす子どもたちが増加しており、インターネット技術と接続デバイスは急速に発達している。子どもたちのインターネットの利用を促し、使用パターンを変化させていることが認められる。

インターネットは教育、自己表現、社会的発達に重要な貢献をもたらしている一方で、大人たちよりも子どもたちの方が様々なリスクからもたらされる影響を受けやすいことが認められる。

子どものインターネット利用における保護政策の策定、実施、評価において、

すべてのステークホルダーの協力と情報共有が重要である。

子どものインターネット利用における保護政策は、インターネット上のリスクを減らし、かつ自分自身で危険をコントロールしつつ安全な利用を促進するものである必要がある。

地域や住む場所における文化的違いが子どものインターネット利用におけるリスク評価に影響を与えるとしても、インターネットのような本質的にグローバルなメディアにおいて、国際的な対話と協力がより効果的な政策的方策であることが証明されてきた。

OECD情報コンピュータ通信政策委員会（OECD Committee for Information, Computer and Communications Polic: ICCP）の提案書において：

1. 本勧告の以下の目的に同意する。
1) 未成年者には適切な法的保護を講じることが適切であることに鑑み、「子ども」は、18歳未満のすべての青少年を含み、「保護者」は、子どもたちの両親および保護監督者を含むものとする。
2) 「インターネット上の青少年保護」は、インターネット上の青少年が直面するコンテンツ・リスク、コンタクト・リスクや、電子商取引に関係する個人情報保護やプライバシー保護の問題を含むものとする。
3) 「ステークホルダー」は、政府、ビジネス界、市民社会、インターネットコミュニティ、その他インターネットの環境整備および子どもの教育にかかわる者たちを含むものとする。

2. 本勧告では、インターネット上における子どもの性的虐待画像や性的搾取に関するリスクに関しては、他の国際機関が扱うことがふさわしい課題であることから範囲外とする。

3. インターネット上の青少年保護政策を策定するうえで、政府とその他すべてのステークホルダーは、以下の原則を念頭に置くことを勧告する。

　a. エンパワーメント（能力獲得の支援）

　　1）インターネット上の青少年保護政策においては、すべてのステークホルダーは、インターネット上のリスクを減らして安全な環境を作るとともに、保護者がオフライン上と同様に子どもたちのリスクを評価し、そのリスクを最小限にとどめるという重要な役割を果たすためのサポートをすることの両面において責任があることを自覚すべきである。

　　2）インターネット上の青少年保護政策においては、子どもと保護者がリスクを評価し、そのリスクを最小限にとどめ、安全安心かつ責任ある態度でインターネットを用いることができるようエンパワーメントすべきである。

　b. 基本的な価値とそのバランス

　　1）インターネット上の青少年保護政策においては、リスクを効率的かつバランスをとりながら調整する必要がある。子どもたちが他のユーザーと同様にインターネットを利用することで得られる利点や機会を制限することなく、インターネット上のリスクから最大限に保護すべきである。

　　2）オンライン上の青少年保護政策においては、インターネットがコミュニケーション、イノベーション、経済発展、社会発展をもたらすグローバルに開かれたプラットフォームであるという基本的な価値を損なわないようにすべきである。インターネット上の青少年保護政策の策定においては、その他の経済的・社会的なインターネット政策との一貫性を保つように、実施前に十分に評価すべきである。

　　3）インターネット上の青少年保護政策においては、子どもたちを含むすべての個人に適応される民主主義の基本的な価値を含むべきである。特に、表現の自由、プライバシーの保護、自由な情報の流通をするものでなければならない。

c. 柔軟性
 1) インターネット上の青少年保護政策においては、年齢の違いや発達段階の違い、特別に配慮が必要となる度合いに応じて行われるべきである。年齢に応じた制限が設けられた場合、すべてのステークホルダーはその制限を尊重するよう努力すべきである。
 2) インターネット上の青少年保護政策においては、急激なテクノロジーの進歩や利用状況の変化などを特徴とするダイナミックなインターネットの環境が持続されるように中立を保つべきである。

4. 国レベルにおけるインターネット上の青少年保護政策を策定するうえで、政府に対して以下の事項を勧告する。
 a. 以下のように、インターネット上の青少年を保護するためのリーダーシップを発揮すること。
  1) 政府において高いレベルの明確な政策目標を掲げること。
  2) 責任と実行力を持って国際的に協力して政策目標を実行することのできる政府機関を定めること。
  3) 公共機関、民間機関による自主的・法的措置、意識向上のための啓発教育および技術的措置により、インターネット上の子どもたちを守ること。
 b. 以下の事項を調整したり制定したりすることにより、すべてのステークホルダーの協力を促すこと。
  1) 相乗効果を促進させるために保護者、教員、子どもたち自身を含むすべてのステークホルダーからなる開かれた対話を行い、彼らの立場や専門的な知見から得られる恩恵を得ること。
  2) 透明性と説明責任を兼ね備えた自主規制、および共同規制を設定するための協力体制を作り上げること。
 c. 以下を含めることにより、国内の公共機関・民間機関のステークホルダーによるインターネット上の青少年保護政策の一貫性と妥当性を保つこと。

1) 既存の保護施策を確実に実施すること。
2) リスク分類を明確にし、国民に公知する際の用語を統一すること。
3) 孤立した取り組みや、他団体と調和的でない取り組みのような潜在的に社会全体で一貫性のない取り組みが蓄積されてゆくのではなく、相互に協調的に政策を推進してゆくこと。

d. 保護者と子どもたちをエンパワーメントする重要な手法として、以下のような啓発活動および教育を行うこと。
1) インターネット上での適切な行動とリスクに焦点を当てた教育により、インターネットリテラシーとスキルを総合的に強化すること。
2) 子どもたちと保護者の意識向上のために、教員に対するトレーニングを行うとともにステークホルダーの活動を促すこと。
3) インターネットリテラシーの習熟を定期的に評価すること。

e. 以下の取り組みにより、インターネット上の青少年保護政策におけるエビデンスに基づく政策を支援すること。
1) 子どものインターネットの利用のよりよい理解とリスクの評価と意識向上のための政策立案と実施を支援する観点から、縦断的研究を含む実証的かつ分析的な基礎研究の実践を促すこと。
2) 自主規制、共同規制を含む政策の影響を定期的に評価すること。

f. 子どもの権利とインターネットユーザーの自由を尊重する保護技術の開発と利用を促すこと。これには、以下が含まれる。
1) ペアレンタルコントロールや年齢認証システム等を含む、プライバシーに配慮した、互換性があり、ユーザーフレンドリーな技術のさらなる研究を促すこと。
2) 子どもたちがインターネット上のリスクに対して自分で自分の身を守ることができるような技術の利用を促すこと。
3) 適切な保護技術を実施するとともに、このような技術による、表現の自由、プライバシー保護、情報の自由な伝達等の基本的な価値への潜在的影響を評価すること。

4) このような技術的措置の品質およびユーザーフレンドリー性に対する信頼性を証明するためのラベリング制度を推進すること。

5. 国際レベルで、政府に対して以下を勧告する。

a. ホットラインや啓発活動団体のような子どもの保護のための国内機関の国際的ネットワークを強化するとともに、必要に応じて役割を拡大させること。

b. インターネット上の子どもの保護の国際政策における情報共有をすること。特に、各国政策を実証的に質的・量的側面から分析し国際比較すること。これには、以下が含まれる。

1) 国際比較を可能とする指標としての統計的なフレームワークとして、子どもたちのインターネット利用割合、リスクの発生割合、リスクに対する子どもたちと保護者の意識状況、リスクへの対処手法および政策の影響や効果を共有する。

2) 子どもたちの年齢を区分するなどして、リスクや政策対応策を各年齢層に整合させること。

3) インターネットの急速な発展と子どもたちの利用状況の変化を考慮し、公式な統計データの定期的な更新を国際的に実施すること。

c. 啓発教育や意識向上手法の成功事例を共有することを含む、子どものインターネット利用における保護政策の修正と施行のために、地域的・国際的な能力向上を促すこと。

d. OECD、アジア太平洋経済協力（Asia Pacific Economic Cooperation: APEC）、欧州評議会（Council of Europe）、欧州連合（European Union: EU）、インターネットガバナンスフォーラム（Internet Governance Forum）、国際電気通信連合（International Telecommunication Union: ITU）、米州機構（Organization of American States: OAS）、および適切な非政府組織（NGO）を含む、政府の政策実施をサポートする役割を担う様々な国際的・地域的団体のよりよい協働を促すこと。

6. 招聘
    - この提言をすべてのステークホルダーとその他の国際機関に広めるために、加盟国、および事務局長を招聘する。
    - 非加盟国においても、この勧告を支持し、その実施において加盟国と協力するよう招致する。

7. OECD情報コンピュータ通信政策委員会（ICCP）は5年以内にこの勧告の適応と実施が適切であることを点検し、委員会に報告するよう指示する。

第Ⅰ部

インターネットのリスクにさらされている
子どもたちを守るための青少年保護政策報告書

序　文

　本報告書は、インターネット経済の未来に関する2008年のソウル宣言（Seoul Ministerial Declaration）に従っている。これは、情報セキュリティ・プライバシー作業部会（Working Party on Information Security and Privacy: WPISP）がプライバシーの展開とアイデンティティ管理について実施した活動や、消費者政策委員会（Committee on Consumer Policy: CCP）による1999年の電子商取引に関する消費者保護ガイドラインや、情報コンピュータ通信政策委員会（Committee for Information, Computer and Communications Policy: ICCP）のインターネット仲介者に関する取り組みのような、OECDの関連する取り組みにフィードバックされる予定である。

　本報告書は、OECD科学技術産業局のローラン・バーナット（Laurent Bernat）の監督のもと、OECDのコンサルタントであるクリスティーナ・イリオン（Kristina Irion）（中央ヨーロッパ大学：Central European University）が執筆した。量的データについては、エロディー・プロッサー（Elodie Prosser）により加えられた。

　OECD加盟国、経済産業諮問委員会（Business and Industry Advisory Committee: BIAC）、市民社会・インターネット社会諮問委員会（Civil Society Internet Society Advisory Council: CSISAC）、その他オブザーバーに加え、草案を作成する過程においてアドバイスを下さった下記の専門家たちに感謝を表明したい。ソニア・リヴィングストン氏（Sonia Livingstone, London School of Economics）、ジョン・カー氏（John Carr, eNasco）、クリスティーナ・シェルマン氏（Cristina Schulman, Council of Europe）、アレクサンダー・シージャー氏（Alexander Seger, Council of Europe）、リズ・バターフィールド氏（Liz Butterfield, Hector's World）、アンドレア・ミルウッド＝ハーグレーブ氏

(Andrea Millwood-Hargrave, International Institute of Communications)、ルーベン・ロドリゲス氏（Ruben Rodriguez, Inhope）、ジュール・コーヘン氏（Jules Cohen, Microsoft）、ピーター・カレン氏（Peter Cullen, Microsoft）、ジュリー・インマン＝グラント氏（Julie Inman-Grant, Microsoft）、ジョン・ポールフリー氏（John Palfrey, Berkman Center for Internet and Society）ウルス・ガッサー氏（Urs Gasser, Berkman Center for Internet and Society）、ダナ・ボイド氏（Danah Boyd, Berkman Center for Internet and Society）、クリスティーナ・ブッティ氏（Cristina Bueti, ITU）、スーザン・テルチャー氏（Susan Teltscher, ITU）、マクシム・ザバルエフ氏（Maxime Zabaloueff）。

　本報告書は、2011年3月16～17日の情報コンピュータ通信政策委員会（ICCP）の第61回会議において公表された。

www.oecd.org/sti/ict/children

要　旨

　近年、インターネットを利用する子どもたちの数は増加している。彼らは幼い頃から、様々なディバイスを用い、多くの時間をインターネットに費やしている。インターネットは教育や想像力、自己表現の重要な手段となりうる。しかしながら、大人よりも子どもたちの方が弱者になりやすく、様々な危険も受けやすい。子どもたちが直面している危険に対峙することは、多くの政府にとって重要な政策課題となりつつある。

　これは、様々な政策課題に直面していることを意味している。子どもたちのインターネットにおける機会と利益を損なわないように、どのようにリスクを軽減することができるか。子どもたち自身を含むインターネットユーザーの基本的な価値を保ちながら、どのようにリスクを回避することができるか。インターネット経済の繁栄を可能にする仕組みを壊すことなく、どのように子どもたちを取り巻く問題と政策とのバランスをとることができるか。政府はインターネットを利用する子どもたちの保護に単独で取り組むものでない。保護者、教員、産業界、市民社会もまた、子どもたちがインターネットから利益を得ることができるよう、共同して取り組むのである。同様に彼らは、子どもたちをインターネット上のリスクから保護する責任を負っているのである。

　これらの課題はインターネットが普及し始めた頃から存在していたが、近年においてその政策的重要度が増している。2008年6月に開催された未来のインターネット経済に関するソウル閣僚会議（Seoul Ministerial Meeting on the Future of the Internet Economy）では、政府、産業界、市民社会、インターネット技術団体の共同的な取り組みの必要性を唱えるとともに、インターネットを使う子どもたちに対する保護と援助を行うための共通理解のために、子どもたちへの影響の把握を求めた。また、子どもたちの保護に向けて政府や執行

機関の国境を越えた協力が求められた。

　本報告書では、子どもたちのインターネット上のリスクと、インターネットのユーザーとしての彼らに対する保護政策に焦点を当てる。子どもたちのインターネット利用上のリスクを軽減するため、OECD加盟国と非加盟国の直接的・間接的保護政策を検証する。その目的は、以下のとおりである。

- 現存する、または検討されているインターネット上の子どもの保護政策を比較検証する。
- 国際的な協力がどのようにインターネット上の子どもたちを守ることに寄与するかを検証する。

本報告書では、インターネット上の子どもたちのリスクとして3つの大きなカテゴリーが想定されている。

1) ポルノ、サイバーグルーミング、ネットいじめ等を含む有害なコンテンツ・リスク、およびそうしたコンテンツへのコンタクト・リスク。
2) インターネット広告や不正取引等の消費者としてのリスク。
3) 長期的な影響を十分理解しないうえでのSNS利用等によるプライバシーやセキュリティのリスク。

　子どもたちのインターネット利用やリスクの存在に関する調査データは限られている。データはしばしば断片的で代表性が乏しく、調査データ間や国別データ間での比較が難しい。特に、「リスク」の定義が異なることや、研究手法が著しく異なり、リスク発生率を比較することを難しくしている。すべての国においてリスクの種類は同様なものの、リスク発生率は異なることが今までの研究から示唆されている。さらには、子どもたちの活動やスキル、回復力が異なっており、インターネット上のコミュニケーション環境もまた異なっている。一方で、子どもたちの能力は年齢とともに向上するため、危険な活動の範囲も拡大してゆく。

要旨

　子どもたちが直面しているインターネット上のリスクは様々であり、進化している。これに対応するためには、自主規制・共同規制等の法的仕組み、技術的仕組み、教育や啓発等の取り組み、安全なコンテンツの提供と子どもたちのためのセーフティゾーンの設定などの組み合わせが必要である。実際には、各国が政府の政策方針や文化が反映されたそれぞれの優先順位に従い政策を実施している。さらに、様々なステークホルダーと異なるリスクから導き出された政策が異なるレベルで共存している。このような状況が国内レベルにおける保護政策の複雑さをもたらし、国際レベルにおいても不均質をもたらしている。

　インターネット上の子どもたちの保護政策は草創期にある。効率性を高め、子どもたちへの急速なインターネットの普及に追いつくために、政府は3つの重要課題に直面している。

- 政策の協調、一貫性、妥当性を強化しつつ、政策の複雑さを調整すること。
- エビデンスに基づく政策策定アプローチを採用すること。
- 国際協力を利用し、国内政策の実施能力と効率を高めること。

　インターネット上の青少年保護政策を効率的に実施するためには、政府はすべてのステークホルダーと協力し、政策の一貫性を向上させる必要がある。たとえば、政府セクターと民間セクターのパートナーシップが自主規制・共同規制を促すうえでの成功要因となっている。インターネット上の青少年保護政策はその他の重要な政策、たとえばインターネットがイノベーションや経済・社会発展のためのグローバルなプラットフォームとして機能し続けること、およびそこでの基本的人権の尊重といった政策との一貫性を有することで初めて意義を持つ。

　いくつかの例外はあるものの、子どもたちのインターネット利用における国家的および個別の政策に関しては定期的に評価されておらず、評価の仕組みは政策内に例外的に組み込まれているだけである。エビデンスに基づく政策策定のシステマティックなアプローチは政策の優先順位を決め、国の政策による保

護を最大化するために不可欠である。政策の策定プロセスは、子どもたちのインターネット利用およびそのリスクに関する公式な統計データにより恩恵を得るだろう。そのためには、定義、手法、因子等の統一という、より一貫したアプローチを必要とする。影響の評価は、利益とそれに対するコストの数値化に寄与し、相反する政策の解決に役立つだろう。

　国際的・地域的協働は改善のための新たなステップとなる。国際的・地域的な共同政策のための機構（OECDに加え、アジア太平洋経済協力（APEC）、欧州評議会、国際電気通信連合（ITU）、インターネットガバナンスフォーラム、欧州委員会を含む）はすでに参加しており、政府とその他のステークホルダーがインターネット上の青少年保護における国際的活動の実践を促しており、さらに国内レベルでも支援している。

　国際協力の成功は、すべての国際的ステークホルダーの関与にかかっている。本報告書は、政策と実施レベルでの国際協力の一例を示す。これらは、国際的な戦略パートナーシップの構築、能力向上、共同イベント（EUが実施している「セーファー・インターネット・デイ（Safer Internet Day）」等）の実施と同様に、教育や意識向上キャンペーンの成功事例の共有を含む。特に、国内メンバーや国際メンバーとともに、インターネット上の青少年保護に関する国際的なイベントに常に参加することは、彼らとの協力体制を築くうえで効果的である。そうすることにより、研究者を含む政府・ビジネス・市民社会がベストプラクティスを共有し、現場から学んだ知見を政策立案者が得ることができる道を開くだろう。そしてそれが、インターネット政策における政策担当者、教育者、啓発活動実践家、法律家、統計分析者たちとの間の架け橋ともなるだろう。

　国際協力のもう1つの重要な取り組みは、各国政府が政策の枠組みをよりよく理解することができるように、国際的に比較可能な指標を構築することである。たとえば、OECDのモデル調査は子どもたちのインターネットへのアクセスおよび利用状況とリスクの状況を含んでいる。年齢の幅を調整し、リスクを特定して、データ収集の方法を確立するための重要な調査が望まれている（たとえば、保護者や教員対象の調査と子どもたちへの調査の比較研究など）。

序　章

はじめに

　インターネットは経済活動・社会活動に欠かせないインフラとなっている。インターネットはすべてのユーザーに多くの利益をもたらした一方、様々なリスクももたらした。子どもたちもまたインターネットから多大な利益を得ることができる。子どもたちの教育、創造性、自己表現、アイデンティティ、ソーシャルスキルの発達に有用なツールである。しかしながら、大人たちと比べてより弱者の立場に置かれている。政府、保護者、教員、ビジネス界・市民社会は子どもたちがインターネットから利益を得ることを支援することができる一方で、同時に、彼らはインターネット上のリスクから子どもたちを守る責任を持つのである。

　インターネットを利用する子どもたちの数は増加し、利用開始年齢は低くなっているため、リスクを特定し、対策を講じてゆくことは重要な公共政策上の目標となっている。政府はインターネットを利用する子どもたちを保護するうえでの政策を立案し、実施するうえで多くの課題に直面するであろう。それは、子どもたちの機会と利益を損なうことなく、どのようにリスクを軽減することができるかということである。どのように子どもたちのみならず、すべてのインターネットユーザーの言論の自由やプライバシーの権利といった基本的な価値を確保したうえで、リスクを防ぐことができるのだろうか。

　これらの課題は、WWW（World Wide Web）が広がった初期からOECDで指摘されてきた[1]。それ以来、ブロードバンドの普及や、ここ10年のコンテンツやアプリケーションの急速な発達が状況を一変させた。2008年6月に開催された未来のインターネット経済に関するソウル閣僚会議では、政府、企業、市民社会、インターネット技術団体に対して、インターネットを使う未成年者に対して保護と援助を行うために、影響の把握をするなど、協力して取り組むことを求めた。また、未成年者保護に向けて政府や執行機関の国境を越えた協力

を求めた（OECD, 2008）。

　この報告書は、シンガポールで2009年4月15日にOECDとAPECにより共同開催されたシンポジウム「子どもたちの安全なインターネット利用環境づくりを推進する加盟国による協力について（Joint APEC-OECD Symposium on Initiatives among Member Economies Promoting Safer Internet Environment for Children）」（OECD, 2009a）[2]、およびAPECとOECDメンバーのインターネットを利用する子どもたちの保護に関する調査票の回答に基づいている。この報告書は、1980年に作成されたOECDプライバシー・ガイドライン（OECD Privacy Guidelines）の30周年記念の見直しに貢献することが期待されている。それは、2009年12月8～10日にワシントンDCで開催された、インターネット消費者のための能力向上会議（OECD Conference on Empowering E-Consumers）（OECD, 2010c）に沿っている[3]。その主な目的は、以下のとおりである。

- インターネットを利用する子どもたちの保護に関する現存する政策と計画されている政策を提示し、比較すること。
- 国際協力がどのようにインターネット上の未成年者保護に寄与するか検討すること。

　各国のリスクを定義し、政策の優先順位を決めるアプローチは、文化、法律、政府のスタイルによって異なる。たとえば、各国の表現の自由に従い、子どもたちの違法・有害コンテンツへの接触は、異なって定義され取り組まれている。これらの違いを考慮に入れると、この報告書ではどの分野で協力でき、経験を共有でき、適切な範囲で政策と法的取り組みの差異を埋めることができるか検討することに意義があると言える。

　本報告書では、青少年保護政策における全体像および子どもたちのインターネット利用における統計、子どもたちがインターネット上で直面しているリスクの量的データの考慮点を示した後、第1章と第2章ではこれらのリスクと取り組まれている政策について概観する。第3章では、政策上の主要な知見につ

いてまとめる。付録1は現在の政策について詳細な概要を含んでいる。付録2は、第1章で取り上げたリスクの普及状況についていくつかの表と量的データを示す。

第1節　報告書の全体像

　この報告書は、OECD加盟国に焦点を当てるが、加盟国以外も含まれている。
　国際連合の子どもの権利条約第1条（UN Convention on the Rights of the Child, Article 1）の定義によると、「子どもとは（多くの場合、低年齢で到達する子どもとして定義される法律のものを除き）、18歳未満のすべての人間を指す」とされている。このように、「子ども」のカテゴリーおよび、「未成年者」としてこの報告書内で扱われる範囲は国や内容によって異なる。たとえば、ドイツのメディア法においては、子どもとは14歳未満の人であり、青少年とは14歳以上18歳未満の人を指す[4]。保護の範囲はある特定の年齢までであり、米国の児童オンラインプライバシー保護法（US Children's Online Privacy Protection Act: COPPA）では、13歳未満の子どもたちの個人情報を保護するように、場合によっては18歳未満までである[5]。子どもの保護における国の政策には、より高年齢の未成年者まで適用されるケースもあり、韓国の有害情報に対する青少年保護政策は19歳未満にまで適用されている[6]。
　リスクを軽減する戦略においては、子どもたちのインターネット上の活動や経験に影響を与える様々な要素を考慮に入れる必要がある。たとえば、その国の家庭の社会経済的状況やインターネット技術の普及状況（Hasebrink *et al.*, 2009, p. 21, 57f.）、子どもたちが最もインターネットを使う場所（家庭、学校、公共施設など）、および使用ディバイス（パソコン、ネットブック、携帯電話、ゲーム機器など）。この複雑な状況は国によって異なるし、急速に進化している。たとえば、スマートフォンやその他のインターネットにアクセスする機器（インターネット・トングルや3G USBキーなど）や、ユビキタスインターネ

ットアクセス環境は大人たちと同様に子どもたちにおいても普及しているだろう。子どもたちのインターネット利用における短い概要は下記のとおりである。

　この報告書は子どもたちのインターネット上のリスクに焦点を当てる[7]。オフラインのリスクや、インターネット上の子どもたちの性的虐待や搾取に関する画像等の事例や犯罪は扱わない。しかしながら、インターネット上における性的目的での子どもたちへの教唆(サイバーグルーミング)リスクがインターネット上で始まり、オフラインに移行するものは含めることとする。欧州評議会において取り組まれているインターネット上の子どもたちの性的虐待と性的搾取に関する刑法は、この問題の別の側面をカバーすることで、本報告書を補完するだろう。子どもたちを性的搾取と性的虐待から保護する会議(Convention on the Protection of Children against Sexual Exploitation and Sexual Abuse: CETS201)の完全な実行と、ブダペストインターネット犯罪会議(Budapest Convention on Cybercrime: CETS 185)についての議論は、この問題に関して各国に十分な手段と方法を提供し、欧州評議会の取り組みはこれらの法的枠組みを、各国が子どもたちに対する性的暴力をどのように犯罪認定しているか評価するためのベンチマークとして参考とすることになるだろう[8]。

　本報告書は、インターネット上の露骨なコンテンツを検索する(Byron, 2008, p.53)ような、子どもたち自身の行為が自らに(もしくは保護者に)生じさせるリスクを範囲としているが、子どもたちが他の子どもたちに対してリスクを生じさせるような行動は範囲としていない。たとえば、ネットいじめのケースにおいては、この報告書はいじめた側よりもいじめられた側に焦点を当てているが、仲間内のいじめの場合、どちらが加害者となり被害者となるかは密接なつながりを保ち続けている。最後に、子どもたちがインターネットを使いすぎ、コンテンツやサービスを消費しすぎる病的なリスクに関しては、本報告書では取り上げない。

　本報告書はインターネットを利用する子どもたちの保護への政府の政策に焦点を当てているが、すべてのステークホルダー、特に保護者、教員、ビジネス・市民社会の責任の分担と重要な役割を考慮に入れており、子どもたち自身

が重要なステークホルダーであることを認識している（第1章参照）。本報告書は民間セクターの方策だけでなく、政府が推奨する自主・共同規制の直接的・非直接的政策を検証する。

　本報告書は様々なリスクを幅広くカバーするため、各リスクの包括的な分析であったり、子どもたちを保護するために各団体が世界中で取り組んでいる事項の一覧表といったものは提供しない。むしろ、政府、ビジネス・市民社会を横断して取り組まれている活動やリスクを鳥瞰的に概観するための情報を提供する。本報告書は、各国の政策と取り組みについて共通点と相違点に焦点を当てる。本報告書は、2009年4月にAPECとOECDの加盟国に配付された質問紙調査である「インターネット上の青少年保護アンケート（APEC Questionnaire on Children Protection Online）」の回答、およびOECD代表団と関連する専門家からの直接的なフィードバックといった利用可能なデータに基づいている[9]。

第2節　子どもたちのインターネット利用における統計

　以下は、広く研究されている子どもたちのインターネット利用に関する概要である。たとえば、2009年に子どもたちのインターネット利用とアクセスに関するEUの441件の実証研究の一覧が作成された[10]。ここで取り上げられていないいくつかの国は、データの不足もしくは選択の際のバイアス（言語の問題など）を反映していると考えられる。子どもたちのインターネットへのアクセスは、彼らの国のインターネット普及状況と相関があることが多い。子どもたちは、他のすべてのインターネットユーザーのように、デジタルデバイドの影響を受けやすいということは特筆すべきことであろう。もし子どもたちがインターネットにアクセスする機会がなければ、インターネット上のリスクにさらされることもない。しかしながら、彼らは同時にインターネットがもたらす機会や利益を失うことになるのである。

　主な研究レビューからは、いくつかの傾向を明らかにすることができる。

序　章

年齢の高い子どもたちは高い割合でインターネットにアクセスする

　たとえば、2007年には米国の子どもたちの93％がインターネットにアクセスした（Pew Internet & American Life Project, 2007, p.48)。2006年の日本では、10～14歳の子どもたちの65％が、15～19歳の青少年の90％がインターネットにアクセスした[11]。EUの2008年の報告書では、6～17歳の子どもたちの75％がインターネットを使うことが保護者の回答から明らかになった。この割合はフィンランドでは93～94％であったのに対し、オランダでは50％、ギリシャでは45％と幅があった（Livingstone and Haddon, 2009, p.111)。オフコムの調査では、12～15歳の英国の子どもの99％はインターネットを使い、8～11歳は93％、5～7歳は75％であった（Ofcom, 2010, p.3)。

インターネットへのアクセスは増加している

　家庭と学校の両方におけるパソコン利用により、インターネットにアクセスする子どもたちの数は増加している。米国においては1994年に35％の公立学校がインターネットへのアクセスがあった一方、9年後には100％になっている（Schmidt and Vandewater, 2008, p.76)。8～18歳における家庭でのインターネットアクセスは、過去10年においてほぼ倍増している（1999年の47％から2009年の84％)（Kaiser Family Foundation, 2010)。EUにおける子どもたちのインターネット利用は3年間（2005年から2008年）で70％から75％に増加している（EC, 2006, 2008c)。

年齢とともにインターネット利用は増加する

　2008年にEUでは、6～7歳の子どもたちの50％がインターネットを使い、16～17歳においては86％となっている（図Ⅰ.1）(EC, 2008c)。オーストラリアでは、最近の研究によると8～11歳の子どもは1週間で平均4.1日、1日当たり1.3時間インターネットを使っているのに対し、12～17歳の子どもは週に6.3日、1日当たり2.9時間使用している（ACMA, 2009b, p.8)。

図Ⅰ.1　欧州連合（EU）における子どものインターネット利用（年齢別）

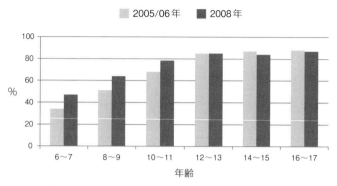

出所：ユーロバロメータ（Eurobarometer）2005/06年及び2008年調査（EU27）を基に作成。

子どもたちは幼い頃からインターネットを使用し始めている

　2009年のスウェーデンの研究によると、子どもたちが初めてインターネットを使う年齢は2000年の13歳から2009年には4歳に低下している。その研究では、少なくとも4歳児の半分が「時々」以上インターネットを使うとしている（Beantin Webbkommunikation, 2010）。2009年には5～7歳の英国の子どもたちの94％がインターネットアクセス経験があった（Ofcom, 2010, p.16）。

子どもたちは、これまで以上に多くの時間をインターネットに費やしている

　2007年には12～15歳の英国の子どもたちは週当たり平均13.8時間インターネットに時間を費やしているが、これは2005年（週当たり7.1時間）のほぼ2倍の時間に当たる（Ofcom, 2008c, p.2）。2003年に行われたYahoo!の研究によると、米国の13～24歳の若者たちはすでに週当たり16.7時間もの時間をインターネットに費やしており、テレビを見る時間よりも長いことを報告している（Yahoo! and Carat Interactive, 2003）。

序章

子どもたちは主に家庭でインターネットを利用している

　米国では84％が（Kaiser Family Foundation, 2010, p.3）、オーストラリアでは67％の子どもたちが（Dooley *et al.*, 2009）、家庭でインターネットを利用していた。EUにおいては、8〜17歳の子どもたちの65％が自宅でインターネットを用い、学校、友達の家がそれに続いた（図Ⅰ.2）。

図Ⅰ.2　欧州連合（EU）調査（8〜17歳）：
あなたのお子さんは何処でインターネットを使用していますか？

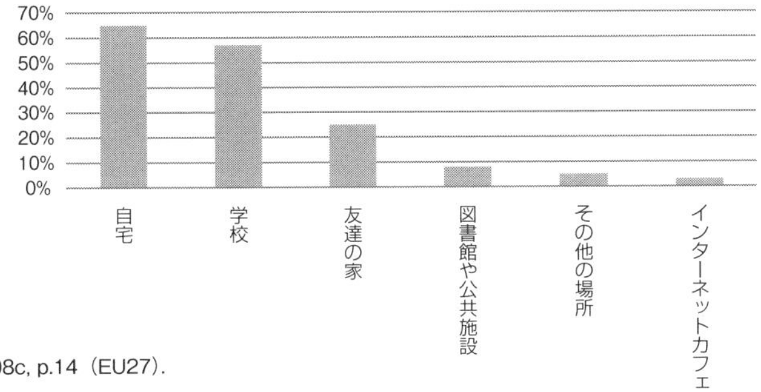

出所：EC, 2008c, p.14（EU27）.

子どもたちのインターネット利用は、年齢やトレンドに大きく依存している

　2007年に、英国の通信規制団体であるオフコム（Ofcom）は子どもたちによって行われているインターネット上の活動を24種類リスト化し、年齢層によって分類した（Ofcom, 2007, p.19）。8〜11歳の子どもたちが最も多く行っていた活動はゲームをすることであったが、16〜17歳では、検索をすること、メールの送受信、学校のための情報を見つけてダウンロードすることに続く4位にランクされた。16〜17歳の子どもたちはSNSを53％が使っているのに対し、8〜11歳ではたった6％であった（図Ⅰ.3）。インターネットの利用はとても変動的であり、それぞれの利用法の流行は急激に変わっている。「Web 2.0」は、子どもたちのインターネット利用を変化させており、ピュー・インターネット・アメリカンライフ・プロジェクトによると、チャットルームの利用は

図Ⅰ.3　英国における子どものインターネット利用（年齢別）、2007年

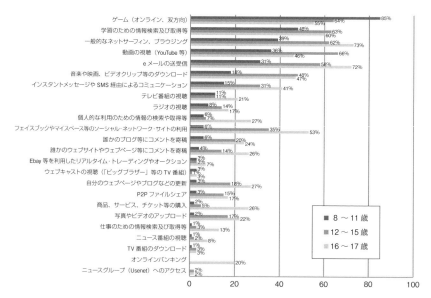

出所：Ofcom, 2007, p.19.

2001年の24％から、2006年には18％に減少していた（Pew Internet & American Life Project, 2007, p.47）。これはメッセージ機能が、今やSNSやオンラインコミュニティの機能に統合されたことを反映していると考えられる。オーストラリアでは、2008年に12～17歳の若者の90％がSNSを利用していると回答したのに対し、8～11歳では51％がサービスを利用しているという回答であった（ACMA, 2009b, p.8）。最近の米国の研究によると、SNSを利用することが8～18歳の子どもたちの最も多い活動であった（Kaiser Family Foundation, 2010, p.21）。

インターネットにアクセスする機器は多様化している

　より洗練された携帯電話がインターネットのアクセスを増加させている（付録2・表Ⅰ.4）。子どもたちのインターネットに接続できる携帯電話の使用状況

図Ⅰ.4　オーストラリアおける子どものインターネット利用（年齢別）、2009年

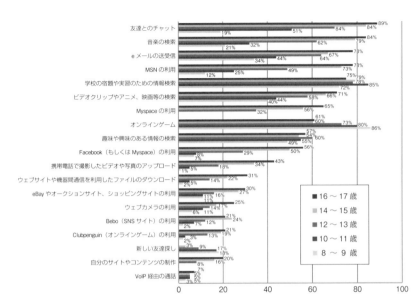

出所：ACMA, 2009, p.26.

の国ごとの違いは重要である。日本の60％近くの子どもたちは自分たちの携帯電話をインターネット接続に使っているが[12]、ヨーロッパの子どもたちは10.7％だけである（Eurobarometer, 2008cの附表と調査の詳細から）（図Ⅰ.5）。日本の例に従い、各国の社会経済的状況に応じて、多くのOECD諸国で子どもたちがよりインターネット接続のできるモバイル端末を使用するようになることが起こりうる。たとえば、2009年の英国の12～15歳の子どもたちの14％はインターネットに接続できる携帯電話を使用している（Ofcom, 2010, p.17）。さらにいえば、子どもたちが最初に携帯電話を手にする年齢は低下している。青少年の携帯電話利用を追跡調査したピュー・リサーチセンターのインターネット・アメリカンライフ・プロジェクトは、この傾向を明らかにした。2004年に18％だったのに対し、2009年には12歳の子どもの58％が携帯電話を持っていた（Pew, 2009, p.2）。その他のピュー・インターネットリサーチによると、

図Ⅰ.5 インターネットにアクセスできる携帯電話を所有している子どもの割合（日本・欧州連合）、2008年

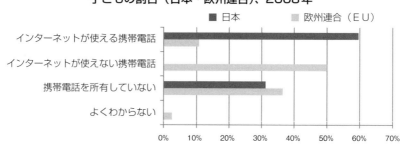

出所：Pew Internet & American Life Project（2010）, Social media and mobile internet use among teens and young adults.

　12～17歳の子どもの19％が携帯ゲーム機からインターネットにアクセスしていた（Pew, 2010）。2009年に英国では、5～15歳の子どもたちの12％がゲーム機をインターネットにアクセスするために使っており、12～15歳になると、18％に増加している（Ofcom, 2010, p.17）。子どもたちはデスクトップ型のパソコンの代わりにモバイル端末をインターネット接続に使っているというより、付加的に使っているように見られる（Ofcom, 2010, p.9）。

　フィルタリングソフトの使用に関しては、国によって傾向が異なる。たとえば、2005年、2007年、2009年の比較調査を行ったマーウィックら（Marwick et al., 2010, pp.18-19）によると、米国におけるフィルタリングの使用は44％から56％に増加している。しかしながら、英国においては、オフコムが保護者によるフィルタリングやペアレンタルコントロールの利用は2008年の49％から2009年の43％に減少していることを明らかにした（Ofcom, 2010, p.4）。

　結論としては、非常に高い割合で子どもたちがインターネットにアクセスしており、全体的な傾向としてはより多くの子どもたちがインターネットを利用するようになっており、若年齢化しており、複数の器機を用いてより多くの時間をインターネットに費やしている。この分野において、子どもたちのインターネットの利用パターンを理解することは公共政策立案において必須条件となる。

序 章

第3節　インターネットのリスクに直面する子どもたちの統計データに関する考察

　リスクに関する多くの実証データが利用可能であり、それらは第1章のリスクの概観に反映されている。しかしながら、利用可能性と比較可能性は考慮に入れるべきである。リスクの発生状況に関する現在の認識は、少数の先進的に研究されている国のデータに基づいており、他の国々においては利用できるデータが少ないことを考慮しなければならない。リスクの発生状況は様々であり、どの要因が国や地域の違いに影響しているかを理解するために、より踏み込んだ比較研究が必要となる。

3.1　データの利用可能性

　数量データの利用可能性はリスクによって異なっている。違法なインタラクション、有害情報、子どもに対するオンラインマーケティング、不正行為、情報セキュリティとプライバシーのリスクに関しては、データが数少ない。不適切なコンテンツ（主に大人向けポルノ）にさらされることや、ネットいじめに関しては多くのデータがある。それ以外のリスクに関しては、一定量のデータが集められている。インターネット上でのギャンブルやお金の浪費のリスクに関しては、適切な数量データを収集する方法の複雑さからデータが不足している。これまで多く研究されているリスクは、もっとも深刻で緊急性の高いものが多いが、それらの発生状況はそれほど高くはない。一般的には、限られたリスクの組み合わせが研究されており、それはまたポルノへの接触のようなメディアの関心が高いリスクであるとも言える。プライバシーへのリスクに関してはあまり研究されてきていない。

　国や地域レベルでの数量的研究（たとえばEUが実施しているユーロバロメ

ータ調査など）および分析的研究は多く利用可能であるが、国際レベルにおいてはそうとは言えない。数量的、分析的、比較的研究はまれであり、必ずしも子どもたちに焦点が当てられているわけではない（たとえばDooley et al., 2009）。

多くの研究が特定の、または少ない数のリスク（たとえばネット上での性的搾取やポルノへの接触）を対象としている。複数のリスクを扱った研究の多くはネット上での性的搾取や、ポルノへの接触を強調しており、暴力への接触やネットいじめはあまり注視されていない。多くの研究がティーンエージャーや青少年に焦点を当てており、より幼い子どもたちはインターネットアクセスが増加しているのにもかかわらず、利用できるデータが少ない。また、多くの研究がパソコンによるインターネットアクセスに焦点を当てており、着実に増加し新たな問題を生じさせている携帯ディバイスでのインターネット利用を考慮に入れていない。

最後に、特定のリスクに対して最も弱い立場になる子どもたちの属性の特定を行った研究は少ない。

インターネット利用環境とテクノロジーの革新によって、研究は急速に時代遅れになってしまう。たとえば、たった12か月間でユーザーはメッセージ機能をチャットルームからSNSにシフトさせた。さらに、利用可能なデータの主なものは横断的研究であり、縦断的研究の不足が傾向を評価することを難しくしている[13]。

3.2 データの比較可能性

年齢

年齢階層は標準がないため、データの比較においては重要な課題となっている。各国の報告書を比較する際に、差異は著しい。たとえば、ヨーロッパにおけるインターネット上の暴力的なコンテンツへの接触は、アイルランドの10～20歳の90％から、イタリアの7～11歳では25％と幅がある（付録2・表Ⅰ.5）。

序　章

リスクの定義

　リスクの定義は合意を得ていない。定義の多様性、特にポルノや有害コンテンツに関するリスクはその国の文化、社会的価値を反映している。たとえば、「ポルノ」の定義はセミヌード・全裸から、あからさまな性行為の描写まで幅があるだろう。このような背景のため、リスクの発生割合は比較が難しい。最後に、異なる定義は異なる測定方法の使用に通じ、発生状況やその比較可能性に影響する。

インタビュー対象者の選定

　図Ⅰ.6が示すように、同じ質問に対する答えが回答者（保護者か子どもか）

図Ⅰ.6　インターネット上のコンテンツへの懸念（コンテンツの種類別）：英国における子どもと保護者の認識

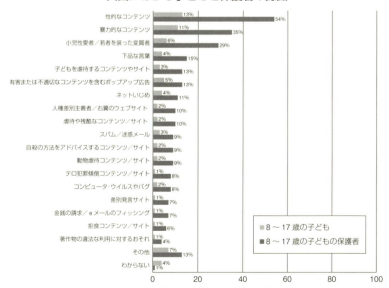

注：インターネット上のコンテンツへの懸念を表明した子どもたちに対して「どのようなことについて心配しているか？」質問。インターネット上のコンテンツへの懸念を表明した保護者に対して「あなたのお子さんに対してどのようなことが心配か？」質問。
出所：Ofcom, 2007, p.72.

によって大きく異なる。子どもたちは保護者と性的なことを話すことを嫌がるし、どのようなコンテンツを不適切と感じるかが異なるため、保護者は子どもたちがインターネットで何をしているか不正確な理解を持っていることが原因であると考えられる。

　一般的には、こういったデータを解釈する際には研究のフレームワークを十分考慮に入れる必要がある。

第4節　結論

　子どもたちのインターネット利用状況とリスクへの接触に関する実証データおよび分析データは多方面で利用可能であるが、そのほとんどが断片的である。多くの場合、データは代表的でなく、研究や国の間で比較できる可能性が低い。研究する年齢層やリスクの定義、子どもたちのインターネット利用状況におけるデータセットを根本的に調整することが、これらの短所を克服するために役立つだろう。

　移り変わるリスクに対して、多くの国々が長期的に観測する縦断的研究を行っておらず、政策策定の潜在的な阻害要因となっている。

　国際的に比較可能なリスクの発生状況についてのデータは、インターネットを利用する子どもたちのリスクの各国や地域の共通理解を促し、効果的な国の政策策定や国際協力を可能にするだろう。

第1章

インターネット上の子どもたちのリスク

第1節　リスクの類型

　インターネット上の子どもたちのリスクは、様々なインターネットの利用状況が反映している。いくつかのリスクの分類が米国インターネットセーフティ技術タスクフォース（US Internet Safety Technical Task Force: ISTTF）、米国オンラインの安全と技術に関する専門部会（Online Safety and Technology Working Group: OSTWG）、オーストラリア通信メディア局（Australian Communications and Media Authority: ACMA）、EUキッズオンライン、ヨーロッパ青少年保護ラウンドテーブルツールキット（European Youth Protection Roundtable Toolkit: YPRT）、国際電気通信連合（International Telecommunications Union: ITU）の子どもオンライン保護政策担当者向けガイドライン等によって開発されている（ITU, 2009a）。これらの分類は、それぞれの研究から得られた特定のアプローチを反映しており、有害なコンテンツと不適切なコミュニケーションについてはすべてにおいて分類がなされている[14]。しかし、その分類項目は様々である。たとえば、EUキッズオンライン報告書（EU Kids Online report）は子どもたちの役割（彼ら／彼女らが危険なインタラクションを主導しているかどうか）と、リスクの性質（商業的、攻撃的、性的、価値観に基づいているもの）による複雑なマトリックスを含んでいる。また、オーストラリアの分類は、EUキッズオンライン報告書がカバーしていないコンピュータウイルスやオンライン詐欺などのeセキュリティに関するものも含んでいる。

　いくつかの付加的な分類がリスク分類に用いられている。たとえば、1) 子どもに対する性的搾取を目的としたコミュニケーションの問題（ネット上の性的搾取など）、もしくはソフトウェアやアプリケーションの問題（個人情報の収集、ギャンブルなど）。2) リスクのあるコミュニケーションが子ども同士で行われているのか（ネットいじめでよくみられるケースなど）、子どもと大人

との間で行われているのか（サイバーグルーミングなど）。3）インターネット上のリスクが、すでに知られているオフラインにおけるリスクの延長上なのか（ポルノへの接触など）、もしくはオンラインコンテンツ特有のものなのか（違法なダウンロードなど）。4）子どもたちだけがリスクに関与するものなのか、それとも一般的なインターネット上のリスクで、子どもたちが特に弱い立場に置かれるユーザーグループであるのか（マルウェアやプライバシーなど）。5）子どもたちの使用するディバイスの問題（パソコン、携帯電話など）。また、年齢による成熟度や対処力は、重要な分類となりうる。最後に、リスクは犯罪性の側面からも分類ができる。すなわち、犯罪的な側面を持たないもの、子どもたちが第三者による犯罪行為の被害者となりうるもの、子どもたちが犯罪行為を起こしうるものなどである[15]。

第2節　リスクの概要

　すでにある分類から共通の要素を選び出し、OECDの情報セキュリティ・プライバシー作業部会（Working Party on Information Security and Privacy: WPISP）と消費者政策委員会（Committee on Consumer Policy: CCP）の専門家の研究に焦点を当て、本報告書は子どもたちのインターネット利用におけるリスクとして3つの大きなカテゴリーを想定する。1）インターネット・テクノロジー・リスク：たとえば、インターネットが子どもたちのコンテンツへの接触を媒介したりインタラクションが行われる場となるもの。2）消費者関連リスク：たとえば、子どもたちがインターネット上の消費者としてターゲットになるもの。3）情報プライバシー・セキュリティ・リスク：たとえば、すべてのインターネットユーザーの問題であるが、子どもたちが特に弱い立場のユーザーグループとなるもの。

　リスク分類の相互の関係に気をつけることは重要である。たとえば、オンラインマーケティングから派生する、子どもたちにとって不適切なコンテンツへ

の接触は2つのリスク分類にまたがっている。マーケティング・リスクはまた、プライバシーリスクを含んでいるからである。このようにして、公的文書や分類に用いられているリスク定義は著しく異なっているため、この報告書は最も共通理解のあるリスク分類に基づくものとする。

リスクの類型（図Ⅰ.7）に基づき、ここでは、問題の現状を評価するため、いくつかの研究・報告書から集められた量的データを報告する。それはリスクの内容についてよりよく理解することを目的としており、包括的であることを意図するものではない。子どもたちが直面しているインターネット上のリスクに関する量的データを含む文献の性質上、それらの情報を統合することは困難である。オーストラリアと国際サイバー安全レビュー調査（Dooley et al., 2009）とEUキッズオンライン調査は現状の調査に対するよく研究された一覧を提供しており、ここでは大いに活用する。

図Ⅰ.7　リスク類型

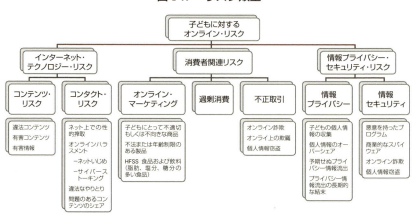

2.1　インターネットユーザーとしての子どもたちのリスク

今日の子どもたちはインターネットとともに成長しているため、「デジタルネイティブ」と呼ばれることがよくある。機会さえあれば、子どもたちは熱心

なインターネットユーザーとなる。2008年には1兆を超える様々なウェブページによって、子どもたちは多種多様なコンテンツにさらされる[16]。双方向性はネットワークの基本的な性質である。その結果、インターネットユーザーとしての子どもたちのリスクはコンテンツのリスク（子どもたちが受動的に受け取るもの、またはすべてのインターネットユーザーが一対多の関係性で用いることのできるコンテンツへの接触）、およびコンタクト・リスク（二者間、複数者間にかかわらず、子どもが積極的に個人的な関係性やインタラクションに巻き込まれるもの）を包含する。

コンテンツのリスク

　コンテンツのリスクは3つの主なサブカテゴリーに分類される。1）違法なコンテンツ。2）年齢に適さない、または有害なコンテンツ。3）有害情報。これらのリスクとその他の要因は、子どもの年齢や回復力によって潜在的な影響が異なる。

　違法なコンテンツ、たとえば公表が禁止されているコンテンツは法律によって異なる。たとえば、残虐性、人種差別、悪意のあるスピーチを宣伝したり、その他の差別的行いは、いくつかの国においては違法であり、いくつかではそうではないため、以下に詳述するような、より緩やかな「年齢に不適切なコンテンツ」のカテゴリーに分類されるだろう。子どもたちの性的搾取に関するコンテンツはほとんどの国において違法であり、子どもたち自身がそのようなコンテンツに接触する頻度はよく知られていないが、おそらく低いであろう。2006年に米国で行われた調査によると、10～17歳の子どもたち1,500人のうち、そのようなコンテンツに遭遇したのはたった2人であり、そのうちの1人は間違ったリンクによってたどり着いたことがわかっている（Wolak *et al.*, 2006, p.30）。

　差別的憎しみ、暴力、アダルトポルノ等の年齢に対して不適切なコンテンツは、一般的に違法ではないものの子どもたちやその成長にとって有害なものである。子どもたちは偶然そういったコンテンツに出くわすこともあるし、友達から教わったり、わざと探すこともありうる。彼らはまた、リアルな暴力描写

に焦点を当てたオンラインビデオゲームのような双方向的なメディアを使うこともある。そうしたコンテンツは商業的にも提供されうるが、無料で手に入ることも多く、インターネットユーザーによって作られたりもする。一般大衆が利用可能なインターネットのコンテンツは、子どもたちも利用するという特別な状況について認識が甘いことが多い。実際に、未成年者たちに有害なコンテンツは、たとえば誤解を生みやすいドメイン名により、子どもたちを時にターゲットにしてしまう。また、差別的な憎しみを呼び起こすウェブページは、ゲームや誤った情報とともに子ども向けのページに含まれていることがある (Dooley, 2009, p.106)[17]。

> 2000年に米国で行われた調査によると、極右組織のホームページの4.5%が子どもたちと若者たちをターゲットとしていた。シェーファー (Shafer, 2002) は、「これらのウェブサイトはカラフルな画像、差別的な悪意に満ちたゲーム、ティーンになる前の子どもたちを狙ったメッセージが多い」ことを報告している。

年齢に対して不適切なコンテンツの定義は、その国や地域の文化・社会的価値観を反映しやすい。この問題に関しての審議は、伝統的なテレビの規制から派生しやすく (Millwood Hargrave, 2009, p.7)、一般大衆の関心はポルノやあからさまに性的なコンテンツに向けられやすい (De Haan and Livingstone, 2009)。ポルノや暴力表現など、年齢にふさわしくないコンテンツへの子どもたちの接触過程やリスクの発生状況に関する証拠についてのしっかりとしたレビューが様々な国々で行われている (ISTTF, 2008; Dooley *et al.*, 2009; Hasebrink *et al.*, 2009; Media Awareness Network, 2005; Grimm *et al.*, 2008)。

> インターネット上においては、有害性のあるウェブサイトが子どもたちに人気のあるウェブサイトを手本にしている場合、子どもたちが偶然ポルノサイトに遭遇することが増加する（たとえば、*www.teltubbies.com*は子どもたちへ

> 誤解を与えやすかったため、2003年に閉鎖された)。全米失踪・被搾取児童センターのサイバーティップライン (National Center for Missing & Exploited Children's CyberTipline) は2000年から、紛らわしいドメインネームに関する情報発信を続けている[18]。

たとえば、ポルノの定義によって発生率は変化する。もし、ヌードがポルノとみなされるのであれば、あからさまな性的活動の表現をポルノと定義した場合に比べて高い率になるだろう。さらには、ポルノの概念は国々によってだけでなく、国内のコミュニティやグループによっても異なる。最後に、年齢階層が研究や国によって非常に異なっているため、比較が代表性を持たない。

もし社会で性に関することがよりオープンに語られるのならば、子どもたちはヌードを見たことを認めるようになるだろう (Peter *et al.*, 2006, cited in ISTTF, 2008, Appendix C, p.30 and in Dooley *et al.*, 2009, p.93)。より一般的に言えば、ヌードやポルノへの接触を調べる調査は子どもたちの自主的な性に関する報告に頼っているため、そういった、大人にとってもセンシティブなトピックは、ティーンエージャーにとってはより過敏になりうるためバイアスがかかってしまう。

インターネット上において、ポルノが比較的簡単に見受けられていることが認識されている一方、いくつかの研究では幼い子どもたちはオフライン (テレビや雑誌など) においてポルノに接触しやすいと言われており (Dooley *et al.*, 2009)、この問題のインターネット上のリスクは幾分誇張されていると言える。いずれにせよ、インターネット上のポルノへの接触は年齢につれて上昇することは一致をみており (図Ⅰ.8)、年上の男子でより頻度が高く (ISTTF, 2008, p.19)、意図的な接触よりも偶発的な接触が多い。たとえば、2006年に米国で行われた調査によると、10～17歳の若者の42%が接触したことがあると回答していたうち、66%がそれは望んでやったものではなかったと答えている (Wolak *et al.*, 2006, cited in ISTTF, 2008, Appendix C, p.30)。意図的にポルノサイトを探していたと答えた子どもたちの大部分が男子であった (83%の男

図Ⅰ.8 望まない性的コンテンツとの遭遇（米国、年齢層別）

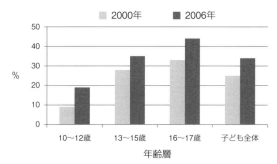

出所：Wolak et al., 2006, pp.8-9.

子、17％の女子）（Wolak et al., 2006, p.54）。

いくつかの研究は、望まない接触は年齢とともに増加し、インターネット上のポルノへの接触は年々増加していると指摘している。全米の研究（Wolak et al., 2006）によると、望まない性的コンテンツをオンラインで見る若者ユーザーは、保護者がフィルタリングやブロッキング・モニタリングソフトを使うようになっているにもかかわらず、2000年の25％から2006年には34％（16～17歳では、2000年の33％から2006年の45％）に増加している（図Ⅰ.8）。しかしながら、ポルノへの接触に対する影響について10～17歳の子どもたちを対象にした調査では、比較的少数の子どもたちが動揺したことが明らかになっている。インターネット上でポルノを見たと答えた子どもたちの34％のうち、たった9％が「非常に動揺した」と回答している。同じ研究によると、年齢の低い子どもたちの方がより動揺しやすい（図Ⅰ.9）。2000年と2006年の間では、接触においても影響においても増加している（付録2・図Ⅰ.14参照）。

インターネット上の暴力表現を含むコンテンツへの子どもたちの接触の程度はよくわかっておらず、さらに研究を進めることが望まれる。米国（ISTTF, 2008, p.19）とオーストラリア（Dooley et al., 2009, p.100）の少数の研究において暴力表現のあるコンテンツの接触頻度が評価されており、ヨーロッパでは15％から90％と推定に幅がある（付録2・表Ⅰ.5参照）。しかしながら、この

図Ⅰ.9　望まない性的コンテンツとの遭遇（米国、年齢別）、2005年

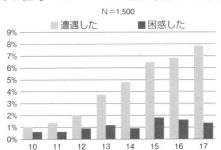

注：調査した10〜17歳1,500人の子どものうち、512人（34%）が遭遇し、136人（すなわち、被験者全体の9%、遭遇したと答えた26%の子ども）が困惑したと答えた。遭遇経験のある子どもは年齢とともに増加するが、困惑する子どもは年齢とともに減少している。
出所：Wolak *et al*., 2006, p.36.

推定は有害なコンテンツと暴力表現のあるコンテンツを合わせており、異なる年齢層を利用しているため、ヨーロッパの国々での比較を難しくしている。

有害情報は自殺やドラッグ、アルコールの消費、摂食障害（拒食症など）を引き起こす。少数のグループであっても、誰でもそういったコンテンツをWeb 2.0に掲載することができるため、管理することが特に難しい。そういった情報は潜在的に有害情報とともによく意図されているか、ある程度意図されて掲載されているため、有害情報と無害なアドバイス、有益なアドバイスとの線を引くことが難しい（Millwood Hargrave *et al*., 2009）。

有害情報に関しては非常に限られたデータしか存在しない。自殺やドラッグに関する有害情報についてはほとんど検証されていない。いくつかの研究は、女性は拒食症や自傷行為のハイリスク群であるとしている。米国の研究によると、400以上の掲示板が最も効果的な自傷行為の方法について情報を公開していることを発見している[19]。ユーザーのほとんどが16〜23歳の女性で、多くが18歳位であったため、法律で子どもとされている年齢では必ずしもなかった。オーストラリアの研究によると自傷行為のグループに参加しているのは主に女性で（平均年齢21.4歳）、自傷行為を13.6歳から始めていた（Murray and Fox, 2006, in Dooley *et al*., 2009, p.125）。

コンタクト・リスク

　コンタクト・リスクは、たとえばチャットに参加する際など、子どもたちのインターネット上でのインタラクションにより生ずる。それらは、以下の3つに分類できる。1）そのインタラクションが子どもを害する意図を持って行われているか（サイバーグルーミングなど）、2）子どもたちが悪意のあるインターネット上のやりとりにさらされているか、3）子どもたちが自らの意図のもと害を負っているか（違法なファイルをシェアした際の責任など）。

　「ネット上の性的搾取」は、大人たちが性的接触を持つ意図で、子どもたちと信頼関係を築くためにインターネットを使う方法であり、いくつかの国においては犯罪である。これは、欧州評議会「子どもの性的搾取及び性的虐待からの保護に関する条約（CETS 201）」の条項に性的教唆という犯罪として記載がある[20]。

> 　「見知らぬ者の危険」は、インターネット上に限らず、特に性的目的（Byron, 2008, p.53）により見知らぬ大人から接触される危険に焦点を当てている。見知らぬ者との接触が簡単にできるチャットルームは、特に危険であると考えられる（Dooley et al., 2009, p.53）。もちろん、すべての見ず知らずの人が危険とは限らないが[21]。

　サイバーグルーミングに関しては、多くの研究が行われている。しかしながら、Wolakらの研究のような関連する国際文献の多くに引用されている研究を除いて、量的データは限られている。一般的な結論では、オフラインで性的接触を持つ意図で大人からインターネットによって年齢や身元をだまされて接触された未成年者は例外的であるというものである（Dooley et al., 2009, p.29）。実際には、サイバーグルーミングはより複雑である。それはおそらく、子どもに気に入られるために大人が実際の年齢を異なって見せることにより始まっている。しかしながら、多くのケースではインターネット上においてもオフラインにおいても何の嘘もなく、時には青少年や法的な未成年者を含んでいる

(Dooley et al., 2009, p.29)。これは、子どもの純朴さを利用する大人たちの責任を問うものではないが、問題にどのように取り組み、予防するか、発生段階からのより洗練された理解が必要であることを意味する。

「性的教唆」の概念は異なって解釈されうる。気のあるそぶりをした発言は性的教唆とみなされるかもしれないし、場合によってはみなされないかもしれない。研究によると、見知らぬ大人から性的教唆を受ける未成年者のリスクは限られている。2006年のWolakらの研究によると、25％の若者がインターネット上で知らない人と情報を共有し、やりとりしているが、たった5％が見知らぬ者と会話し、性的なことを話している（Wolak et al., 2006, and Ybarra et al., 2007, cited in Dooley et al., 2009, p.48）。ほとんどが性的教唆をはぐらかしていたり無視しており、適切な対応をしている。43〜48％の性的教唆は若者から行われており、20〜30％が21歳未満の若い大人からであり、それ以上の大人からは4〜9％であった（Dooley et al., 2009, p.10）。ほとんどがチャットかメッセージによって行われており、SNSの利用がこの現象を増加させているようにはみえなかった。最後に、インターネット上で性的教唆を受ける若者の割合は2000年の19％から2006年の13％に減少している（Finkelhor et al., 2000; Wolak et al., 2006, cited in ISTTF, 2008）。

インターネット上で知り合った大人との物理的な性的接触はまれである。2005年の全米調査（Ybarra et al., 2007, p.21）によると、1,500人のうち8人（0.5％）の若者が物理的な性的接触を報告し、それらすべてが17歳であり、20代初めの若い大人たちとの関係であった。ペンシルベニア法務長官により2005年から2009年に報告された183ケースのうち、8ケース（4％）がインターネット上で形成された関係によりティーンが被害者となったものであり、12ケース（6％）が年齢をごまかした加害者に関するものであり、166ケース（90％）が逮捕に至った捜査に関するものであり、87％のケースがチャットルームで行われていた[22]。これは、ネットを介した性的搾取のリスクは存在するが、正確に把握することが難しいことを意味する。被害者の70〜75％が女性で、よりハイリスクであり、99％が13〜17歳であり（Wolak et al., 2004, 2006, cited in Dooley *et al.*, 2009, pp.15, 21)、おそらく典型的なティーンエージャーが見知らぬ者とかかわらないのに対し（75％）、彼女らがリスキーな行動をして、インターネット上で見知らぬ者と話をするからであると考えられる（Wolak *et al.*, 2006, and Ybarra *et al.*, 2007, cited in Dooley *et al.*, 2009, p.52）。インターネット上でかかわりを持ち、オフラインで被害者となった12歳未満の子どももまれであると考えられる。

　インターネット上での嫌がらせは、間違いなく子どもたちのコンタクト・リスクの中で最も多いものであろう。それは脅迫、侮辱、辱めといったものからインターネットを用いて送信されるより深刻な脅威へと幅がある（ISTTF, 2008, p.18; Millwood Hargrave *et al.*, 2009, p.8）。それは、意図的・反復的に他者を害するために個人、もしくはグループが情報通信機器を用いるネットいじめとなりうる（ENISA, 2007, p.15; De Haan and Livingstone, 2009, p.5; Dooley *et al.*, 2009, p.61）。ネットいじめの被害者の多くは未成年者であるが、大人が子どもに嫌がらせをするケースも存在する。多くの場合、インターネットの匿名性を利用して、eメールやメッセージ、チャット、恥ずかしい写真のばらまきなどをして反復的な脅威を与える戦略であるが、多くの被害者が嫌がらせをしている相手に気づいている（ISTTF, 2008, p.17; Dooley *et al.*, 2009, p.11）。「炎上」は、ネットいじめの1つであり、eメールやメッセージで尋常ではなく強烈で攻撃的な言い合いを子どもたちがするものである。そのようなインタラクションは、攻撃をしているものと被害者は一般的に子どもたちである。図Ⅰ.10と図Ⅰ.11が示すように、こういったタイプの嫌がらせにおいては携帯電話とeメールが主な手段である。

　「インターネット上のストーカー行為」は、個人が行うインターネット上の嫌がらせであり、反復される接触や悪意のある脅威を含むインターネット上で追跡し、彼／彼女に対して精神的・肉体的ダメージを与える目的で被害者の個人的特徴を傷つける行為である。

インターネット上の嫌がらせといじめは、考慮すべき問題の中でも増加しているように思われる（Cross *et al.*, 2009, and Wolak *et al.*, 2007, cited in Dooley *et al.*, 2009, p.64）。インターネット上のいじめの発生状況は相当異なっている。年齢の高い子どもたちはよりハイリスクである。また、若者間のインターネットおよび携帯電話の普及状況ともまた相関がある（Hasebrink *et al.*, 2009, p.91f.; Dooley *et al.*, 2009, p.67f.）。

リスクの発生状況について多くの利用可能なデータがあるにもかかわらず、発生率を比較することは難しい。国や研究ごとの定義の違いによってこの率は4～46％と幅がある（Hinduja and Patchin, 2009; Kowalski *et al.*, 2007; Pew Internet & American Life Project, 2007; McQuade and Sampat, 2008; Smith *et al.*, 2008; Williams and Guerra, 2007; Wolak *et al.*, 2006; Ybarra *et al.*, 2007a, cited in ISTTF, 2008, p.17）。たとえば、ネットいじめの最も一般的な定義は、単に情報通信機器をいじめに用いることで、嫌がらせのかたちは攻撃性、害を与える意図、反復性と、いじめる側といじめられる側の力の不均衡を含んでいる（ISTTF, 2008, p.17; Finkelhor *et al.*, 2010）。しかしながら、研究によってはこの条件の3つだけしか含んでいなかったり、違うものが付加されていたりする。したがって、表Ⅰ.1のネットいじめ発生率は直接的に比較すべきではない。

表Ⅰ.1　各国ごとのネットいじめ発生率

	低い発生率	高い発生率
オーストラリア	7,500校中の4～9年生の6.6%	11～17歳の青少年652人中の21%
米国	6～8年生の11%	13～18歳の50%がネットいじめにあった
カナダ		12～15歳の生徒の55%
中国		11～14歳の65%
英国	11～16歳の22%	
欧州（付録2・表6参照）	アイスランドの9～16歳	エストニアの6～14歳の31%

出所：Cross *et al.*, 2009; Lodge *et al.*, 2007; Kowalski *et al.*, 2007; Raskauskas *et al.*, 2007; Li, 2008, cited in Dooley *et al.*, 2009, pp.64-68; EU Kids Online, 2009, p.29.

図Ⅰ.10　カナダにおける中学生のネットいじめの発生メディア、2009年

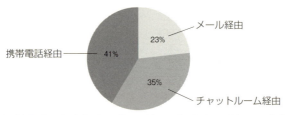

出所：Li, 2007a, cited in Review of existing Australian and international cyber-safety research（2009）, p. 69.

図Ⅰ.11　スウェーデンにおける12～15歳生徒のネットいじめの発生メディア、2008年

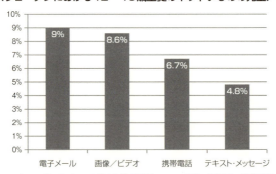

注：このグラフは、スウェーデンの12～15歳の生徒が電子メール、画像／ビデオ、携帯電話やテキスト・メッセージを介して受けたいじめの割合を表している。
出所：Slonje and Smith, 2008, cited in Dooley *et al.*, 2009, p. 69.

　いくつかの研究によると、オフラインのいじめはインターネット上のいじめの2倍も発生している（Li, 2007b, cited in ISTTF, 2008）。それにもかかわらず、ある研究によると、インターネット上でいじめられた42％の子どもが、学校においてもいじめの被害者となっており、二者は相関があることを示している（Hinduja and Patchin, 2009, cited in ISTTF, 2008, Appendix C, p.22）。最近の研究は、また、下記のことを示唆している。

- 未成年者は、もっぱら他の未成年者から嫌がらせを受けており、82％にも及ぶ被害者が加害者を知っている（Hinduja and Patchin, 2009, cited in Dooley *et al.*, 2009, p.71）。

第1章　インターネット上の子どもたちのリスク

- ネットいじめは逆U字パターンをたどっており、年齢とともに増加し、ティーンの中盤でピークを迎え、その後減少に転じる（Kowalski and Limber, 2007, and Slonje and Smith, 2008, cited in Dooley et al., 2009, p.75）。オーストラリアにおいては、ネットいじめは8〜9歳においては1％報告され、16〜17歳に至っては19％に達し、その後減少する（ACMA, 2009b, p.63）。
- インターネット上の嫌がらせの影響は比較的強力である。たとえば、米国の研究によると、39％の被害者が心理的にストレスを受けたと回答している（ISTTF, 2008, p.17）。
- eメールと携帯電話がネットいじめの最も多いツールであるとみられる（図Ⅰ.10、図Ⅰ.11参照）。インターネット上の嫌がらせは、メッセージを使っているときかチャットルームを訪れているときに発生している（Kowalski and Limber 2007; Opinion Research Corporation, 2006a, 2006b; Wolak et al., 2006, cited in ISTTF, 2008, Appendix C, pp.46-47）。
- 子どもたちと保護者の受け止め方にはギャップがあるようにみえる。たとえば、英国の9〜19歳の33％がインターネット上の嫌がらせを報告したのに対し、4％の保護者が自分の子どもがインターネット上の嫌がらせに遭ったことがあると認識していた（Livingstone and Bober, 2004, cited in ISTTF, 2008, Appendix C, p.44）。
- インターネット上のいじめは、時にプライバシーや身元がさらされる脅威を合わせ持つ（下記参照）。
- ネットいじめに加わる子どもたちの何人かは、たとえば、写真やメッセージを他者に転送することで、その行為が被害者に与える影響に十分気づいているとはいえない。この件に関するエビデンスは不足している。

　子どもたちは差別的な悪意を持った発言にゲームのプレーヤー同士や、チャットルーム、バーチャルスペースなどのライブのインタラクションで最も遭遇する[23]。2008年の米国ピュー・レビューによるとゲームをプレーするティーンのほぼ半数がときどき「差別的で、人種や性差別をプレー中に行う人たち」を

目にしたり聞いたりしており、63％が「意地悪で非常に攻撃的な人々」がいることを報告している（Lenhart et al., 2008, cited in ISTTF, 2008; Dooley et al., 2009, Appendix C, p.50）。2004年に米国で少ない対象者に行われた研究によると、チャットに参加している59％が、監視されていないコミュニケーションにおいて人種や民族差別的な発言を目にすることがあったと答えている（Tynes et al., 2004, cited in Dooley et al., 2009, p.107）。他の研究によると、「差別的で、人種や性差別をプレー中に行う人たち」を一度も見たことも聞いたこともないと51％のティーンエージャーが回答したのに対し、33％がときどきこうしたことが起きていると答え、16％が「よく」起こると答えていた（付録2・表Ⅰ.7参照）。

　助けや救いを求める未成年者が、SNSやチャットルームといった双方向的な場において不適切かつ悪意を持ったアドバイザーから有害情報を受け取ることがある。このような折衝のリスクは静的なコンテンツによる有害情報にさらされることと対になっている。同じ志向を持ったグループ間のインタラクションにおいては、自傷行為や拒食などが普通視され、危険な行為が強化される危険がある一方（Dooley et al., 2009, pp.125, 129）、何人かはこうした問題に対して献身的であり、メンバーは有害情報よりもサポートを提供することがある。何人かは有害なものと建設的なものがミックスされており、区別を難しくしている。

　問題のあるコンテンツの共有（ISTTF, 2008, p.19）としては、子どもたちが問題のあるコンテンツを、多くは携帯カメラやウェブカムを用いて作成し、インターネット上にポストしてシェアすることである。このカテゴリーには、集団や自分自身による暴力行為や「セクスティング」と呼ばれる、未成年者が自身のヌードやセミヌードの画像を転送することを含む（ITU 2009a, p.33; Pew Internet & American Life Project, 2009, p.4）。

　「デジピックス（Dedipix）」はフランスで生まれた近年のトレンドであり（Cosgrove, 2009）、子どもたちが自分のボディーパーツ、時にはヌードやセミヌードを書かれたメッセージとともにポストするものである。これは様々なリスクのカテゴリーを横断しており、有害な、もしくは違法なコンテンツが存在し、

いったん公共の場にポストされると、その子どものプライバシーに短期的・長期的なリスクが生じてしまう（Pew Internet & American Life Project, 2009, p.5f.; Solove, 2007, p.2）。「ハッピー・スラッピング（happy slapping）」というのは、見知らぬ人にティーンネージャーが「単なる楽しみのために」暴行や強盗を行い、携帯カメラで誰かに一部始終を撮影してもらうことを指す。そして、そのビデオはビデオ共有サイトにポストされるか、携帯電話で交換される。

　こうしたリスクに関するデータは限られている。2007年に発表された全米の調査によるとインターネットを利用する4％の若者が彼らの性的な写真を送ってほしいと頼まれた経験があり、1,500人中1人が応じていた（Mitchell *et al.*, 2007c, cited in ISTTF, 2008, Appendix C, p.51）。米国のある地域の調査によると、7～9年生の生徒のうち7％がヌード写真をインターネット上で求められていた（McQuade and Sampat, 2008, cited in ISTTF, 2008, Appendix C, p.51）。アイスランドで行われた調査によると、15％のティーンネージャーが他のティーンネージャーから裸の写真を送ってほしいと頼まれていた（Hasebrink *et al.*, 2009, p.30）。しかしながら、これが二者間のプライベートなコミュニケーションにおいてなのか、オープンなサイトへのポストを求めるものなのかははっきりしない。

　他のデータによると、問題のあるコンテンツはPC経由のオンライン・サイトよりも携帯電話経由によってより多く共有されていることが明らかになった。最近の米国の研究によると、携帯電話を持っている12～17歳の4％が自分自身の性的なヌードやほぼヌードの画像をメッセージ機能から送信したと回答し、15％がそうした画像を知り合いから受け取ったと回答し、8％が携帯電話から画像が転送された被害者になったと回答した。そうしたコンテンツの送受信は年齢とともに増加するようである。12歳の4％がそうした画像やビデオを受け取ったことがあると回答したのに対し、16歳では20％、17歳では30％であった（Pew Internet and American Life Project, 2009, p.2）。興味深いことに、自分自身で携帯電話の料金を払っているものほど、払っていないものに比べ、こういった画像を送っていた（それぞれ17％対3％）[24]。17歳の方が13歳よりも

自分で料金を払っていることが多いと思われるため、これはおそらく年齢と関連している。

　民事・刑事罰を受ける違法なやりとりは未成年や保護者によって行われうる。たとえば、インターネット上の著作権侵害や著作権で保護されたコンテンツの共有は、フランスなどにおいては、家庭のインターネット接続が停止させられるなどの法的制裁につながる。多くの国で違法な未成年者によるインターネットギャンブルは、未成年者がクレジットカードや携帯電話などその他の支払いができるツールを使える場合は保護者の財政面を脅かすだろう。また、それは子どもたちへの精神を害する潜在的な脅威となりうる。

　違法なファイル共有はティーンエージャーと関連づけられることが多いが、子どもたちに特化したファイル共有のデータは存在しない。多くの国で違法である子どもたちのギャンブルサイトの利用に関するデータは不足しているが、「英国子どもインターネット利用調査（UK Children Go Online Survey）」によると、2％の未成年が毎日もしくは毎週インターネット上でギャンブルをしていることを認めている（Livingstone and Bober, 2005）。

2.2　インターネット上で子どもたちが消費者としてターゲットにされること

　子どもたちは、以下の場合にインターネット上の消費者としてのリスクにさらされる。1）子どもたちにとって不適切な広告（たとえば、アルコールのような年齢制限のある商品など）をインターネット上で受け取ること、2）子どもたちが出所のよくわからない広告（商品紹介など）や大人向けの広告（出会い系など）にさらされること、3）だまされやすさや経験のなさが利用され、経済的リスクにさらされること（オンライン詐欺など）。

子ども向けのインターネット広告

　インターネット上の広告で、アルコール、たばこ、処方箋の必要な医薬品など未成年者に制限があったり年齢制限のある製品は、そのようなリスクのある

第1章　インターネット上の子どもたちのリスク

ライフスタイルが身近になってしまったり、子どもと事業者を結びつけてしまうため、配慮が必要である。子どもたちが年齢制限のある製品をインターネット上で買う可能性は、必ずしも彼らがそうすることを意味してはいない。たとえば、2006年の米国の調査によると、インターネット上でたばこを購入しようとしたティーンネージャーのうち70％以上が成功しており、2002年の他の調査によると、1,689人のティーンネージャーのうち2.2％がインターネットで購入したたばこを吸っていた（Dooley et al., 2009, p.133）。ドラッグやドーピングのための薬物などの違法な商品のインターネットにおける販売促進と販売は青少年にとって第一のリスクとなる（US Department of Justice, 2002, p.1）。

　子どもたちを対象としたインターネット上のマーケティングや子どもたちに人気のあるウェブページに表示されているものは、内容と広告の区別がはっきりしない場合に問題がある。未成年者にとって、特に幼い子どもたちにとって広告は他のコンテンツから区別しづらく、彼らの広告に対して批判的に見る目は養われていない[25]。このことが、オンラインマーケティングの影響に対して子どもたちを特に弱い立場に置いている（Fielder et al., 2007, p.11; De Haan and Livingston, 2009, p.5; OECD, 2010b, p.7）。「アドバゲィミング（Advergaming）」は、広告とインターネットゲームをミックスしたものであり、議論が必要なマーケティング手法の一例である（Kaiser Family Foundation, 2006, p.5f.）。子どもたちはインターネットのコンテンツがどのように出資され制作されているか十分理解していないため、これもまた広告を批判的にみることを難しくしている（De Haan and Livingstone, 2009, p.5; Fielder et al., 2007, p.12; UK Department for Children, Schools and Families, and Department for Culture, Media and Sport, 2009, p.88; Media Awareness Network, 2005, p.16）。このような理由から、何人かの活動家は埋め込まれた広告や子どもたちを対象としたウェブページの商業的なブランド戦略に疑問を呈している（UK Department for Children, Schools and Families, and Department for Culture, Media and Sport, 2009, p.85）。彼らはまた、子どもたちはインターネット上のマーケティングの対象とすべきなのか、するとしたら何歳からが適切なのか、といった問

題をあげている。

　年齢に不適切な内容を含む広告が、毎日のインターネット利用によってさらされることで、広告（あからさまな性的画像を含むスパムメールやバナーなど）は未成年に有害になりうる。ギャンブルや出会い系の販売促進は未成年の好奇心のトリガーとなりうるし（Fielder *et al.*, 2007, pp.11, 14, 18）、経済的損失につながったり性的教唆につながるリスクのある行動を促しうる。

　英国国立消費者会議（British National Consumer Council）（現在の消費者フォーカス（Consumer Focus））と国際チャイルドネット（Childnet International）の子どもたちに好まれるウェブサイトの消費行動に関する研究によると、9％の広告がインターネット上のギャンブルで、4％が出会い系であった（Fielder *et al.*, 2007, p.11）。その研究によると、ポルノのポップアップ広告が、子どもたちが他のことをしている間に偶然にそのようなコンテンツに遭遇してしまう主な原因となっていた（Livingstone and Bober, 2005）。

　脂肪、塩分、糖分の多い食品（HFSSフードと呼ばれるもの）のインターネット広告は、子どもたちの肥満のリスクに影響しているだろう。この問題は多くの国で一般の監視下に置かれている（Fielder *et al.*, 2007, p.11）[26]。いくつかの国々の政策立案者は、こういった商品のテレビや子どもを対象としたウェブサイトにおけるマーケティングの既存の規制や自主規制の手法を拡大したり、拡大しようとしている（UK Department for Children, Schools and Families, and Department for Culture, Media and Sport, 2009, p.105）。

無駄遣い

　未成年者のインターネットや携帯電話の使い過ぎは保護者の経済的負担を生じさせうる（OECD, 2006, p.8）。たとえば、子どもたちが利用できる支払い手段があれば、課金制のサービスを使ったり、インターネットギャンブルにお金を使うことができる。いくつかの人気のあるオンラインロール・プレイングゲームでは、購入が必要であり、インターネット上のアイテムを手にしたり、より強いプレーヤーになるために実際のお金を必要とする。しかし、現状を知るた

第1章　インターネット上の子どもたちのリスク

めの適切なデータが不足しているため、問題の大きさを把握することは難しい。

不正送金

　不正送金は子どもたちが有料コンテンツの購入にかかわり、送金したにもかかわらず十分な価値のあるものを得られなかったり、定期購入させられたことに気づいたりしたときに生じる。携帯電話における有名な例で言えば、着信音のダウンロードである。子どもたちは追加の費用を支払っていることやプリペイドの通話カードから定期的に引き落とされるサービスを購入してしまったことに気がついていない（YPRT, 2009, p.12; Fielder *et al.*, 2007, p.34）。2008年に、23.7%のベルギーのティーンネージャーが着信音に思ったよりも支払ったと答えており、7.5%が気がつかずに定期購買していた（Pouwels and Bauwens, 2008, cited in Hasebrink *et al.*, 2010, p.154）。

　子どもたちの経験不足により、簡単にオンライン詐欺のターゲットになることから、経済的リスクは大きくなる（YPRT, 2009, p.12; ITU, 2009a, p.33）。銀行口座やクレジットカードを持っていない未成年者は、急激な経済的損失を招きにくい。それでもなお、彼らは個人情報を盗まれ、不正なクレジット利用履歴を残されてしまう危険性にはさらされている（OSTWG, 2010, p.16; Dooley *et al.*, 2009, p.151）。

2.3　情報プライバシーとセキュリティのリスク

　情報プライバシーとセキュリティのリスクは、すべてのユーザーに生じている。しかしながら、子どもたちは今後の見通し（たとえば、個人情報をインターネット上で明らかにすると、誰からも見られる可能性があること）について自覚できる力が弱く、既存の安全策はおそらく彼らのプライバシーとセキュリティを効率的に保護するよう十分機能していないことから、インターネットユーザーの中で特に弱い立場になる。

子どもたちの情報プライバシー

　子どもたちは、サービス事業者から要求されたり（サインインする際など）、自主的にインターネット上のフォームを個人情報で埋めたりする際に、インターネット上で自動的に個人情報が（クッキーなどで）収集され、プライバシーのリスクにさらされる（YPRT, 2009, p.11）。多くの大人たちと同様、理解するのが難しすぎる言葉で書かれていたり（Fielder *et al.*, 2007, p.23; Dooley *et al.*, 2009, p.146; Media Awareness Network, 2005, p.17）、好きなようにウェブサイトを使うために個人情報を利用されてもよいと思っている場合、子どもたちはインターネットサービスのプライバシー条項をスキップしがちである（Fielder *et al.*, 2007, p.30; 30th International Conference of Data Protection and Privacy Commissioners, 2008）。子どもたちに人気のサービスは、サインインしたりユーザーアカウントを作る際に子どもに代わって保護者が内容を知らされ、同意をするといった信頼のおける手順を保証することが多くの場合できていない[27]。

インターネット上の商品としての個人情報

　事実上、大人と同様、子どもたちの個人情報はインターネット上の商品となっている。2007年の研究によると、米国のティーンネージャーの95％が、個人情報が広告主や他のウェブサイトに渡ることを心配している（Davies, 2007, cited by Byron, 2008, p.157）。40の子ども向けサイトのうち、およそ3分の2が時にはオプションとして、ある部分へのアクセスに必要なものとして個人情報を要求している。内訳は、名前（70％）、メールアドレス（53％）、生年月日（43％）、郵便番号（40％）、住所（24％）、携帯電話番号（13％）であった（Fielder *et al.*, 2007, p.25）。

　子どもをターゲットとしたマーケティングのいくつかは、調査やクイズ、コンテストなどを通して、たとえば、彼らや家族、友達の個人情報を、保護者の承認が必要という規制を多くの場合無視して収集している。商品を獲得したり、

第1章 インターネット上の子どもたちのリスク

無料や割引サービスを利用できるという見込みが、個人情報を提供する強力な動機づけとなっている (Dooley et al., 2009, p.145f.)。オーストラリアプライバシー委員会の報告書によると、オーストラリアの若者は見返りや割引（商品を得ることを促す要因）を受けるために、より個人情報を提供しやすくなることが示唆されている (Dooley et al., 2009, p.145)。

SNSやオンラインコミュニティなどの多くのインターネットサービスのビジネスモデルを未成年者は理解していないため、個人情報への商業的な関心を過小評価しがちである (YPRT, 2009; Fielder et al., 2007, p.38)。一方でサービスを提供し、もう一方でユーザーの個人情報を用いたビジネスを行う二面性のある市場の存在にユーザーは多くの場合、気がついていない。子どもたちがそのようなサービスを用いる場合、彼らに個人データの利用目的と利用範囲に関して十分な情報を与え、保護者の了承を得るという課題が生じる。さらに言えば、ユーザーが子どもたちである多くの場合、プライバシー保護設定が最高レベルになっていることは少ない。最後には、子どもたちも彼らの保護者もプライバシー設定の複雑さに困難を感じることになる。

子どもたちは知らないうちに、またどのような予防措置をとったらよいかわからないうちに、インターネット上の監視やプロファイリング (YPRT, 2009, p.14)、行動調査といったプライバシーを侵害する行為のターゲットとなりうる (UK Department for Children, Schools and Families, and Department for Culture, Media and Sport, 2009, p.14, 84f.; Council of Europe, 2008c; Children's Online Privacy Working Group 2009, p.8; OECD, 2010b, p.7)。また、未成年を対象とした個人に特化した広告は、（前に述べたように）商業コンテンツへの接触や広告ネットワーク・サービス事業者間での個人情報の流用という2つの問題を生じさせる。より一般的には、消費者団体は、インターネットの広告による心理的、行動的、社会的手法の利用は、「子どもたちの将来の自己イメージと幸せへ悪い影響を与える」危険性があることについて警鐘を鳴らしている (TACD, 2009)。

個人情報の共有

　個人情報のインターネット全体への共有は友達の間だけの共有と差があるが、どのような内容を子どもたちが自主的に公開しているのかを考慮に入れることは重要である。近年の調査によると、子どもたちはオフラインとインターネット上の内容を同様に現実味を持って感じていることが発見されてきている。つまり、子どもたちはインターネットをすでに知っている人との交流の場として用いており、インターネットを友達と交流するプライベートな空間だと感じているということである。さらに、子どもたちのプライバシーに対する態度は、年齢だけでなく保護者の影響による個人的な価値観にも左右されていることがわかっている（Marwick *et al.*, 2010, pp.12, 13）。

　子どもたちはインターネット上の閲覧者の広がりに気づいておらず、どのようなことが起こりうるか想像することができないため、個人情報をさらしてしまう。たとえば、未成年者はSNSやブログ、その他のWeb2.0をいち早く活用してきており、自身や家族、友達の多くの情報を明らかにしてしまう画像やビデオを投稿してきた。子どもたちは、すべての情報が彼らの直接の知り合いの中だけで残ると誤って想定しており、「友達の友達」に情報が行き渡る過程や、友達ではない人に情報が渡り、他の人にまで広がってゆく過程を予想できてはいない。

　インターネット上の人格を作り上げたがり、友達とつながっていることにこだわる子どもたちは、画像を含む個人情報をより多く漏らすことによる「過剰共有（oversharing）」のリスクにある。SNSの友達同士の同調圧力が、この傾向を持続させる（Dooley *et al.*, 2009, pp.13, 143; Marwick *et al.*, 2010, pp.5, 20f.）。

　ティーンネージャーによるSNSの広範囲な利用はよく知られている。2007年のピュー・インターネットレビューによると、51％の米国のティーンネー

第1章　インターネット上の子どもたちのリスク

ジャーがSNSのアカウントを作成しており、21％が毎日利用していた。女子たちはSNSをより頻繁に利用しており（15〜17歳において、男子50％に対し69％）、よりコミュニケーションをとるために利用しており（男子17%に対し32%）、写真を投稿していた（男子37%に対し50%）。SNSの利用は、子どもたちの年齢とともに増加していた。すなわち、8〜11歳で27％、12〜15歳で55％、16〜17歳で67％（Teens and Social Media, 2007, cited in ACMA, 2009a, p.21）。オーストラリアでも同様に、8〜11歳の51％がSNSを利用していたのに対し、16〜17歳では97％が利用していた（ACMA, 2009b, p.30）。

若者はインターネット上のプライバシーについて強く気にしているものの、個人情報をさらしてしまう人々が増加してきている。ある調査によると、2000年から2005年に関し、インターネット上で個人情報を共有した米国人の若者の数は11％から35％に増加している（Wolak, 2006, cited in ISTTF, 2008, Appendix C, p.40）。この傾向は、多くの個人情報を投稿することができるWeb2.0の広まりとともに続くものである。ある米国の調査によると、マイスペースの若いユーザーの81％が写真を投稿しており、93％がホームタウンを明かしていた（Pierce, 2007, cited in ISTTF, 2008, Appendix C, p.40）。さらに、5〜11％は、名前や電話番号といったよりセンシティブな情報についても明らかにしていた（Pew Internet & American Life Project, 2007; Pierce, 2007b, cited in ISTTF, 2008, Appendix C, p.40）。近年のオーストラリアの研究によると、74％のSNSのユーザーがメールアドレスや名前、生年月日などの個人情報を明らかにしていた（Model Criminal Law Officers' Committee, 2008, cited in Dooley *et al.*, 2009, p.155）。これは、Facebookなど、本当の名前やその他の個人情報を友達とつながるために入力する必要のあるSNSの広がりとともに上昇しているものと思われる。

さらに言えば、Facebook、Bebo、MySpaceなどのSNSは登録の最低年齢を13歳としているものの、多くの幼い子どもたちがアカウントを作成している。たとえば、英国では2009年において2008年から16％増加し、8〜11歳の22％のインターネットを使う子どもたちがSNSのアカウントを持っていると答え

た（Ofcom, 2010, pp.5, 74）。しかし、アカウントを一般に公開している数は減少しているようである。2008年に、8～12歳のインターネットユーザーの67％がアカウントを友達のみに公開していると回答したのに対し、2009年には83％となっていた。男子（21%）は、女子（13%）に比べ、より多くがアカウントを公開したままにしていたが（Ofcom, 2010, p.74）、多くの男子（64%）が嘘のプロフィールを女子（50%）よりも使っていた（Pew Internet & American Life Project, 2007, p.iii）。また、保護者は子どもたちがSNSを利用していることに気がついており、93％がそこで何をしているかチェックしていると答えた。

若者はインターネット上で取り返しがつかず、検索可能で、操作可能で、持続する性質を持った個人情報が生じさせる長期的な問題を予期していないだろう（YPRT, 2009, p.11; Marwick et al., 2010, p.4）。たとえば、雇用主側が不適切と考える人格の一部を表すようなインターネット上の文章、写真、ビデオを見つけたために、若者が就職の際不採用になったことが多く報告されている。

個人情報はまた、誰か他の人からも投稿されうる。たとえば、写真や場所、イベントに個人をタグ付けすることは多く行われており、子どもたちは相手に尋ねもしないし、許可を得る必要もないのである（ENISA, 2007, p.21; Grimm et al., 2008, p.11）。研究によると、若者の40％以上が、許可なく写真がインターネット上に投稿されたことがあると答えており（Dooley et al., 2009, p.141）、他の研究によると、6％の若者が恥ずかしい写真が許可なくインターネット上に投稿されたことがあると答えている（Lenhart, 2007, cited in ISTTF, 2008, Appendix C, p.51）。

いくつかの研究によると、若者はパスワードをシェアすることに対して、自分に代わって友達がメールやSNSを簡単にチェックできる方法、もしくは信頼を表す方法（ロッカーの番号を教えるように）と考えていた（Marwick et al., 2010, p.13）。2003年に、9～16歳のスウェーデンの子どもたちの7％が、許可を得ずに誰かのメールやメッセージを利用したことがあると答えた。同様に、アイルランドの6％の子どもが、誰かのウェブサイトを不正利用したことがあると認めている（Hasebrink et al., 2010, p.154）。2008年の研究によると、ニュ

ーヨーク州に住む4～6年生の13％が、7～9年生の15％が、許可なく誰かがパスワードを使ったと答えた。同様の割合で、誰かがインターネット上で自分になりすましたと答えた（McQuade and Sampat, 2008, cited in ISTTF, 2008, Appendix C, p.42）。

未成年者の個人情報がインターネット上で広まると、個人と結びつけられ、第三者に悪意で（個人情報の盗難など）用いられうる。2006年の米連邦取引委員会（US Federal Trade Commission）によると、18歳未満の個人情報の盗難が1,489件報告されており、その年報告された全米の個人情報の盗難の2％に当たるということだった（Youn, 2008, cited in Dooley et al., 2010, p.155）。

子どもたちのプライバシー情報への、起こりうる新たなリスクとして、利用者がどこにいるか案内するGPSやその他の位置情報サービス（Loopt、Google Latitude、Facebook Placesなど）により位置を特定される危険がある（eNacso, 2009; YPRT, 2009, p.30; De Haan and Livingstone, 2009, p.11）。もしサービスの設定が適切に行われていない場合、携帯電話を用いたサービスでは、リアルタイムで個人を追跡できる。チャットやその他のフォーラムにおいては、インターネット上のステータスや話ができるかどうかが表示され、また、どのあたりにいるかも同様に明らかになりうる。

プライバシー保護パラドックス

子どもたちはオフラインと同様、インターネット上でもプライバシーが必要である。たとえば、彼らは保護者や他の保護者に常に監視下に置かれることなく、友達と交流することのできるプライバシーが必要である。プライバシーのリスクを含むインターネット上やオフラインのリスクから子どもたちを守るために、保護者が「ふさわしい（friendly）」監視をしようとする場合、「プライバシー保護パラドックス（privacy protection paradox）」が生じるだろう。たとえば、あるペアレンタルコントロールの技術を用いることで、子どもたちの詳細なインターネット上の利用状況を報告することもできる。学校や図書館もインターネット上の安全の戦略として、子どもたちのインターネット上の活動を

監視することが増えてきている（Marwick *et al.*, 2010, pp.15f., 61f.）。

情報セキュリティリスク

　インターネットユーザー全般に、情報セキュリティは重要課題と言える。しかしながら、子どもたちは特に悪意を持ったプログラム（マルウェア、スパイウェアなど）からの情報セキュリティリスクに対して弱い立場に置かれている（OSTWG, 2010, p.16）。彼らは、リスクに気づかずにマルウェアを含んでいるハイリスクなサービスを利用している。たとえば保護者がインターネットバンキングのために利用する家庭用コンピュータを感染させるためなどに、子どもたちをインターネット犯罪のターゲットにするというのは今までのところ限られたデータしかない。

　商業的なスパイウェアは、子どもたちによってウェブページからダウンロードされ、コンピュータの中にインターネット上の活動を監視するために挿入される（ITU, 2009a, p.33; US FCC, 2009, para. 129）。それは、サービスに必要な監視範囲を超えて、子どもたちを標的として（インターネットマーケティングなどの目的のために）情報が収集される。この利用は、子どもたちの情報プライバシーの観点から疑問視されている（UK Department for Children, Schools and Families, and Department for Culture, Media and Sport, 2009, p.51）。

　情報セキュリティリスクの高まりは、若者が適切な技術的安全措置のないままインターネットを利用することと関連している。たとえば、ファイルをダウンロードすることや怪しい添付ファイルを開くことによって悪意のあるプログラムにコンピュータが感染する可能性がある。もし探知されない場合、それはシステムにダメージを与えたりするだけでなく、機密情報を盗んだり、コンピュータを乗っ取って広範囲なサイバー攻撃システムの一部としたりすることが起こりやすい（OECD, 2009b, p.23）。パソコンはメインのターゲットであるが、悪意のあるプログラムは携帯電話を含むあらゆる電子機器やインターネット上のプラットフォームに存在し（OECD, 2006, p.39, 2009b, p.23）、スパムをまき散らす目的でアカウントを乗っ取る。そのような問題は、SNS上においても存

在する (ENISA, 2007, p.12)。

　子どもたちは、高いコンピュータやデジタルスキルを用いることができる一方、リスクに対する認識不足は情報セキュリティに関する知識不足を意味する。たとえば、ファイル共有ソフトやピアツーピアプログラムのインストールは、ファイルを交換するためにユーザーのコンピュータに一般のアクセスを可能とするものだが、適切に設定されないと、個人ファイルが危険にさらされる。

　個人メッセージを批判的に判断し、異常な状況に意識的である経験の不足は、子どもたちをオンライン詐欺に対して特に弱い立場に置く。フィッシング攻撃は代表的な情報セキュリティリスクである。あらゆる年齢のユーザーが誤解させる誘導のもと、ウェブサイトに招かれ、個人情報や経済的情報を入力してしまう (Dooley et al., 2009, p.149)。経済的損失を生まないとしても、危険にさらされた情報は個人情報の搾取者たちからいろいろな目的で狙われてしまう。

第3節　結論

　リスクは社会・文化的要因と同様に、子どもたちのインターネットへのアクセスの度合いによって、国ごとに異なる (Livingstone and Haddon, 2009, p.17)。たとえば、EUキッズオンライン (EU Kids Online) の調査によると、インターネットを高度に利用する国は相対的に「ハイリスク」の国となることから、利用頻度とリスクの潜在的な相関を示した。いくつかの国々は他の国々よりも的確に対処ができている。典型例としては、子どもたちが高度にインターネットを利用しているデンマークとスウェーデンは中程度のインターネットリスクを持っている。このことは、公共政策の重要な役割を示唆している (De Haan and Livingstone, 2009, p.5; Livingstone and Haddon, 2009, p.17)。

　子どもたちの活動やスキル、回復力は異なるため、インターネット上の環境への相互作用や関連事項も多様化している。子どもたちのインターネット上のリスクに対する弱さは、経験不足や認識の不足、リスクのある状況をコントロ

ールしたり管理するような批判的能力の不足による。こういった能力は年齢とともに上昇するが、彼らのリスクのある行動も上昇する。

　すべての国における数あるリスクを概観してきたが、発生頻度は異なっており、政府ごとに異なる問題を重要視していた。たとえば、日本においては特に出会い系サービスや自殺幇助に関する有害情報を問題視していた[28]。フィンランドにおいてはインターネットマーケティングとプライバシーの問題が規制すべき喫緊の課題とみられており[29]、オーストラリア、カナダ、英国においてはネットいじめが最も問題であるものの1つととらえられていた。

　リスクのもたらす結果は様々であり、最も重大なものでは肉体的・精神的被害を含んでいる。しかしながら、経済的影響と長期のリスク（個人情報をインターネット上で漏らし続けること）は過小評価すべきでない。実際のリスクの発生状況やリスクを具現化するような事実は政策立案者に意味ある情報を提供するうえで重要であり（ISTTF, 2008, p.13）、リスクの誤った情報を伝えてしまい、公共政策を間違った方向に誘導することを防ぐためにも重要である（Livingstone and Haddon, 2009, p.22; Powell et al., 2010, p.6）。

　オーストラリア、EU、米国によるインターネットを利用する子どもたちのリスクについての近年の実証研究によると、個人の心理・社会的、社会経済的環境とリスクのある行動には相関があることが再確認された（ISTTF, 2008, p.5; Livingstone and Haddon, 2009, p.16; OSTWG, 2010, p.19; Dooley et al., 2009, p.165f.）。他にインターネット上のリスクへの遭遇しやすさに影響する要素として、インターネット上のアクティビティを部分的に左右しうる子どもたちの年齢、性別があげられた（Livingstone and Haddon, 2009, p.16）。このことは、より弱い立場にあるグループを特定し、適切なリスク緩和政策を講じるために、こうした変数について、さらなる研究が必要であることを示唆する。

第2章
インターネットを利用する子どもたちの保護政策

はじめに

　本章では、インターネットを利用する子どもたちの現状の保護政策を分析し（詳細な概観は付録1参照のこと）、共通点と相違点に焦点を当て、国際協力を促進するとともに、国際間の溝を埋めるための方法について議論する。

　各国は、全般的にはインターネットは子どもたちに自己の確立、自己表現、教育、学習[30]、創造性、積極性、インターネット上での市民性[31]の獲得等の幅広い機会を提供することには合意している。彼らはまた、インターネットの利用によって子どもたちが様々なリスクにさらされることにも気づいている。

　そのため、各国はインターネットを利用する子どもたちを保護すべきであり、インターネット上のリスクを軽減するために様々な政策を用いるべきである。本章では、インターネットを利用する子どもたちの保護政策の3つの側面について記述し、国の政策の主な違いを比較する。

第1節　インターネットを利用する子どもたちの保護政策の3つの側面

　子どもたちのインターネット利用によってさらされる様々なリスクは異なった政策の問題を生じさせ、インターネット上の子どもの保護政策は複雑である。すなわち、様々な政策が異なるリスクに取り組むために用いられ、様々なステークホルダーが異なるレベルで関与してイニシアティブをとっている。

　政策は、3つの主なリスク分類の1つについて取り組むことが多く、それらの組み合わせに着目していることは少ないため、本報告書で採用されたリスクの分類をある程度反映している（第1章参照）。反対に、ウェブサイトの管理者がインターネット上のリスクに対して自主的に子どもたちを守る方法を採用した場合、その方法はより包括的で様々なインターネット上のリスクを反映し

第2章　インターネットを利用する子どもたちの保護政策

ていることが多い。

　以下の3つの議論は、多くの国々で実施されている様々な子どもの保護政策をカバーしている。1）直接的・間接的政策を包含する、複数の階層にわたる政策、2）様々な役割と責任に関連する複数のステークホルダーによる政策、3）国内レベルと国際レベルにおけるマルチレベルでの政策メカニズム。

1.1　複数の階層にわたる政策

　インターネット上の子どもたちの保護は、公共政策においては比較的新しい分野であり、多くの国々が現状の政策を再分析している段階であり、新しい政策を策定中である。いくつかの国々はこの分野において他の国よりも進んでいる。

　オーストラリア、カナダ、英国は、政策および実行レベルにおいて、様々な方法を用いた国策レベルの戦略を立案している。オーストラリアと英国では、子どもたちのインターネット利用における保護政策の可視性と透明性が、政策立案者の重要な課題に対する全体の理解を得るための助けとなっている。日本や米国などの国々は子どもたちのインターネット利用における保護に対して部分的な政策をとっている。すなわち、様々な機関や省庁によって実行されている政策は必ずしも1つの戦略ビジョンの一部を担っていない。国の政策と部分的な戦略は両方ともインターネットを子どもたちにとってより安全な場所とすることに寄与することができる。EUセーファー・インターネット・プログラム（EU Safer Internet Programme: SIP）は、多くの国々にまたがり子どもたちのインターネット上の安全を促進するために重要な役割を果たす地域的な取り組みの一例である。

　すべての国々の取り組みは、ふさわしいコンテンツの提供やセーフティゾーンの提供と同様に、法的手段、自主規制、共同規制、技術的手段、認知的手段、教育的手段の組み合わせである。しかしながら、それぞれの政策手段に頼っている度合いは異なっている。ベストプラクティスを作成するために比較できるエビデンスが不足しているため、高いレベルでの政策の効率性を比較すること

は不可能である。

法的手段

　ほとんどの国において、オフラインで違法なことはインターネット上でも違法であると法律に規定し、インターネット上の子どもたちの保護のために規定に従って取り組んでいることだろう。そのような国においては、重要な課題は新たな法律や規制を導入することではなく、既存の法規の着実な施行を実施してゆくことである。

　多くの国々において、インターネット上でのコンテンツ規制は国の政策の基礎となっている。それは一般的には、個人的なデータ交換よりもインターネット上で公表されたコンテンツに適用される。コンテンツ規制は2つのアプローチをとっている。すなわち、違法なコンテンツの一般的な規制と、ある一定年齢に達するまでの子どもにふさわしくないコンテンツの規制である（オーストラリア、韓国、日本、ニュージーランド、主なヨーロッパの国々）。違法なコンテンツと子どもにふさわしくないコンテンツの定義は国の解釈により、文化・社会的価値観を反映している。多くの国はコンテンツ規制にインターネットを加えるよう改変しており（たとえば、水平規制）、いくつかの国はインターネット特有の規制を実施しており（日本、韓国、トルコ）、少数の国では憲法上の条件だけからではなく大幅な改変を加えた新たな規制を実施している（カナダ、米国）。しかしながら、規範に沿った方法はいわゆる「ソフトロー」につながり、自主規制や共同規制の方法が必要となってくる。

　子どもたちが他者から被害を受ける接触リスクは、いくつかの国々では犯罪として処罰できる[32]。サイバーグルーミングは新しいタイプの犯罪で、いくつかの国々で法令化されている。必要に従い、情報通信網を介して行われる犯罪を取り締まることができるよう、国々は刑法を改正している（嫌がらせ行為にインターネット上の嫌がらせを含むようにするなど）。ネットいじめはボーダーラインのケースである。深刻さに従い、現存する嫌がらせの法律によって処罰できるかもしれない。しかしながら、嫌がらせをする側が子どもたちの場合、

第2章 インターネットを利用する子どもたちの保護政策

違った政策が必要となる。

　消費者に関連するリスクからの子どもたちの保護は、ある程度は、規制などの法的手段に取り組むことにつながる。たとえば、多くの国ではインターネット上のギャンブルは未成年に提供することはできない。子どもたちをターゲットとしたインターネット上の広告活動については、各国は一部分について規制をしているか（EUでは北欧の国々のみが包括的な規制がある）、もしくは自主規制・共同規制を進めている（オーストラリア、カナダ、米国）。

　子どもたちの情報セキュリティリスクに対処する特定の規制は何もない。

　グローバルかつ高度に流動的な情報空間であるというインターネットの性質上、法的なセーフガードはかなりの負担になると各国が報告している。多くの国々が、インターネットは法規定や規制の概念よりも早く進化しており、法的な対処は狭い範囲や特定の技術の使用に限ってしまうと、すぐに時代遅れになってしまうことに気づいている。その結果、子どもにとって不適切なコンテンツは配信の方式にかかわらず、すべてのメディアを対象にするなど、いくつかの国ではフレキシブルで技術に偏らない政策をとるようにしている。

　多くの国々が規制に向かって動き出しているか、もしくは通信事業者に対していわゆる「通報と削除手続（notice and take down procedures）」に従うようにするか（オーストラリア、イタリア、日本、韓国、トルコで義務化）、もしくは、義務的なフィルタリングを用いている（トルコで実施中、オーストラリアで計画中）。

　どのような法律もひとりでにできるものではないことから、子どもたちのプライバシーを保護するための法的枠組みの効果は検証されるべきである。ほとんどの法律下（カナダ、ヨーロッパの国々など）において、全般的なデータ保護の法律は子どもたちの個人情報の収集に当てはまる[33]。すなわち、特定の条項がないのである。一方で、米国においては児童オンラインプライバシー保護法（Children's Online Privacy Protection Act: COPPA）[34]があり、13歳までの子どもたちのプライバシー保護のために、ウェブサイトの管理者に保護者の同意を得るようにさせるという規制の対象が絞られた法律が用意されている例も

ある。COPPAのもとでは、どの年齢まで法的保護が適応されるのか明らかになるが、子どもたちの支援コミュニティにおいては、この閾値が適切であるかどうかはよく議論の対象となっている。日本では学校における生徒のデータ保護に関して特定のガイドラインである「学校における生徒等に関する個人情報の適切な取扱いを確保するために事業者が講ずべき措置に関する指針」を規定しており、個人情報保護法に従い、主に生徒の個人情報を扱う私立学校に適応される。それは生徒の権利に配慮しており、子どもの法的行使者（多くの場合は保護者）が、保有しているデータの開示を要求した際に児童虐待や家庭内暴力につながることに関しての条項がある[35]。

さらに具体的には、OECDの関係各地で話し合われた同意取得に関する問題は、保護者による同意を得る効果的な手順が存在しないため、議論が収束しなかった。インターネット上にしろ、オフラインにしろ、プライバシー警告やアクセス権などのプライバシーの法律によるその他の保護は、子どもたちや保護者にとって効果的ではないようである。さらに、インターネット上においては、データ管理者が簡単にデータの持ち主の年齢を確認することができない[36]。明らかに子どもたちをターゲットとしたインターネットアプリに対して特定の保護手段を講じることは多分難しくはないと思われるが、一般大衆を対象としたアプリにおいて、子どもたちを他のユーザーから区別する簡単で十分な方法は存在しない。

いままでになく幼い子どもたちによるインターネット利用が増えているため、個人データ取得に関する現在の法的なデータ保護手段の実際のレベルは低い。

インターネットに関する法や規制の複雑さから、また、より具体的にはインターネットをより子どもたちにとって安全な空間とするために、法的手段だけでは目的達成のために不十分であることを隠すべきではない。子どもたちにとって不適切なコンテンツへの法的規制と技術的アクセスの組み合わせ（たとえば、ドイツ）のような、制限補完的な政策との組み合わせが、インターネット上のコンテンツ規制をより効果的に行う取り組みとなる。

第2章　インターネットを利用する子どもたちの保護政策

自主規制・共同規制

　各国政府は自主規制と共同規制が有効であると認めることが多い。自主規制による関与が特殊な状況（SNS事業者に対する規制のようなケース）においてよりフィットしていることや、技術革新や社会的トレンドに後れずについてゆくことができることがこのモデルの最大の強みである（IT, 2009a, p.5; ITU, 2009b）。自主規制と共同規制は基本的な権利と通信の自由とに矛盾しないようにすべきである。

　自主規制と共同規制はインターネットを利用する子どもたちの保護を産業側がサポートする方法である。たとえば、インターネットの事業者が政策に従うことや、違法なコンテンツに自主的にフィルタリングをかけることによって、自主的に国の政策に関与することである。特に政府の司法権が及ばない部分において、SNSのようなアクセス数の多いウェブサイトが、より安全なインターネットの利用やよりよい規範を促進することもありうる。SNS、インターネットコミュニティ、検索エンジンなどのネットワークの影響に対して市場が配慮すれば、最大手のプロバイダーもまた、ユーザーの中で子どもたちの保護を最も重視する。そのため、多くの国々が、たとえば、多くのインターネットプロバイダーとその国の社団法人による自主的な取り組みのような公的・私的セクターのパートナーシップや、EUや米国のSNS運営事業者を通じた取り組みのような、自主規制と共同規制を促進している[37]。

　インターネットを利用する子どもたちの保護のために現存する自主規制と共同規制に関しては、産業を横断する共通枠組みの原則と、独立の評価がこのモデルをさらに効果的にするだろう（Byron, 2008, p.180; Livingstone and Haddon, 2009, p.26; ITU, 2009b）。たとえば、政府はセクターごとの、また、適切な場合にはセクターを横断した、子どもたちのインターネット利用における自主的な規制（たとえば、インターネット上のマーケティングにおける子どもたちの取り扱い）の策定を、説明責任のよりよい構築とともに推進することである。政府と、インターネット・アドバタイジング・ネットワークのような

その他のプロバイダーの協力は、不適切なマーケティングから子どもたちを保護するために新たな道を形作ることができる。

技術的手段

　各国政府はまた、それぞれの技術が強みと弱みを持っていることから、最もふさわしい状況で用いられるべきであり、「特効薬（silver bullet）」と呼ばれるような解決策がないことを理解している。インターネットを利用する子どもたちの保護に関する最先端技術についてのレビューによると、「慎重な楽観論（cautious optimism）」を生む目覚ましい進化を遂げている（ISTTF, 2008, p.5）。虐待報告機能やコンテンツラベリングの手法のような技術による仕組みは、リスクを緩和し、子どもたちのインターネット上の安全を促進することにおける技術的手法の有効性を証明した。技術上の使いやすさや信頼性、パフォーマンスの向上とは別に、より多くのプラットフォームやディバイスでの使用可能性を向上させるために、より熱心な努力が必要であろう（ISTTF, 2008, p.28; US FCC, 2009, para. 175）。

　国の政策は技術的手段へのその国の依存度により大いに異なる。オーストラリアや日本のような国々は技術的安全装置を導入した最先端の国々である。しかしながら、全般的には技術への偏重はみられない。政府は一般的に技術的手段を促進し、時には様々なレベルで他のリスク緩和戦略と合わせながら使用している。たとえば、コンテンツ規制が子どもたちにとって不適切なコンテンツをコントロールする場合、年齢照合システムとして用いられるように、技術的手段は補足的な法的義務であることが多い。

　基本的に、国々が義務的なインターネットのフィルタリングに頼る場合、その手段はすべての人々に適用する必要があり、したがって、もし使われたならば、違法または犯罪に関するインターネット上のコンテンツを制限することになる。たとえば、子どもの性的虐待画像の配布はいくつかの国で義務的なフィルタリングの対象であり（たとえば、イタリア。ドイツでは法的に義務であるが、施行されてはいない）、EUと他の国々では被害者のためにこの政策を検

討しているところである。関連のないトピックに関しての義務的なフィルタリングの段階的拡張は、表現の自由に影響するのではとの懸念がある。

多くの国々では、特に子どもの性的虐待画像などの違法なコンテンツへのアクセスを遮断するためのフィルタリングの施策はインターネットサービス事業者の自主的な取り組みの一環として行われている。

インターネットサービス事業者（ISP）レベルでの、子どもに不適切もしくは未成年者に有害なコンテンツの明らかな規制と義務的なフィルタリングは、すべてのユーザーにとってインターネットを子どもにとって安全な空間とすることになるが、一般的には行われていない。

公共政策はペアレンタルコントロールなどの自主的な技術的選択肢に対する利用可能性と信頼性（たとえば、英国のカイトマークラベル[38]）の認知度を上げ、利用を促進することができる。違法なコンテンツ以外では、自主的な技術的解決策はフレキシブルでカスタマイズできる。いままでのところ、一般的な政策として、ユーザーが子どもたちであるとわかっている場合を除き、ソフトの設定を子どもたちの保護設定（たとえば、初期設定が保護設定）にすることを推奨したり求めている国は1つもない。将来のさらなる努力として、特に保護者のようなユーザーに対して、子どもたちを保護するための技術や個人設定を簡単なものにすることが望まれる[39]。

たとえば携帯電話のような機器が子どもたちのために設計されていたり、ある機能を制限したりする可能性があるものに加え、子どもたちのユーザーにとってはインターネット上の保護という観点からはソフトの設計が重要な役割を担う。子どもについての多くの情報を集める民間企業は、子どもたちや保護者にとってプライバシー設定やルールがわかりやすく取り入れやすいものであるよう、ソフトを設計することを強調する必要がある。

意識向上と教育

意識向上と教育については、子ども、保護者、監督者、教員の能力向上に役立つ重要な政策であると、国々をまたいで認識されているようである。効果的

で持続可能な啓発キャンペーンは、危険性に関するメッセージを繰り返し伝えたり（ITU 2009a, p.5; Marwick *et al*., 2010, p.262）、機会とリスクの両側面を伝えたり、実用的なリスク緩和・対処方略を教えるものである（Livingstone and Haddon, 2009, p.23）。

　近年の流行であるメディアと学校のインターネット・リテラシー教育の統合は、子どもたちがインターネットを有効活用し、安全に利用するために必要な知識とスキルを備えるための効果的な方法となりうる。インターネット・リテラシー教育の内容と学習効果は、多くの国がインターネットセキュリティ（米国など）や情報倫理（日本など）を強調しており、大きく異なっている。

　政策ではインターネット上のすべてのリスクをなくすことはできないが、緩和できるということから、オーストラリア、ニュージーランド、英国はよりインターネット・リテラシーの包括的な取り組みを行っている。デジタル市民教育の概念は、インターネット・リテラシーに対処方略を含むようにするとともに、子どもたちを創造的かつ積極的にインターネット活動に責任を持って参加できるよう訓練することをも含んでいる（ACMA, 2009a, p.50; Livingstone and Haddon, 2009, p.25; YPRT, 2009, p.32f.; OSTWG, 2010, p.5）。

　加害者は子どもたち自身であることが多いため（ネットいじめなど）、学校における予防や介入などの対処方法の訓練や保護者や、その他の監督者の意識向上を行う予防政策は特に意味がある。

適切なコンテンツ提供と子どもたちのセーフティゾーン

　EUの国々とその他の国々は、インターネット上の子どもたちの保護は、適切なインターネット上の経験を持つことも含まれると考えている。いくつかの国々では、これは子どもたちにとって適切なインターネット上のコンテンツの配信であり、時には公的基金もしくは公的なメディアの委託のもとで行われている（たとえば、多くのヨーロッパの国々）。たとえばドイツでは、子どもたちのための高品質で革新的なインターネットコンテンツの制作に3年計画で年間1,500万ユーロの予算を組んでいる。子どもたちにとって適切なインターネ

ットコンテンツの提供は、他のインターネットサービスとの比較のうえで成り立たないといけないため、困難なものにもなりうる。

　子どもたちにとって適切なインターネットコンテンツの定義はプロバイダーに任せてしまうことが多いため、必ずしもすべての子どもたちを対象としたコンテンツがそうである必要はない。反対に、許可されたサービスへのアクセスに限定するウェブサイト「壁に囲まれた庭（walled gardens）」は、一般的にふさわしいコンテンツの定義を保っているため、サービス内で成り立っている。そのようなインターネットのセーフティゾーンは幼い子どもたちの解決策となりうるが、より多くのふさわしいコンテンツ作成を促すためには、より革新的な方法が必要である。Kids.usやベルギーのSaferchatなどの経験から学ぶと、コンテンツ制作者や子どもたちへの魅力が足りないことが主な失敗の原因だったといえる。

1.2　複数のステークホルダーによる政策

　インターネットを利用する子どもたちの保護政策は、すべてのステークホルダーの関与と責任分担が重要であることは共通の認識となっている。そのことから、彼らの役割を定めることは重要となる。

政府と公的機関
　最も高位の政府レベルでの明確な政策目標の採用は、リーダーシップをもたらすだけでなくインターネットを利用する子どもたちの保護政策について透明性をもたらす。それは、すべてのステークホルダーが関与し、協力して取り組むことを促す。多くの政府がインターネットを利用する子どもたちの保護に関して、内閣（オーストラリア、日本など）や、大臣レベル（英国など）の政策課題となっている。

　いくつかの国々では、英国のチャイルド・インターネット・セーフティ（Child Internet Safety）のような公的・私的ステークホルダーの活動を調整し

たり、オーストラリアのサイバーセーフティ（Cybersafety）作業部会のような、政策を告知し調査活動にアドバイスをしたりする新たな団体を作っている。

　いくつかの国では、ポーランドの子どもの権利オンブズマンや次世代のためのハンガリーオンブズマンのような、高レベルの政府の関わりの代替ではなく補完的なものとなる新たな団体を作っている。他の関連する機関は、法律執行機関、メディア規制・分類機関、専門の公的機関（トルコインターネット規制局など）、コミュニケーション規制機関（英国の統合的規制局であるオフコムなど）、データ規制機関（カナダプライバシー委員会（Office of the Privacy Commissioner of Canada: OPC）など）、そして文化、教育、若者と家族に関する様々な政府の省庁がある。

　協調した政策手法はすべての公的機関が関わる明確な責任分担と協力を必要とする。

子どもたち

　国連子どもの権利条約第13条（Article 13 of the UN Convention on the Rights of the Child）および各国の憲法にうたわれているとおり、子どもたちは表現とコミュニケーションの自由の権利を持っている。そしてまた、子どもたちは年齢による対処能力の未発達、それらにより回復力が異なり、他の子どもたちに比べてよりリスクのある子どもがいることがよく知られている。そのため、インターネットを利用する子どもたちの保護政策においては彼らのニーズ、リスク、発達状況に応じたものでなければならないことは共通に理解されている。

　多くの国において、特定の教育手法はある年齢層に対して適用されており、そのため政策立案者は、ペアレンタルコントロールのようなフィルタリングはカスタマイズできるべきであると強調している。公共政策が提供できるものには、精密性と個別性に必ず限界がある。学校におけるインターネットリテラシー教育に加え、責任の協働分担という政策モデルに基づいて期待される役割を果たすことができない保護者が存在している。そのようなリスクの高い子どもたちのグループを特定したり接触したりするための効果的な戦略が必要になる

が、その情報はほとんど手に入らない。

　EUといくつかの個別の国々(オーストラリア、英国など)は、政策策定や実行プロセスにおいて子どもたち自身を活発なステークホルダーとしてみている(ACMA, 2009, p.25)。子どもたちはインターネット上のリスクや政策手段について自分たちの見方を述べられるように、フォーラムへの参加を促されている[40]。そういった政策策定において子どもたちを関与させることは、よりよい政策立案に貢献しうる。子どもたちはまた、子どもたち同士の教育により関与することができ、インターネットのリスクとリスク緩和戦略について伝える手助けができる[41]。

保護者と監督者

　インターネットを利用する子どもたちの保護政策は、保護者やその他の監督者による自主的な手段に様々な程度依存している。各国は、保護者は子どもたちの教育において特別な役割と責任を持つことに気づいている。インターネット上のコンテンツ規制とインターネット利用への介入が最小限の政府(カナダ、米国など)においては、保護者の役割が中心となっている。ペアレンタルコントロールのソフトのような技術的手段と同様に、いつ、どのようにインターネットを使うかという保護者による指導やルールのような様々な手段によって、保護者は子どもたちを手助けし、インターネット上のリスクを緩和している。

　しかしながら、効果的な保護をするためには、保護者に保護のための情報と適切な手段を提供する必要がある[42]。そうであっても、彼らが担うことのできる範囲には限界がある。いくつかの国々では、意識向上、チャイルドセーフティゾーン、適切なインターネットコンテンツの提供、ペアレンタルコントロールの促進などに焦点を置いた、多くの政策手段を保護者向けに提供している。たとえば、英国のカイトマークモデルは、技術が十分かどうかだけでなく、保護者にとってインストールして設定しやすいかどうかということにも配慮している。インターネット上で子どもたちを保護しようとする保護者が参加するきっかけは多くあることを考えると、各国は強いアドバイスを行い、様々な技術

やプラットフォームにおいて利用可能なペアレンタルコントロールの手段を促進することができたのだろう。

教員と公的施設

　子どもたちが学校や図書館のような公的施設でインターネット機器を用いる際に子どもたちを守るために、教員やソーシャルワーカー、その他のインターネットリテラシー教育者の役割の必要性は一般的に認識されている。

　いくつかの国では教員のためのインターネット安全トレーニングを導入しており、教師教育においてインターネットリテラシートレーニングを含め始めている（オーストラリアや英国など）。多くの国において、認識向上のための承認された教材類は教員が利用できるようになっており、生徒へ用いられている（オーストラリア、ニュージーランドなど）。インターネットリテラシー戦略において、教師教育と適切な教材の利用可能性は重要な成功要因である。

　公的施設は、子どもたちを保護するために技術的手段や施設のポリシーを導入することが法律で求められているか、推奨や、補助がされている。たとえば、公的施設の建設は、子どもたちを保護し、責任あるインターネットの利用を促すためにポリシー（ハラスメント防止ポリシー、利用ポリシーなど）および技術的手段（フィルタリングなど）の導入と結びつけられている。

私的セクター

　インターネットを利用する子どもたちの保護のために私的セクターの果たす重要な役割は広く認識されている。多くのサービス事業者が、ウェブサイトに自らのポリシーの作成と利用ポリシーの実施のため、子どもたちのためのより繊細な安全策を導入する責任があると認めている。多くの国々が、私的セクターの巻き込み、およびコンプライアンス向上のため、産業界の自主規制・共同規制を積極的に推進している。

　多くの私的なNPOがインターネットを子どもたちにとって安全な場所とするよう活動している。いくつかの国々ではこれらのNPOが国レベルのマルチ

第2章 インターネットを利用する子どもたちの保護政策

ステークホルダーの協働に役立っている。多くのヨーロッパの国々では国立の啓発活動組織が国の政策の重要な提供の場となっている。

1.3 マルチレベルでの政策

国内レベルと国際レベルにおいて、インターネット上の子どもたちの保護政策は政策の実現とマルチステークホルダーによる協働が目指されている。

国内レベル

多くの国々がインターネットを利用する子どもたちを保護する権限を認めており、そしてその取り組みは国連子どもの権利条約第3条にうたわれているように、子どもたちの最大限の利益を実現すべきであることを理解している。これが様々な公共政策や民間の自主的取り組みの目標であるため、公的リーダーシップの役割は「指揮統制（command and control）」というかかわりを超え、ステークホルダーとの協力、協調、手助け、サポートへと拡張している。多くの場合、政府の取り組みは他のステークホルダーの課題を進めることに役立つ。

インターネットを利用する子どもたちの保護における政策策定の複雑さを考慮し、いくつかの国々が、政策の一貫性を強化する目的で国の優先事項を定義したより包括的な政策枠組みを選択している（EUがその権限内において、また、オーストラリア、カナダ、英国など）。オーストラリアの2008年のインターネット安全計画は国家戦略の良い例である。それは4年間にわたり、8,100万ユーロ以上の予算を投じ、インターネット安全教育、啓発活動、法律の整備執行、およびインターネットサービス事業者の義務とすべく国の政策のコンテンツフィルタリング計画の研究を実施したものである。

一般的には、政府はすでに子ども保護法やその他の手段をすでに実施している。インターネットを利用する子どもたちを保護するための様々な公的・私的取り組みの概要に関する実績報告を行うことが政策立案者に情報提供する助けとなるだろう。また、様々な取り組み主体やステークホルダーをマッピング

することが、相互補完性や共有部分、フィードバックのメカニズムを際立たせることとなるだろう。

　市場機能や保護者の責任に大部分を頼っている国々などは、政策策定、協働、管理においては十分な資金が必要である。このことに関して、いくつかの政府は団体や事務局に国立の実施委員会を設けたり（英国など）、NPOを設立したりしている（ニュージーランドなど）。よりよい協働が政策実現を助け、初期投資を回収する効率性を生み出すことができる。

国際協力

　各国は全般的に、グローバルな性質のあるメディアにおいては国際協力が子どもたちの保護で重要であると考えている。ベストプラクティスを共有するだけでなく、運用レベルにおける国際協力がモデルとなりうる多くの確実な取り組みを生み出している。

政策レベルにおける国際協力

　権限に応じて、たとえば、国際電気通信連合（ITU）の子どもオンライン保護（Child Online Protection: COP）、インターネットガバナンスフォーラム（Internet Governance Forum: IGF）の枠組みにおける子どもオンライン保護のための動的連合（Dynamic Coalition for Child Online Safety）など、その分野の専門家や会員、様々な国際機関がインターネット上の青少年保護の国際的対話に参加している。有害コンテンツに対する未成年者の保護及び子どもたちのメディアリテラシースキル開発のための欧州連合のような政策は、地域レベルで多大な政策協力を実現させた。表Ⅰ.2に、インターネットを利用する子どもたちを保護するための主要な国際機関や国境を越えた協働の事例をまとめた。

運用レベルにおける国際協力

　いくつかの運用レベルにおける国際協力の取り組みは、法律の執行や、違法なインターネット上の情報に関する報告の共有（INHOPEなど）、インターネ

第2章　インターネットを利用する子どもたちの保護政策

表Ⅰ.2　国際機関による国際協力の取り組み

機関	国際協力活動
APEC	● 2009年4月15日に、APECとOECDがインターネットを利用する子どもたちの保護のためのベストプラクティスを共有するためのシンポジウムを共催した。 ● 2010年5月、APECの法執行機関がインターネット上の安全に対する脅威から子どもたちをより広範囲に保護し、効率的に対応する能力を向上するためのプロジェクトをAPECが開始した（APEC TEL 41，台湾）。
欧州評議会	欧州評議会はICTによって生じる子どもたちのインターネット犯罪と性的搾取・虐待に対して、以下に取り組み始めた。 ● 共通の基準と政策の策定、すなわち、インターネット上の子どもたちの性的虐待画像と性的教唆を犯罪化するということを開始した。 ● 子どもたちを性的搾取と虐待から守るための刑法上の政策についての世界的な（現在進行中の）調査を準備した。 ● 新たな特定のメディアにおける子どもたちの性暴力に対するヨーロッパ規模のキャンペーンを実施した（2010年秋に向けて計画された）。 ● 子どもたちの能力を向上させ、予防し教育する方法についての独自の教材を提供した[1]。
ITU	ITUは政策・実施レベルにおける子どもオンライン保護の取り組みを提供した。 ● インターネットにおける子ども保護（Child Online Protection: COP）の取り組みは、リスクを緩和するための実践的なツールを開発し、認知を向上させるためのITUメンバーの複数のステークホルダーによる取り組みである[2]。 ● インターネットを利用する子どもの保護についてのワーキンググループ委員会（Council Working Group on Child Online Protection: CWG-CP）[3]は加盟国、民間セクターのメンバー、外部有識者が見識を交換し、インターネットを利用する子どもの保護のための取り組みを進めるためのプラットフォームであり、特に下記の方法による。 　○ 若者や子どもたちに対するインターネット上の脅威についての情報やSNSについて、およびユーザーが作成したコンテンツに関する政策についての報告書を作成する。 　○ ITUのインターネット上の子ども保護に関する統計枠組みと指標（ITU's Child Online Protection Statistical Framework and Indicators）を考案する（ITU, 2010b）。 ● 2009年の世界遠隔通信と情報社会の日（World Telecommunication and Information Society Day: WTISD）に、ITUはインターネット上の子ども保護について年間の取り組みを発表した。
OECD	● ソウルで行われたインターネット経済の未来についての閣僚会議（2008年6月）において、インターネットの未成年に対する影響を理解し、彼らの保護を強化し、インターネット利用時にサポートをするため、閣僚は政府、民間セクター、市民社会、インターネット技術コミュニティ間の協力を促した。彼らは、未成年保護分野において政府および実施機関における国際協力を強化することを宣言した。 ● 2009年4月、OECDはシンガポールにおいてAPECとワークショップを共催した（上記参照）。 ● 2009年に、OECD情報セキュリティ・プライバシーに関するワーキンググループ（OECD Working Party on Information Security and Privacy）はインターネット上で子どもたちが直面するリスクと彼らを保護するための政策を分析し、この分野において適切に政策提言を行うプロジェクトを開始した。
UNICEF	UNICEFは暴力・搾取・虐待から子どもたちを保護することに主眼を置いている。UNICEFのイノチェンティ研究センター（UNICEF Innocenti Research Centre）では近年オンラインとオフラインが合わさった環境における性的虐待および搾取についての研究を準備している。
WSIS／IGF	情報社会世界サミット（World Summit on the Information Society: WSIS）の成果報告書においてはインターネットを利用する子どもたちの保護についての強い関与を含んでいる。 ● 原則についてのジュネーブ宣言（Geneva Declaration of Principles）においては、ICTソフトの開発とサービスの実施においては子どもたちの権利および彼らの保護、幸福について尊重することを記載している。 ● チュニス会議の第24条（Paragraph 24 of the Tunis Commitment）において、「子どもたちの保護および発達を促すうえでのICTの役割」について認識している。その会議において、「子どもたちの最大の利益が最優先事項である」ことを協調し、「虐待から子どもたちを保護し、ICTの文脈で彼らの権利を守るための活動を強化」することを呼び掛けている。

1. www.coe.int/t/dghl/cooperation/economiccrime/cybercrime/Documents/Protecting%20children/Default_en.asp
2. www.itu.int/osg/csd/cybersecurity/gca/cop/
3. www.itu.int/council/groups/wg-cop/

ット上の子どもたちを保護するためのベストプラクティスの共有（INSAFEなど）において、すでに成功を収めている事例がある。ホットラインや啓発センターのネットワークは強化され、より多くの資金を集めることのできる、成功している取り組みである。これらのネットワークはまた、異なるゴールを持つ似た取り組みをインスパイアすることができるであろう。

　インターネットを利用する子どもたちの保護における、アクセス状況、利用状況、リスクの存在状況、政策の効果などの様々な側面を測定する比較指標の開発は、政策の開発と実施の改善に役立てることができる。たとえば、EUのこの分野における取り組みは、インターネット利用とインターネット上のリスクと公共政策がリスクを軽減するためにできる役割との関係性をよりよく理解するために役立っている。EUキッズオンラインプロジェクトからみられるように、証拠のレビュー報告や、時代に即した調査結果や、比較データは国々に多くの貢献をもたらした[43]。

　啓発活動は国際協力が貢献できるもう1つの分野である。教材の知的財産保護の実施といった簡単な手法が、教材を自国の事情に合わせて利用しようとする他の国々にとって大いに貢献することができる。たとえば、ヘクターワールド（Hector's World）は国際的に利用できるよう考えられて制作された[44]。セーファー・インターネット・デイ（Safer Internet Day）は国際的にアピールできたことを証明し、より多くの国々や機関から支持されうるだろう。

　様々なプラットフォームやディバイスにおいてペアレンタルコントロール技術を利用可能にする手段（ISTTF, 2008, p.20）は、スタンダードを決めるために国際協力が必要である。たとえば、クアトロ＋プロジェクト（Quarto+project）は、コンテンツ分類とフィルタリング技術のインターフェースにおいて、国内ルールの統一を必要としない包括的かつ開放性のある国際標準を開発した。

第2章　インターネットを利用する子どもたちの保護政策

第2節　政策比較分析

　インターネット上の子どもたちの保護に関する重要な課題は前述した直接的・間接的政策を組み合わせることであることは広く同意されている。実際には、それぞれの国の法律体系と政府の文化に応じた様々な特徴と優先順位を持った政策が運用されている。

2.1　ハイレベルの政策の対比

　様々な強度と範囲があるが、意識向上と教育は重要な政策手段であると一般的には認識されている。これらの2つの重要な側面に加え、その他の政策手段をどのように用いているかによって国々は3つのグループに分類できる。1) 法的・技術的手段の組み合わせで行われているグループ、2) 自主・共同規制と自主的な取り組みを好むグループ、3) 政策の組み合わせにおいて主要といえる手段がないグループ。

　オーストラリア、日本、韓国、トルコは、全般的に、自主的な安全策の導入を含む法的・技術的手段の組み合わせを強調する第1のグループに所属する。こうした国々は法律を更新したり（オーストラリア放送サービス法など）、新たなインターネット特有の法律を導入している（日本、韓国、トルコ）。これらの国々は未成年に有害もしくは違法なコンテンツ（この分類はより詳細になりうる）に対するコンテンツ規制を保持しており、ISPによって違法なコンテンツの義務的なフィルタリングを行うことを推奨している。それに加え、日本の青少年向けの携帯電話に対するフィルタリングや、トルコのインターネットカフェにおけるフィルタリングサービスのように、サービス事業者は子どもたちを保護する技術的手段を設置することを求められている。また、コンテンツや接触に関連するリスクに対して強力な自主・共同規制やペアレンタルコントロールの

ような自主的な技術的安全手段のインストールに対して公的な促しがある。

　カナダと米国は第2のグループの国の代表であり、ペアレンタルコントロールの自主的な使用などを含む、自主・共同規制を促進する「ソフトロー」によるアプローチを追求している。これらの国はともに、教育と認識向上の重要性を強調する。人気のあるSNSやコミュニティサイトによる自主・共同規制は規範的なサービス提供の基盤となるし、子どもたちの保護を改善する自主的な合意や、自らのサービスの自主的な取り締まりへとつながる。こうした国々の自主・共同規制の主体は実に多様化しており、産業やサービス団体を通じた統一性は乏しい。

　最後に第3のグループとして、EUとヨーロッパの国々はリスクの分類に従いすべての政策を様々に組み合わせて用いている。こうした国々はコンテンツ関連リスクに対する法律を共通して適用しており、サービス事業者に子どもたちが不適切なコンテンツにアクセスしないよう義務化している。インターネットを利用する子どもたちの消費者関連リスクに関しては、部分的に法整備がなされ、自主・共同規制の対象に部分的になっている。特徴的には、産業界による技術的なフィルタリングやその他の安全策の導入はISPやその他のインターネット業者の自主的な取り組みに基づいており、多くの場合、共同規制や公的・私的パートナーシップの仲介の結果である。国の政策の不可欠な部分としての教育と啓発手法は、各国様々に異なっている。

　3つのグループのどれにも含まれない国々は積極的でないわけではなく、インターネット上のリスクに対して子どもたちを保護するために明らかなポリシーを追求しておらず、タイやフィリピンのように、インターネットにおける性的虐待や性的搾取に対抗することなどの異なった喫緊の課題があると考えられる。

2.2　子どもの定義

　いままでにあげた国々においても、1つのリスク分類や様々なインターネット上のリスクに関して何歳までの子どもたちを保護するのかといった年齢の基

第2章　インターネットを利用する子どもたちの保護政策

準に関しては一貫性が保たれないことが多い。年齢の基準は現存する法的手段や自主・共同規制の仕組みを援用していることが多い。リスクのカテゴリー内やカテゴリーを横断し、調和させてゆくという観点で見直されていることはめったにない。この一貫性のなさをリスクの観点からよく分析して正しておかないならば、子どもたちの保護政策全体をより複雑にし、その効率性を損なってしまうだろう。政府とステークホルダーはどの年齢の子どもたちまで保護するのか決めるために協働できるだろうし、少なくとも1つのリスク分類、そして可能であれば様々なリスク分類を横断した年齢階層（たとえば、幼い子ども、子ども、青少年など）を定めることができる。

　前述したように、年齢階層の調和の不足はリスクの発生頻度の国際比較と政策の有効性の重大な妨げとなっている。国家間やステークホルダー間の子どもの年齢階層の共通定義は、地域や国際レベルでの標準を構築することの助けとなるだろう。また、より一貫性のある年齢制限は、様々な国で事業を展開しているインターネットサービス事業者が保護手段を実行することを可能とするだろう。

2.3　政策の組み合わせ

　1つのリスク分野に取り組むために、1つの政策手法のみに頼っている国はないということが現存するインターネット上の青少年保護政策の分析により明らかになった（US FCC, 2009, p.61; EC, 2008b, p.27）。政策手法は互いに強化するために組み合わされている（たとえば、ペアレンタルコントロールと保護者の認識向上を合わせて用いるなど）。一般的には、国々は教育と認識向上がインターネット上の青少年保護政策において非常に重要な補完物であると考えている。

　たとえば規範的手法と技術的手法の組み合わせなど（英国における子どもに対するインターネットギャンブルの禁止と、ギャンブルサイトの義務的な年齢認証システムの利用など）、あるリスクに関する補完的な政策手法の組み合わ

101

表Ⅰ.3 法律で義務づけられている補完的な政策措置の例

国名	政策手段	補完する技術的な政策措置
韓国	子どもに不適切なコンテンツの規制	国民ID認証システムを経由したアクセス制限
イタリア、韓国、トルコ	禁止されたおよび違法なコンテンツの規制	義務的なISPレベルでのフィルタリング
英国	オンラインギャンブルの禁止	オンラインギャンブルサイトに対する年齢認証を設けることの要求
日本	子どもに不適切なコンテンツの規制	保護者がオプトアウトしない限り、18歳以下の携帯電話ユーザーに対するフィルタリングの提供義務
米国	COPPAの下での保護者の同意の要求	保護者の電子メールアカウントからの電子メール、保護者のクレジットカードの詳細の提供、保護者からの書面による同意書、または保護者からの電話

せは、明らかに初期段階である。「効率的なアクセス制限」の実施はあるウェブサイトに関しては義務であることが多いが、適切な手法の選択は市場に取り残されている。より複雑な政策手法の組み合わせが使われ始めており、インターネットコンテンツの制限がラベリングや分類の方法と、他の様々なアクセス制限やペアレンタルコントロール技術の自主的な使用と組み合わせて用いられていることが代表的である。

2.4 エビデンス、政策分析、効果評価の利用

インターネットを利用する子どもたちの保護のための公共政策を評価し、告知するためにいくつかの国々は利用可能性、実現可能性と、手段の有効性に関して情報や証拠を集めることが多くなってきている。多くの国々が以下のような知識基盤を構築し始めている。

- 専門家の報告やオリジナルの調査は、リスクの発生状況と同様に、子どもたちがどのようにインターネットを利用しており、どのようにインターネットから影響を受けているかについて理解するために貢献すること[45]。
- 実現可能性と技術の研究は、子どもたちのインターネット上のリスクをどのように軽減することができるかとともに、技術の発展、信頼性、欠点に

関して示唆を与えること[46]。
- 公的コンサルテーションは政策のレビューとステークホルダーの情報を集めるために用いられていること[47]。
- いくつかの明らかな例外はあるが、インターネット上の青少年保護に関する地域・国策の枠組みは定期的に評価されておらず、効果評価は例外的に国の政策に組み込まれているだけであり、第三者の手法が公的資金を得ている場合に顕著である。表現の自由とプライバシーで顕著なように、ある手法に関する政策効果評価の不足はあらゆるレベルでみられ、すべてのステークホルダーの懸念となっている。

インターネット上の青少年保護に関するほとんどの自主的な取り組みは効果を証明するための定期的な方法を持っていない。これは、自主的な手法の透明性と説明責任を損なっている。同様に、多くの国の政策で中心となっている意識向上とインターネット・リテラシーもよりよい効果評価により利益を得るだろう。

例外は、政策策定の社会的・経済的影響の評価および独立した評価手法が取り入れられたEUのセーファー・インターネット・プログラム（Safer Internet Programme）[48]と、先に定義された目的とベンチマークを基に評価される英国子どもインターネット安全戦略（Child Internet Safety Strategy）[49]を含む。

自主的な取り組みの評価の例としては、若いティーンネージャーと子どもたちのための安全な携帯電話利用のヨーロッパ枠組み（European Framework for Safer Mobile Use by Younger Teenagers）と、子どもたちと安全なSNS原則（Safer Social Network Principles）があげられる（PricewaterhouseCoopers, 2009; Staksrud and Lobe, 2010）。

最後に、認識向上と教育プログラムは評価や判断をされることが少ない（OSTWG, 2010, p.6; Powell et al., 2010, p.12）。独立した評価の例は、英国のオフコムが資金を出した「Know IT All」プログラムにおけるプレゼンテーション（Woollard et al., 2007）の実施状況と、「NetSmartz」プログラムの効果評

価研究がある（Branch Associates, 2002）。

　多くの国々が知識基盤を構築している（ACMA, 2009, p.18f.）のに対し、オーストラリア、英国、米国などは、政策策定や政策評価と関連した研究に着手している。多くの国々が影響評価や効果評価といった評価手法を体系的に用いていない。このようにして、成果や失敗、調整の方法を体系的に学ぶ機会を逃してしまっている。

第3章

政策上の主要な知見

はじめに

　インターネット上のリスクに対する子どもたちの保護は複雑で新たな問題を生じさせている新しい政策領域である。先述した、現存する政策の概観によると、これはより古くからあるインターネット上の問題と比べると新しい政策領域であるが、様々な政策手段が利用可能であることが示された。また、ほとんどの政策は以下のとおりであることが示された。

- インターネットにおける子どもの保護は以下の共通理解に基づいている。
  - インターネットからもたらされるリスクと機会の十分なバランスをとることが必要である。
  - ダイナミックでユニバーサルなアクセスができるというインターネットコンテンツの特徴が政策を困難にしている。
  - この政策問題は様々なレベルにおける公的・私的および法的・自主的な手法の組み合わせを必要とする。
  - すべてのステークホルダーがインターネットを利用する子どもたちの保護に関して責任を共有しており、役割の協調が必要である。
  - インターネットを利用する子どもたちの保護の成功のため、また、リスクを緩和するためには政策および実施レベルでの国際協力が重要である（Muir, 2005, p.6）。
- 政策は複雑である。なぜなら以下の組み合わせになるからである。
  - 複数階層の手法——法的、自主・共同規制、技術、教育、意識向上。
  - 政府と公的機関、子ども、保護者、監督者、教員、公的施設、私的セクターという複数のステークホルダーによる取り組み。
  - 政策と実施レベルにおける国内および国際レベルというマルチレベルのアプローチ。

米国インターネット・セーフティ・テクニカル・タスクフォース（Internet Safety Technical Task Force: ISTTF）や、オンライン・セーフティ＆テクノロジー作業部会（Online Safety and Technology Working Group: OSTWG）、オーストラリア通信メディア局（Australian Communications and Media Authority: ACMA）報告書、EUキッズ・オンラインプロジェクト（EU Kids Online project）、欧州青少年保護円卓会議（European Youth Protection Roundtable: YPRT）、国際電気通信連合（International Telecommunications Union: ITU）の子どもオンライン保護のための政策立案者へのガイドライン（Policy Makers of Child Online Protection）を含み、いくつかの国内・国際機関がインターネット上の青少年保護のための勧告を出している。これらの勧告や本報告書内における政策比較分析に基づき、本章では政策立案者のために政策上の主要な知見を記述する。

第1節　政策の一貫性

複数の次元を持つ政策策定を目指す政府は、効率性を妥協しない。しかしながら、インターネット上の青少年保護における協調性と一貫性を担保し、情報通信政策などの他の政策と歩みをそろえることは難題である。政策一貫性の枠組み（以下参照）は、非政府活動、とりわけビジネス界（自主・共同規制およびその他の自主的な取り組みなどを通じて）の取り組みを促進する政策手法を含んでいる。

政策の一貫性

政策の一貫性は同時に取り組むべき複数の次元を持っているが、完全なる政策の一貫性を求めることは現実的ではないことにも注意が必要である。

> - 政策協調はともに取り組むべき政策策定のための様々な制度上および管理上のシステムを合わせることを意味する。
> - 政策の一貫性は個別の政策が内部で矛盾せず、政策目標にたどり着くうえでの衝突を回避することを保証することを意味する。
> - 政策の一貫性は定められた目的に向かい政府機関や部署をまたいでお互いに効果を上げ合う政策活動を組織的に促進することを含む。
>
> 出所：OECD, 2001, p.104 ; 2003, p.2.

1.1 協調

　政策協調の目的は、政府が制度上および管理上のプロセスと手段を組み合わせることにより、インターネット上で子どもたちが効率的に保護されるために様々な政策手段が連動して運用されるよう促進し、影響を与え、考案することである。公的・私的セクターのパートナーシップは、効果的な自主・共同規制を触媒とする成功した組織モデルであることが示されている。このモデルは、よりよく適用することができる。

　効果的な協調は異なる政策手法がどのように相互作用し、独立した手法が一緒に機能するか、様々な政策手法においてどのように共有部分を最適化することができるのかを検討することを含んでいる。この点においては、政府主導であれ、他のステークホルダーとともに政府が参加するかたちであれ、様々なフィードバック機能を評価し、国の政策を定義し、必要に応じて政策を調整・評価する運営委員会を含んでいる。英国はチャイルド・インターネット・セーフティ（Council for Child Internet Safety）という、150のステークホルダーからなる子どもインターネット・セーフティ戦略（Child Internet Safety Strategy）を開発し実行している興味深い例を有している[50]。

　断片的な公的・私的政策主体の寄せ集めからハイレベルのリーダーシップと長期の参加という戦略的ビジョンへ変化することが、既存の政策や将来の政策

の効率性を上げることに役立つ。良い協調は費用を抑え、費用対効果を上げることができる。

1.2　整合性

　政策の整合性は個別の政策が内部で矛盾せず、政策目標を実現させるうえでの衝突を回避することを保証することを目的とする。それは、不整合（子どもの定義など）を減らし、一般への情報提供とガイダンスを統一させること（「ペアレンタルコントロール」などの表現を調和して用いることなど）によって達成することができる。また、自主・共同規制と私的政策から提供されている保護を単純化するうえで、統合することは重要な意味を持つ。

　インターネットを利用する子どもたちを保護するための政策のいくつかは、インターネットから得られる利益を損なってしまうものであるため、インターネット利用の機会とリスクの相互依存性は一貫性を持つよう注意を払うべきである。子どもたちのインターネットにおける利益を著しく損なわずにリスクを防ぎ緩和するための方策を策定するためには、リスク発生と被害、発生状況、政策の影響の関連を十分理解している必要がある（Powell et al., 2010, p.6）。公共政策は様々な発達状況と子どもたちの脆弱性を考慮し、フレキシブルであるべきである。

　もう1つの重要な政策目標は基本的な権利と価値の一貫性を保つことである。これらは、インターネットユーザーとして、自由に情報を受け取り、発信する子どもの権利（表現の自由など）（国連子どもの権利条約第13条（UN Convention on the Rights of the Child, Art. 13））、また、プライバシーの権利も含んでいる（国連子どもの権利条約第16条（UN Convention on the Rights of the Child, Art. 16））。これは、すべてのインターネットユーザーに影響する、子どもたちの保護における技術的手段の特に深刻な問題である。同様に、インターネットを利用する子どもの保護政策においては、インターネットがイノベーション、経済成長、社会発展のオープンなグローバルプラットフォームだと

いう基本的な条件を揺るがすべきではない（OECD, 2008, p.17）。自主的な取り組みと自主・共同規制はまたこの条件を尊重すべきである。インターネット事業者による自主的な取り組みを主軸にしている政策は、適切な安全策がとられていることを保証すべきである。

　インターネットを利用する子どもたちの保護の技術的側面もまた、一貫性を持つべきである。流動的な環境においては、ディバイスや技術、アプリケーションをまたいで利用できる技術に対する中立な政策は、より効果的で持続可能である。もし可能であれば、たとえばペアレンタルコントロールのようなインターネット上で子どもたちを保護する技術の相互利用可能性は利用促進やイノベーションを生み出すために促進されるべきである。

1.3　一貫性

　すべての公的・私的ステークホルダーを通じてお互いに利益がある政策の組織的な取り組みはシナジーを生み、定められた目標を達成するのを助けることができる。最たる例は、様々な公的・私的ステークホルダーである教員、ソーシャルワーカー、その他のトレーナーたちと同様、子どもたちと保護者の認識向上と教育を行うことである。米国インターネット・セーフティ＆テクノロジー作業部会（Online Safety and Technology Working Group）は機関をまたぐ協力、公的な認識向上、公的・私的セクターの協働が政府レベルでインターネットの安全教育の効率性を向上するうえで必要であるとしている（OSTWG, 2010, p.6）。矛盾したアドバイスをしないために、また、ペアレンタルコントロールの保護者へのガイダンスのような他の政策手法と結びつけて意識向上を効率的に進めるために、一貫した情報を提供することが課題である。

第2節　エビデンスに基づく政策

　政策の優先順位を決め、子どもたちのインターネット利用における利益と機会を損なうことなく国の保護政策を最良のものにするために、エビデンスに基づく政策策定のためのシステマティックなアプローチが必要であることは、国際的に認識されてきているところである。しかしながら、リスク測定とインパクト・アセスメントおよび継続的な改善に結びつく効果評価に基づいた、エビデンスに基づく政策策定の最良なサイクルを作り出している国の政策はまれである。これはおそらく、研究と政策策定のための複雑かつ喫緊の分野であるという事実のためであろう。

2.1　リスクの測定

　現実に沿った子どもたちのリスクに十分基づいた政策を策定するためには[51]、リスクの効果的な測定が重要となる（Livingstone and Haddon, 2009, p.22）。多くの国々で（特にEUのセーファー・インターネット・プログラム（Safer Internet Programme）に基づいたヨーロッパの国々、オーストラリア、カナダ、ニュージーランド）はインターネットにおける子どもたちと若者のリスクを量的・質的データによりシステマティックに調査している。インターネットを利用する子どもたちの保護のためのエビデンスに基づいた、優先順位の設定を含めた政策策定のためには指標が重要となる。しかしながら、適切な指標はすべての国やすべてのリスクにおいて利用可能ではない。国立のリポジトリはすべてのソースを通じてシステマティックに調査するためのありうる手段である。手法と定義の調和は政策策定プロセスのためのデータの有用性と適切性を向上させることができる。

　適切に利用可能な場合、リスク発生状況について、より一貫性のある指標は

国際協力に資するだろう。これは、国際比較性を担保でき、そのため傾向の予測や国境を越えたベストプラクティスの特定を助けるだろう。現行のOECDのモデル調査にインターネットを利用する子どもたちの保護を含め、現状のデータ収集（ホットラインの報告書、法律の申し立てや統計結果など）に特定の指標を加えることは、進めることの可能な方法である[52]。

インターネットを利用する子どもたちの保護のための指標のリストと測定ツールを開発し、政策立案に必要となる情報と方策を政策立案者に提供することは、エビデンスに基づく政策を推進するための国際的なイニシアティブをもたらすとともに、国内のインターネットを利用する子どもたちの保護の取り組みを支援することができるであろう。

2.2 政策インパクト・アセスメント

インパクト・アセスメント（Impact Assessment: IA）は、エビデンスに基づく政策策定のための手法であり（OECD, 2002, p.44; 2007b, p.5）、それは衝突する政策目標の問題をシステマティックに評価し、政策手法の正確性を向上させることができる。IAは利益とコストの数量化に重点を置く、政策立案を改善するための確立された手法である。それらはエビデンスに基づき、実際のリスク発生状況についての時勢に合わせた調査とともに、継続する評価のための現実的な目標を定めるべきである。

私的セクターが自主・共同規制を策定することができるよう、政府はインターネットを利用する青少年保護政策のためのIAガイドラインを作成することができる。そのようなガイドラインはその範囲、内容、手法、証拠を詳述するだろう。そうした評価の実施要領は公的・私的セクターのステークホルダーの負担となっているが、それは政策策定の正確性を向上させるための広く認められた方法である。さらに、それは透明性、説明責任、政策の受け入れを助けることになる。

2.3 運用評価

運用評価は、達成、失敗、調整の必要性を学ぶための信頼できる方法を政策策定者に提供する。インターネットを利用する子どもたちの保護政策の効率性を向上するために、よりシステマティックに政策に盛り込むべきである。

インターネットを利用する子どもたちの保護において、私的セクターの自主的な取り組みが様々な国において重要な柱となっているところで、私的セクターの効率性、透明性、説明責任を向上させ、コンプライアンスを監視するための方法として、独立した評価を含めることは自主・共同規制を行う団体にとってグッドプラクティスとなるだろう。

第3節　国際協力

インターネットのようなグローバルな性質のある媒体における子どもたちの保護の挑戦においては、国際・地域協力が重要になることは国際社会において共通理解されている。そのため、国際・地域レベルの政府を横断する機関（APEC、CoE、ITU、OECD、WSIS/IGFなど）、そして特にEUは権限の中でリーダーシップを持ちながら取り組んでいる（表Ⅰ.2参照）。この分野における国際的な取り組みは比較的新しく、それゆえに協働が不十分である。

3.1　国際的対話と調和を保証する

目的は異なっているが、時に重複する権限のある政府を横断する機関が並行に働いているときは、その働きに矛盾がなく成果を互いに高め合うことができることを保証するべきである。インターネットを利用する青少年保護の役割を果たす国際機関の間において、情報交換と対話を促進することは重要である。

各国の政策は国内レベルにあるため、包含性と協調が成功する国際協力には重要となる。すべての適切な国際ステークホルダーを含める方法を見つけ、この分野で活動する異なる国際機関が協調して働くことは課題である。この役割を果たし、すべての国際的な活動を反映するような、インターネット上の子どもたちを保護するための国際機関は現在のところ設立されていない。

　この溝を埋めるためには、国と国や、政府を横断する機関、国際的なステークホルダーがすべての適切な国内ステークホルダーと国際機関とともに定期的に会議を開くことを決めることが有効である。そうした対話の機会が国際機関による取り組みの一貫性を高める場となり、ベストプラクティスと経験を国内ステークホルダーをまたいで共有することができる。地域レベルの良い例としては、政策の取り組みと活動、調査についての情報の伝達について重要な参照元となっているEUレベルのインターネット安全問題に関する毎年のイベントであるセーファー・インターネット・フォーラム（Safer Internet Forum）がある。

3.2　国境を越えた情報と資源の共有および能力向上

　政策レベルでの経験値とベストプラクティスの共有は共通目的である。ある年齢層にかかわる問題について取り組む際に、効果的な手法であるとわかっている資源やプログラムなどの幅広いトピックについてのベストプラクティスやエビデンスに基づく知見を伝えるための政府、ビジネス・市民社会を含んだ国際的な政策ガイダンスは重要であるが、まだ十分に活用されていない。

　一歩進んでいる国や地域が他の国々の事情を考慮に入れたうえで、政策立案を助ける能力向上は、もう1つの重要な国際協力分野である。たとえば、欧州評議会のサイバー犯罪グローバル・プロジェクト（Council of Europe's Global Project on Cybercrime）は、サイバー犯罪に関する条約（Convention on Cybercrime, CETS 185）と児童の保護に関する条約（Convention on the Protection of Children, CETS 201）に基づき、世界中の子どもたちを性的搾取

や虐待から守るための取り組みを行っている。また、オーストラリアに主導されたAPEC 2010は、APEC地域の行政機関をトレーニングすることを目的とし、APEC行政機関が子どもたちのインターネットの安全のために効率的かつ幅広い保護を提供できるよう能力向上を図っている。

最後に、様々なステークホルダーによる国際レベルの協調は、そのような取り組みへの参加とより多くの可視性（セーファー・インターネット・デイ（Safer Internet Day）など）および教育の成功事例と適切な啓発キャンペーン（ACMA, 2009, p.95）についての情報の共有を助ける。何が子どもたちにとって適切なインターネットコンテンツなのかの共通理解、および国や事業者を横断した適切なインターネットコンテンツの共有は子どもたちにとってふさわしいコンテンツの幅を広げることに役立つだろう。

3.3 国際的なエビデンスに基づく政策のための実証的基盤の設置

国ごとの状況と政策についての比較可能な情報は、国内の取り組みを促進するうえで必要である。各国は国際比較のできるリスク発生状況と政策の効率性についての実証的基盤を設置するために統計的枠組みを協調すべきである。重要なスタート地点は、リスクと子どもたちの年齢階層の共通定義である。効果的なリスクの測定のための情報集約は、各国に対しインターネットを利用する青少年保護に関する彼らの文化や政策アプローチを変更することを求めるものではない。指標は国の法律を正確に反映する必要はない。ITUは子どもオンライン保護の統計的枠組みと指標（Child Online Protection Statistical Framework and Indicators）（ITU, 2010b）を考案するために取り組んだことは特筆すべきである[53]。OECDは情報社会の測定およびモデル調査の特別のモジュールとしてインターネットを利用する子どもたちの保護を盛り込むことができた。最後に、公的・準公的な統計のリポジトリの作成もしくは、公的・準公的な定期的な統計の収集と比較は、利用可能な実証データの利用しやすさ向上に寄与する手段となりうるだろう。

3.4　運用レベルにおける国際的ネットワークと戦略的パートナーシップ

　現状のホットラインや啓発センターの国際的ネットワークは、ベストプラクティス、情報、資源の共有を通じて運用レベルにおける協力、協調を強化し、協働を作り出すことができる。政府は、法律執行を含めたインターネットを利用する子どもたちの保護に取り組む国立機関のネットワークを促進し、政策と運用レベルにおける効果的な国際的ネットワークを強化すべきである。

　各国において、子どもたちにとって何が不適切で違法なコンテンツであるかの定義を一致させることは困難であるが、子どもたちにとってふさわしくないと共通して判断されるコンテンツの基本的な共通基準は作成することができるだろう。子どもたちにとって不適切で違法なコンテンツについての政策が共通していないことは、国の方針に従いカスタマイズしてペアレンタルコントロール技術に用いるコンテンツのラベリングやレーティングのための国際協働を妨げるものではない。暴力表現の有無など付加的な情報を提供することができる効率的な国際コンテンツ・ラベリングの方策は、国の政策に寄与するだろう。

　いくつかの国々を巻き込んだ公的・私的パートナーシップは、いくつかの国々が単独で行うより、共同で行った方が簡単に監視・評価ができる政策立案を可能とする。そのような取り組みは様々な国々においてバラバラで統制なく並行して取り組まれている活動に比べ、私的セクターにとってより費用対効果が高いものになるだろう。主要な事業者や特定のサービス分野をまたいだ地域の自主・共同規制の協働促進枠組みは、全体的なインターネットを利用する子どもたちの保護のレベルを向上するための、新しく強固な関与を助けるだろう。たとえば、最近、EUの携帯電話事業者とSNS事業者を含む2つの自主規制の取り組みが、参加する国々すべてに利益をもたらした。インターネットを利用する子どもたちの保護に参加する検索エンジン、広告ネットワーク、その他の仲介者などのマーケットのプレーヤーたちによる共通基準のための協働は、インターネットを利用する子どもたちの保護の強化において広い地域、さらには

国際的な影響をもたらすだろう。

　子どもたちにとってふさわしいコンテンツの創作は市場や私的セクター、政府の補助に任されているとしても、すべてのステークホルダーに共通する何が子どもたちに適切なコンテンツかという共通理解は、質の基準の作成と子どもたち向けウェブサイトの自主評価を促すために役立つだろう。それは、需要と供給を促進するインセンティブに基づいた政策を促進するだろう。そうすれば、民間企業はこの定めを守るか、もしくは子どもたちの利用者にとって異なるコンテンツ戦略をとるかを決めることができる。子どもたちにとって安全なウェブサイトは、様々な子どもたち向けのコンテンツのネットワーク（ホワイトリスト）作成のために分類され、リンクされることができ、特に少数言語のコミュニティにとって有用な手段を提供することができる。

付録1
インターネットを利用する子どもたちの保護政策の記述的概要

はじめに

　本付録は国内・地域的・国際レベルにおける政府、ビジネス・市民社会により取り組まれてきた、もしくは計画されてきた諸リスクに対する政策の記述的概観である。

　本付録はすべての団体が世界中で子どもたちを保護するために実施した取り組みの一覧を提供することは意図していない。むしろ、各国の政策や課題の共通点と相違点に焦点を当てて、政府および主要なビジネス・市民社会によって実施された取り組みの傾向の概要を提供するものである。本内容は研究結果や2009年4月にAPECとOECD加盟国に実施されたインターネット上における子どもたちの保護についてのAPEC調査票の回答に基づいている[54]。

　最初に、インターネットを利用する子どもたちの保護のために協力的に構築されてきた、地域的政策枠組みと国の政策について記述する。それから、国をまたいで採用され、または推進されてきた様々な種類の政策的取り組みについての概要を提供する。すなわち、法的手段とその有効性、自主・共同規制、コミュニティにおける望ましい政策の利用、技術的手段、意識向上と教育的手法、好ましいコンテンツの提供と国際協力についてである。可能な部分においては、得られた知見の概要を提供する。

第1節　地域政策の枠組みと国家戦略

1.1　地域政策の枠組み

　欧州評議会とEUの両方がインターネットを利用する子どもたちを保護するための政策枠組みを考案し、作り上げてきた。これらはいくつかの面で重複し、

付録1　インターネットを利用する子どもたちの保護政策の記述的概要

お互いに強め合っている。そして、他方ではこれらは異なっており補完的である。

　欧州評議会は、一貫性のあるレベルで有害なコンテンツから未成年を保護することを保証し、子どもたちのメディアリテラシースキル向上のための数々の法的拘束力のない手法を採用してきている。加盟国は、子どもたちと教員を効果的に能力向上させるための情報リテラシーとトレーニングの戦略を作り上げることを求められている[55]。加盟国が子どもたちを有害なコンテンツや行為から保護するための、また、子どもたちが新たな情報通信環境に積極的に参加することを促すための方策についての勧告は、子どもたちにとって安心安全なインターネット上の空間を提供すること、パン・ヨーロピアントラストマークとラベリングシステムの作成、および子どもたち・保護者・教員へのスキルとリテラシーについてのガイドラインの作成を含んでいる[56]。インターネット上で子どもたちによって作り出されたコンテンツについては、欧州評議会は子どもたちの将来のために、尊厳やセキュリティ、プライバシーを害さないように「永続したり永遠にアクセスできる記録（no lasting or permanently accessible record）」であるべきでないと宣言している[57]。

　EUはインターネット上の青少年保護に関する調和的な法律を導入している。最も特徴的なのは、2007年のオーディオビジュアルメディアサービス指令が、インターネットから提供されるオンデマンドのオーディオビジュアルサービスにおける不適切なコンテンツや商業的接触からの未成年保護に拡大されたことである[58]。未成年と人権の保護のための1998年と2006年の勧告では、すべてのインターネットサービスについて、意識向上とメディアリテラシー、子どもたちにとってふさわしいコンテンツの特定を促しただけでなく、加盟国内においてインターネットを子どもたちにとって安全な空間とする産業界の努力を促すこととともなった[59]。

　セーファー・インターネット・プログラム（Safer Internet Programme: SIP）において、EUは加盟国の協力だけでなく、政策策定・施行を促す地域のリーダーとしての役割を想定している[60]。1999年から、欧州委員会はインターネットを子どもたちにとって安全な場所とするための様々な取り組みをSIP

のもとに推し進めた。2009年に第3フェーズに突入したプログラムは、EUにおいてヨーロッパネットワークと国内の取り組みを作成する補助となり、国際的なホットラインであるINHOPEとヨーロッパのネットワークの啓発センターであるINSAFEを立ち上げた（第8節「国際協力」参照）。同じ枠組みにおけるセーファー・インターネット・フォーラム（Safer Internet Forum）は、法律行使者、産業界、子どもの福祉団体、市民社会、政策策定者がインターネットにおける子どもたちの安全利用に関する特定のトピックについて話し合う年次会議である。2005年から2008年にかけて4,500万ユーロの予算がSIPに充てられている。SIPは2009年から2013年にかけて5,500万ユーロを一般への啓発政策（48%）、違法なコンテンツへの対処（34%）、違法なインターネット上の活動への対処（10%）、知識ベースの構築（8%）へ投じる予定である[61]。

1.2　国の政策の枠組み

　いくつかのOECD加盟国（オーストラリア、カナダ、英国など）は国の政策を考案したり、政策の枠組みを確立（日本など）しており、インターネットによって生じた子どもたちの保護に関する新たな課題に焦点を当て、様々なステークホルダーと協調的に青少年保護に取り組んでいる。
　早期の戦略の1つは、2000年のインターネットにおける安全で賢明かつ責任ある利用を促すカナダサイバーワイズ戦略（Canadian Cyberwise Strategy to Promote Safe, Wise and Responsible Internet Use）であり、これはもはや積極的には追求されていない。この戦略は新規立法の採用は含んでおらず、意識向上、ステークホルダーの役割に応じた責任の共有、効率的な実施メカニズム、公的・私的セクター間や他国のカウンターパートとの調整に優先順位を置いていた[62]。
　不適切なコンテンツに関しては、米国は全般的に、消費者の意識を向上させ、可能な場合には消費者の能力向上技術を広く使えるようにするといった、産業主導の自主規制アプローチを支持していた[63]。そのため、未成年をインターネットの危険から保護するための戦略において、ペアレンタルコントロールや自

付録1　インターネットを利用する子どもたちの保護政策の記述的概要

主規制に重点を置いた公的・私的パートナーシップがよく採用されてきた。特定の事柄に対して高度にターゲットを絞った法律が施行されてきた。たとえば、インターネットにおける子どもたちのプライバシー保護[64]や、子どもたちが偶然にあからさまなコンテンツに遭遇することを避けるための法律[65]などである。

　2008年のオーストラリア・サイバーセーフティプラン（Australia's 2008 Cybersafety Plan）のもと、4年間で12億5,800万オーストラリアドル（約8億1,200万ユーロ）が、とりわけインターネット安全教育と啓発活動（ACMAの包括的サイバースマート・プログラム（Cybersmart program）の下での教材開発、国立アウトリーチプログラムの拡充を含む）、法律施行、インターネット事業者へ強制的となるコンテンツフィルタリング計画へと費やされた。サイバーセーフティプランの一環として、サイバーセーフティに関するコンサルティングワーキンググループと若者アドバイスグループと研究活動が、政府にサイバーセーフティの問題について情報を与えることが可能となる。

　英国政府は「デジタル世界における安全な子どもたち（Safer Children in a Digital World[66]（Byron Review））」という報告書の勧告を受け入れ、子どものインターネット安全戦略の開発と実施を担う150のステークホルダーのコンサルテーションを行う団体として、英国子どものインターネット安全委員会（United Kingdom Council for Child Internet Safety: UKCCIS）を新たに設立した。その最初の戦略は2009年末に発表され、子どもたちにとってより安全なインターネット環境の構築、保護者・教育者らが子どもたちや若者が安全にインターネットを使えるよう手助けする能力の向上、安全かつ責任を持った振る舞いの促進に重点を置いている[67]。その取り組みはエビデンスに基づき更新され、成果は研究委員会の専門家たちと共に研究され評価される。すなわち、UKCCISが産業界へのガイドを更新しながら提供し、そのガイドへの適合性が評価される[68]。

　日本の政策アプローチとしては、2008年6月に「青少年が安全に安心してインターネットを利用できる環境の整備等に関する法律」が採択された。この法律は子どもたちをインターネットによる違法で有害な情報から守る取り組みを

促進するもので、たとえば、携帯電話運営会社にフィルタリングサービスの提供を義務化したり、市民に対してよりよいICTリテラシーの促進を行う取り組みを後押しするものである[69]。

第2節　法的手法

　インターネットを利用する子どもたちの保護のための法的手法は、インターネットにおける側面（すなわちインターネットを含むすべてのメディアに適用される規制か、インターネット独自の規制か）、対象となる人々の側面（すなわち、未成年を含むすべての市民を保護する規制か、未成年を特定して保護する規制か）という度合いと特定性において様々である。国の法律はまた、取り組もうとするリスク（たとえばコンテンツに関連したリスク、消費者としてのリスク、プライバシーと情報セキュリティのリスク）や特定する要件のタイプ（たとえばコンテンツレーティングの要件、保護者の了承の要件、義務的なフィルタリング）によって異なっている。

　インターネット上で子どもたちが遭遇する多くのリスクはオフラインでの表現も持っているため、現行法を適用させる立場から、ほとんどの国はオフラインで違法なものはインターネット上でも違法であるという原則を採用している。しかしながら、この報告書ではインターネットを利用する子どもたちの保護に特化した法律や規制に焦点を当て、刑法や民法、消費者保護法などのような子どもを中心としたアプローチをとっていない現行法の完全な一覧や分析を提供することを意図してはいない。また、この報告書は判例法についても議論の範囲としていない。

　日本、韓国、トルコなどのいくつかの国々では、その国の状況に応じ、子どもたちがインターネットでよく直面する特定のリスクについての新たな、また包括的な法律を制定している[70]。これらの子どもたちの脅威に取り組む法的手法は、しばしばインターネットを規制する広範な法律に含まれている。この新

たな法律のトレンドは、コンテンツやコンテンツに関連したリスクに一緒に取り組み、補完的な技術的セーフガードを求めるものである。

新たな法律は、米国の誤解を生みやすいドメイン名[71]などの特定の懸念されている分野への対応に用いられたり、フランスの刑法においては「ハッピー・スラッピング（happy slapping）」の画像や動画を配布することは犯罪となることを追加されるようになった[72]。

インターネットにおける子どもたちの性的搾取や虐待に対しての法的手法は、この付録では対象としていないが、欧州評議会で研究が行われている[73]。

2.1 コンテンツ関連リスクの法律

コンテンツに関する法律と規制は、調査したほとんどの国で存在し、違法なコンテンツおよび子どもに不適切もしくはふさわしくないコンテンツのカテゴリーが共通していた。最初の区分は、現地の法律に従い違法なコンテンツ、すなわち、一般の受け手に対して表示するのに不適切なものである。次の区分は現地の法律で子どもに不適切だと特定されたもの、すなわち、子どもの受け手に対して有害なものである。

とてもあいまいな共通項を持つコンテンツのタイプだけが、国際間で典型的に違法であるとみなされている。すなわち、子どもの性的搾取の描写、残虐描写、暴力的なポルノの極端な描写である。国際間において、子どもにとって不適切なコンテンツの定義は、共通理解が少なく、明確でない。

違法な、もしくは子どもに不適切なコンテンツに対する法的手法は、1）現行法、2）特定のメディアサービスかすべてのメディア提供方法に適応するメディアコンテンツ規制、3）インターネットに関する特定の法的手法の3つのかたちをとりうる。

違法なコンテンツに関する法律は、インターネットを含むすべてのメディアに適用される現行法であることが多い。たとえば、受け手、提供手段、方法にかかわらず、みだらな、もしくはわいせつな出版を禁止する英国のわいせつ物

出版法(UK Obscene Publications Acts)などである。

　子どもにとって不適切なコンテンツの規制は、しばしばその起源をテレビの規制に持ち、いくつかの国々では(徐々に)テレビのような形式を取り込むために拡張し、(次々に)インターネットと特定のオンデマンドサービスに拡大し、少数の国々が旧来と新型のメディアの区別を撤廃していった(水平コンテンツ規制)。図Ⅰ.12は旧来のものから新型に至るメディアコンテンツの異なるタイプを表現しており、規制の方針、およびコンテンツ規制の下、ある種のメディアにも適用できるよう対象を徐々に広げていった様子が表されている。たとえば、EUの協調的な規制である2007年のオーディオビジュアルメディアサービス指令(Audiovisual Media Services Directive)に従い、加盟国は未成年の肉体的、精神的、倫理的発達を著しく損なうであろうオーディオビジュアルメディアサービスから保護するための新たな規制を導入するところである[74]。

図Ⅰ.12　メディア規制の種類

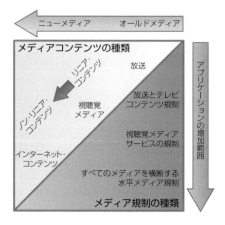

　子どもにとって不適切なコンテンツに対処するため、多くの国々(たとえばオーストラリア、ドイツ、韓国、ニュージーランドなど)は年齢制限とアクセス制限に応じたメディアコンテンツ規制を導入しており、すべての情報通信プラットフォームを通じて水平的に対応している[75]。

個人的なデータ交換（eメール添付、携帯電話から携帯電話、チャットによるファイル送信など）により送付されるコンテンツは、これらのメディア規制の対象外である[76]。子どもたちに対するコンテンツ関連リスクのこの法的対応のギャップはすべての国でみられ、子どもたちにこうした技術が広く用いられている現状に照らし合わせて正当化されうるのかという疑問を残している。しかしながら、インターネットを介した個人的なコミュニケーションはそれぞれの国の憲法に定められた私信のプライバシー権もしくは通信の秘匿性によって検閲から守られている。

コンテンツ規制のある国々は、コンテンツレーティングやラベリングの枠組みを用いており、成人向けコンテンツの最小限の区分（たとえば18歳以上のレーティングである「R18+」など）や、違法なコンテンツの区分（すなわち、分類不可である「RC」など）があり、必要に応じてより細かい区分を行っている[77]。公式な分類は公的団体や規制機関（たとえばオーストラリア分類委員会（Australian Classification Board））や、時によっては共同規制団体（たとえばドイツやオランダなど）に委任されて行われている[78]。コンテンツ事業者がレーティングを行い、永久的にそのコンテンツをタグ付けする自主分類方式が広まっている（下記のコンテンツレーティングシステムを参照）。

オンラインコンテンツ規制と付随する手法はコンテンツ事業者をターゲットとしているが、第三者が作成したコンテンツを送受信したり、分類したりするインターネットホストサービス事業者やインターネットアクセス事業者、検索エンジンなどのインターネット仲介者もまた、同様にターゲットとされてきている[79]。特に、コンテンツ事業者が外国にある場合、インターネット仲介者は現地の違法なコンテンツに対する規制を実行しうる唯一の存在となることがよくある。いくつかの国（オーストラリア、イタリア、日本、韓国、トルコなど）の機関では彼らの法律が及ぶ範囲にあるインターネットホストサービス事業者に対し、現地の法律に従い禁止されたコンテンツを掲載しないよう要求することができる[80]。多くの他の国々では、通報と削除手続はインターネット仲介者の自主的な合意によって執り行われている（第3節「自主・共同規制アプロー

チ」参照)[81]。それに加え、少数の国々では、インターネットサービス事業者が外国で作成された特定の違法なコンテンツへのアクセスをブロックすることを求められる義務的なフィルタリングに取り組み始めたところである(トルコやイタリアでは子どもの性的虐待画像と違法なギャンブルのウェブサイトに関するもの、ドイツでは子どもの性的虐待画像へのフィルタリングを求める法律が存在するが、施行はされていない)。

> 通報と削除手続(Notice and Take Down: NTD)政策は、禁止されたコンテンツを掲載していたり、時にはそういったコンテンツへのリンクがあるインターネットサービス事業者に対して、警告の後にそのコンテンツやリンクを削除するよう求めるものである。

インターネットコンテンツの法的な禁止や制限は、一般的にインターネット上における子どもたちの保護に関する独立した解決策ではなく、しばしば技術的・組織的手法によるアクセス制限とともに様々な手法と組み合わされる。たとえば、子どもたちにとって不適切なコンテンツへのアクセスから未成年を守る技術的な手段は、時にはフィルターや認証システム、認証メカニズムといった法律から要求されている(第5節「技術的手法」参照)[82]。それに加えて、いくつかの国々(韓国やスペイン)ではサービス事業者や調整者に対してインターネット上の青少年保護のために、指定された担当者の設置や情報課の設置など組織的構造を作り上げるよう要求している[83]。

最後に、いくつかの国々ではコンテンツ制限は、憲法上の言論の自由に配慮していることから限定的である。たとえば、米国においては未成年を保護するためのインターネットコンテンツ制限導入のいくつかの試みは憲法違反であるとされている[84]。そのため、2000年の米国インターネット子ども保護法(US Children's Internet Protection Act: CIPA)により、国の補助を受け続けるためには学校と図書館がインターネット安全ポリシーとインターネットアクセスをフィルタリングし、未成年に対して有害またはわいせつな画像をブロックす

る技術を備える必要がある。カナダでは、刑法において違法なコンテンツの司法による削除規定がある[85]。

2.2 コンタクト関連リスクの法律

　子どもたちへのコンタクト関連リスクはとても多様な法的主体を持ち、電気的情報通信システムにおいて行われた行為に関する抜け穴は各国の法的システムの課題となっている[86]。子どもたちが他者から傷つけられた場合、インターネット上の接触におけるある種の行為は犯罪として罰することができる。

　少数の国々では、国名をあげると、オーストラリア、フランス、アイルランド、日本、ニュージーランド、ノルウェー、英国は、ネットいじめに対してすでに犯罪としての条項を規定している。同様の犯罪条項の施行は、欧州評議会の2007年における子どもたちをサイバーグルーミングや性的虐待から保護するための会議の流れの中で、オランダとスウェーデンで計画されている[87]。日本においては、未成年とデートをするために出会い系サイトを用いることは犯罪行為と定められている[88]。米国では2008年KIDS法（KIDS Act of 2008）[89]により、性犯罪者に彼らの「インターネット識別標識」を性犯罪者登録に提供することを求めており、また、この法案はSNSサイトが利用者名とこのリストをチェックすることができるように作られている[90]。

　インターネットによる嫌がらせやストーキングは、状況に応じており、たとえば、カナダや英国の刑法では犯罪的な嫌がらせに相当する。米国とオーストラリアではストーキングと嫌がらせに関する法律は、電気通信に対して特別な条項を持っている[91]。

　ネットいじめは、インターネットによる嫌がらせの1つの形態であり罰することが可能である。しかしながら、加害者は子どもたち自身であり、立法者たちは刑法上よりも教育政策の中に規制を組み込むことを好ましいと考えている。たとえば、米国の多くの州では学校におけるネットいじめに対する規則を作っており、学校の責任者に防止ポリシーの作成を求めている[92]。

インターネットにおける子どもたちのコンタクト関連リスクを回避するために、チャットや掲示板の義務的な監視をいくつかの国では導入している。たとえば、スウェーデン[93]や日本では、インターネットの出会い系サイトではその場での年齢確認が法的義務となっている[94]。しかしながら、各国は多くの場合義務化するよりも監視や節制を自主的に行うことを推奨している（第4節「コミュニティや望ましい利用政策」参照）。最後に、韓国ではある一定以上のウェブサイトでは、本人認証システムは法的な要件であり、インターネット上の子どもたちの保護を主目的としたものではないが、抑止に役立っており、必要に応じて子どもたちのコンタクト関連リスクを調査している[95]。

2.3 インターネット上の子どもたちの消費者としてのリスクに対する法律

インターネットにおける子どもたちの消費者としてのリスクに対する法律は、3つの種類が共通して適用されている。すなわち、1) 個人の財産に関する法律、2) 消費者保護法、3) こうしたリスクに対して子どもたちを保護することを特定の目的とした法律である。共通して、個人の財産に関する法律では、年齢の満たないユーザーは契約するための法的要件を満たしていない。スパム対策法のような消費者保護法においては、子どもたちのユーザーの利益を排除しない条件が盛り込まれている。典型的な消費者としての子どもたちのリスクに対応した特定の法的手法はオフラインとインターネット上の活動にあてはめることができ、子どもたちが商業的なコミュニケーションやサービス、勧誘に対して批判的に評価し、理解し、認識する能力に応じたものになっている。

多くの国々では（ドイツ、韓国、トルコ、英国、米国など）は年齢に満たない者のギャンブルを禁止しており、英国ではギャンブルのウェブサイトではきちんとした年齢認証のメカニズムを持っていなければ資格を得ることができない。オーストラリアはギャンブル禁止を続けている[96]。

未成年を対象としたインターネットの宣伝に関しては2つの対照的なモデルがあり、一方では子どもたちに対するある種のインターネット広告を規制して

いる国と、他方では産業界の自主規制に任せている国がある。

　オーディオビジュアルサービスに対する協調した規則において、EUは最初のモデルの一例であり、子どもたちの保護に特化したものを含み広告の規制を行っている。たばこと葉巻の広告に対する一般的な禁止以外にも、子どもたちに特化したアルコール飲料の宣伝は禁止されている[97]。商業的な接触が肉体的・倫理的不利益を未成年にもたらさない適切なサービスである前提のもと、たとえば、未成年の経験不足や信じやすさを利用した行為は禁止されている。オーディオビジュアルの商業的接触はわかりやすいものであるべきで、インターネットで利用可能なオンデマンドのオーディオビジュアルコンテンツを含む子ども向けプログラムにおける商品の設置は禁止されている[98]。

　北欧の国々は、北欧在住の子どもたちと未成年を対象としたインターネットのマーケティングに最も緻密なルールを持っている。インターネットにおけるすべてのマーケティングは求められている法的基準に則る必要があり、特に、そのマーケティングは子どもたちにとってわかりやすいものであり、ターゲットとした集団の発達の段階に応じたものである必要があり、子どもたちがインターネットを通じて合意したり購入したりすることを促すものではなく、インターネットの活動に参加することで賞を得ることができるような「ゲーム広告」は禁止されている[99]。

　韓国においては、子どもたちにとって不適切なコンテンツへの広告は禁止されている[100]。米国のCAN-SPAMにおいては、成人のラベリングルールを含み、成人向けeメールと子どもたちの間に障壁を作るために、性的コンテンツを含む商業的なeメールには警告ラベルをつけるよう求めている[101]。

2.4　子どもたちのプライバシーと情報セキュリティ関連リスクの法律

　子どもたちへの情報プライバシーと情報セキュリティリスクは少数の例外以外は一般的なデータ保護規則と刑法において犯罪となる。

　ヨーロッパの国々では、個人データの収集と加工は法律に則って、もしくは同

意のもとでなされるべきであり、より幅広いデータ保護原則に従うべきである[102]。保護者による同意は、年齢に応じて子どもたちが決定にはある程度のあいまいさがあることを十分に理解するまで、または、子どもやシナリオによって異なるような場合は、子どもたちの代わりに同意を行う必要がある[103]。EUのデータ保護委員会の協働作業部会（The joint working party of EU Data Protection Commissioners）——通称「29条作業部会（Article 29 Working Party）」——は、子どもたちの参加する権利を認めており、成熟度に応じて個人データを収集する際の決定に参加したり情報提供や相談されるべきとしており、それがさらに子どもたちの個人データ収集の合法化を複雑な問題にしている[104]。

　米国の児童オンラインプライバシー保護法（Children's Online Privacy Protection Act: COPPA）と対応する規則は、とても論点の絞られた法的問題の一例を提供している[105]。COPPAは13歳未満の子どもを対象とした、または13歳未満の子どもの個人情報を意図的に収集しているウェブサイトの管理者に対して義務を課している[106]。そのウェブサイトが子どもたちを対象としているかどうか見極めるために、連邦取引委員会は以下のようなものを含む分類を考慮している。それはウェブサイトのテーマ、ウェブサイトのオーディオやビジュアルのコンテンツ、ウェブサイト内のモデルの年齢、ウェブサイトに用いられている言語的表現、ウェブサイト内の広告の有無、アニメのキャラクターや子ども向けの特徴など、実際もしくは意図した受け手の年齢に関するその他の実証的な証拠などである。COPPAは、13歳未満の子どもを対象としたものではない、すでにある一般の受け手を対象としたウェブサイトにおいては管理者が子どもたちから意図的に個人情報を集めているものにだけ適用される。COPPAは保護者の同意を求めることによってインターネット上で子どもたちのどのような情報が収集されているか保護者が管理することを目的としている。保護者の同意として利用されている手段（すなわち、ログインする際に登録された保護者のメールアドレスにメールを送ること、保護者のクレジットカードの情報の提供、保護者の手書きによる同意文書、保護者からの電話）は簡単な抜け穴があると批判されてきており、実現可能な代替案はまだ用いられていな

付録1 インターネットを利用する子どもたちの保護政策の記述的概要

い。同様の問題は、保護者の同意が個人情報収集や加工に必要であるが、簡単に実施できず、信頼性のある仕組みが作り上げられていないヨーロッパにおいても生じている。

子どもたちの個人情報についてのデータ保護の枠組みの全体的な効果については、疑問視されている（下記の「法的手法の効果」を参照）。

欧州評議会のサイバークライム会議（Council of Europe Cybercrime Convention）において批准した国々においては、スパイウェアや悪意のあるプログラムによる情報セキュリティリスクは、サイバー犯罪であり罪になる[107]。子どもたちの情報セキュリティリスク軽減に特化した法律は存在しない。

2.5 法的手法の効果

各国は、インターネットがグローバルであり動的な情報スペースである性質のため、法的な予防策は考慮の必要な段階にあると報告している。

たとえば、コンテンツ規制は同じコンテンツがある国では完全に合法であっても、他の国では異なる分類にあてはまるため、外国のコンテンツを扱うにはスタンドアローンの法律では不十分である。1分ごとに膨大な数のコンテンツが作成されるインターネットにおいては、コンテンツ規制にさらなる課題を生じさせており、現状のコンテンツレーティングと分類システムはすべてのレーティングの要望に応えようとしていたら追いつかないだろう。たとえば、ビデオを共有するプラットフォームであるYouTubeは毎分20時間分のビデオがアップロードされていると報告している[108]。したがって、各国は、インターネット事業者を含むローカル・コンテンツ規制を保持するために様々な戦略に取り掛かっている。いくつかの国（オーストラリア、イタリア、日本、韓国、トルコなど）では、インターネットサービス事業者はテイク・ダウン通知の制度に従うよう法的に義務づけられており、他の多くの国々（デンマーク、英国など）では、「通報と削除手続（notice and take-down procedures）」は自主的な取り組みの下で行われている。徐々に、インターネット事業者がフィルタリング技

術を展開し始めており、ある種の違法なインターネットコンテンツへのアクセスをブロックするフィルタリングは、少数の国（イタリア、トルコ、またオーストラリアで提案されている）で法的な義務となっているが、多くの場合は産業界の自主的な取り組みがベースとなっている。

　未成年の個人データの法的な保護の重要な課題は、今日の子どもたちの個人データを含む即時的なオンライン活動に対して用いられている現状の規則の効果的な施行と運用にある。一般的なデータ保護法と子どもたちに特化したデータ保護法（すなわち、COPPA）といった2つの法的アプローチが行われると、同意とプライバシー警告などの統合された安全策は、一般に比べて子どもたちや保護者にとって効果的にはなりにくい。プライバシー保護における同意の要件の限界については、OECD諸国以外でも話し合われてきており、保護者の同意の要件について検討が続いている[109]。保護者の同意については、これまでのところ信頼性の高い保護者の同意を得る簡単なメカニズムが存在しないため、実施が難しいように思われる[110]。そのような情報においてカナダでは、子どもたちのインターネットプライバシー作業部会（Canada the Children's Online Privacy Working Group）が、子どもたちのインターネット上のプライバシー保護の向上のために、同意要件を変えさせるための様々な法的手段についてディスカッションペーパーを発行している[111]。

　子どもたちを対象としたウェブサイトは、ユーザーを最初から想定しておくべきで、保護者の同意のもと子どもたちの個人情報を収集すべきである。保護者の同意取得は、もし子どもたちが自分の正しい年齢を偽っている場合、保護者の同意にかかわらず効果的なものではなくなってしまう。対照的に、一般のインターネットサービスは成人と子どもたちの両方に用いられているが、インターネットユーザーの年齢はさらに評価が難しくなる。国境をまたいだ法律の適用はさらなる課題の1つである。たとえば、多くの英国の子どもたちは米国で作られたインターネットサービスを用いており、そのため英国のプライバシー規則よりも米国の規則が用いられている。子どもと保護者にとっては、法律の及ぶ範囲の違いと施行の仕組みを無視することは難しいだろう。また、プラ

イバシー法は自主的に施行されるものではないため、プライバシー法に加えて、またはその代わりに多くの国々が自主・共同規制を促進している。

消費者関連インターネットリスクについては多くのオフラインの安全策がインターネット環境においては作用しない。たとえば、顔を合わせたオフラインの接触は相手の年齢に関して予測がつくが、十分な年齢認証メカニズムがないままでは子どもたちがインターネット上で成人のふりをすることは簡単である。インターネットの年齢認証システムは、すべてのサービスでは展開されていない。それは、特定のサービスにおいて、わずらわしく抜け穴があるという短所があるからである。

第3節　自主・共同規制アプローチ

いくつかの国々では、EUと同様、自主・共同規制計画はインターネット上で子どもたちの保護のために重要な役割を果たすと認識しており、自主的な取り組みが政策の重要な要件であると考えている。ビジネス界はこれらの方法を社会的な責任と取り組みを表現するものとして価値を置いている。そのため、インターネット上の子どもの保護は自主・共同規制を行うものにとって将来性のある領域であり、様々な方法をとり、時には行動規範や産業界のガイドラインの策定、ベストプラクティスの周知などに取り組んでいる。

自主・共同規制の主体は多様であり、2つのコンセプトの違いはあいまいであるが、おおよそ、共同規制はある面では政府と私的セクターの規制の組み合わせであり、自主規制は政府の関与なく私的セクターが行う純粋に自主的な取り組みである[112]。公的・私的セクターのパートナーシップのようなガバナンスの現代的な形式においては、自主規制と共同規制の中間に当たり、政府は私的ステークホルダーの参加を調整する主体となる。しばしば結果は自主規制の特徴を持つが、採用を促すそのプロセスは、実に公的・私的パートナーシップによってもたらされたものである。

各国は自主・共同規制を促すために、以下のような様々な戦略を展開している。1）法律にこうしたメカニズムについて明確に盛り込む、2）規制する団体が、ステークホルダーたちに自主的な取り組みを行う調整をするよう求める、3）ステークホルダーたちが会議を行う場を提供する、4）「指揮統制（command and control）」スタイルの規制を用いて強権的に問題のある領域に取り組む。たとえば、米国における児童オンラインプライバシー保護法（COPPA）は、もしウェブサイト事業者が免責プログラムの下にいるならば、免責条項に従っていればCOPPAに従っていると推定するといった法定の免責条項を持っている[113]。公的セクターの強力な介入（下記に詳述する）によって仲介された公的・私的パートナーシップの自主的な合意は、EUと米国の携帯通信会社とSNS管理者の近年の自主規制を導いた[114]。これは、特定の公的・私的パートナーシップは子どもたちをインターネットの害から保護する目的の下、自主的な取り組みが効果的に行われ、成功したことを示している。

　現状のモデルは、以下のように分類される。1）共同規制か自主規制か、2）産業主導か、すべての適切なステークホルダーを巻き込んでいるか、3）1つの国に適用されるか、地域的な合意か、4）1つのグループの基準か集団の合意か。

　インターネットサービスと新たなメディアにおいては、自主・共同規制は、インターネットにおける子どもたちのリスクを軽減するために広く展開されており、しばしば国の政策の枠組みに組み込まれている。各国とEUは、自主・共同規制を法律の中や公的・私的パートナーシップを通して促進している。セクターをまたいだ活動は主に下記の3つの領域に集中される。1）インターネットにおけるコンテンツ関連リスク、2）子どもたちへのインターネット・マーケティング、3）子どもたちの個人情報保護。しかしながら、自主的な規則により定められた保護にはギャップがあり、調和した保護原則がなく、一国の中でも異なる効果を生んでいる。

　自主・共同規制の取り組みを評価すると、その質、効果、効率性が以下のような要素により著しく異なっている。1）作成された規則がどれだけ包括して

付録1　インターネットを利用する子どもたちの保護政策の記述的概要

いるか、2）透明性と説明責任が達成されたか、3）その規則に拘束性があるか、4）実現可能性、5）評価する対象。たとえば、EUインターネット安全プログラムは産業界の自主規制を支援しており、それはステークホルダーに広く受け入れられ、効果的に実施されている[115]。

以下の例は携帯通信、SNS、オンラインゲーム、インターネット広告、違法で子どもたちに不適切なコンテンツについての主な自主・共同規制の取り組み主体の簡単な概要を示している[116]。

3.1　携帯通信

2007年に採択された子どもとティーンネージャーのための安全な携帯電話利用のヨーロッパの枠組み（European Framework for Safer Mobile Use by Younger Teenagers and Children）は、成人向けコンテンツへのアクセス制限、保護者と子どものための啓発キャンペーン、商業的コンテンツの品性と適切性に従った国家基準の分類、携帯電話における違法コンテンツへの対策を含んだ国レベルで施行されている原則と方法を示している[117]。国家の行動規範としてのこの枠組みによる施行には、採択の2年後の2009年まで独立に監視され、22の加盟国が高いレベルでの遵守を示し、携帯電話会社においても高いレベルでの遵守を自主的に報告した[118]。

英国では、すべての携帯通信会社がネットワークから提供される成人コンテンツへのアクセスをブロックする成人規制を最初から設置している。成人規制を外すためには、年齢認証をネットワークの管理者と行う必要がある。同様の手法が、米国やその他の国の携帯電話通信ネットワークで採用されている。しかしながら、子どもたちが携帯電話を用いてインターネット上の不適切なコンテンツにアクセスすることは可能であり、携帯ネットワーク管理者がネットワークレベルのフィルタリングを実施しているかどうか、フィルターがすべてのユーザーに最初から設置されているか希望制なのかによって状況は異なっている。

オーストラリア携帯特別サービス規約（Australian Mobile Premium

Services Code）は、とりわけ未成年に対する携帯電話特別サービスの広告についてカバーしている[119]。その規約は、15歳未満の人々をターゲットにした携帯特別サービスの広告を禁止しており、その携帯特別サービスを使うことが未成年をひきつけやすい場合には「あなたが18歳未満の場合、利用前にアカウント保持者に尋ねる必要があります」という警告を必要としている。規約はまた、携帯電話の売買において購入時に消費者が2つの承認を必要とする条項を含んでいる[120]。コンテンツ事業者からの承認文書には、購買サービスの名前と利用コスト、料金の計算方法、購入方法、ヘルプデスク利用の詳細を明確に含む必要がある。

3.2 ソーシャルネットワーク・サービス（SNS）

米国においては、自主規制を重視する公的・私的パートナーシップは、しばしば未成年をインターネット上の危険から保護する戦略をとっている。たとえば、ソーシャルネットワークについての検事総長の複数の州ワーキンググループ（Attorneys General Multi-State Working Group on Social Networking）および2つの最も大きなSNSが重要な原則の適用により、子どもたちを適切に保護するための共同宣言を出している[121]。インターネット安全提唱者と検事総長の勧告に基づき、そのサービス会社は子どもたちに対してより詳細なインターネット上のリスクに関する情報提供とプライバシー設定を開発した。たとえば、具体的な変化としてマイスペースにおいては14歳未満の子どもがログインすることを防ぎ[122]、14歳以上の未成年を不適切なコンテンツや成人からの望まない接触から防ぐことを導入した。

EUにおいて運営されている主要なSNS[123]は欧州評議会とNGO、研究者らの監修の下で作成された安全なソーシャルネットワーク原則を採用しており、自らのサービスがその原則にどのように結びついているかの詳細を自己宣言に掲げている[124]。その原則は、18歳未満のSNSにおけるリスクを制限することを目的としている[125]。

具体的な手法の例は、使いやすい「違反を報告」ボタンのような報告メカニズムの導入や、プライバシーの初期設定の改善や、18歳未満のユーザーのプロフィールの制限や、最終的には登録時からサービスがターゲットとしている年齢未満のユーザーの利用を防ぐことなどである[126]。安全なソーシャルネットワーク原則（Safer Social Networking Principles）の実施に対する最初の独立した評価は、自己宣言とともにSNSの遵守状況が評価された[127]。遵守状況は2つのSNSサイトで異なっていたが、主な発見は「良い」もしくは「ほぼ良い」といった遵守状況であり、改善点が残されていた。

3.3 オンラインゲーム

全ヨーロッパゲーム情報（Pan-European Game Information: PEGI）の2007年インターネット安全規則（Online Safety Code of 2007）は、オンラインゲーム環境における若者の最小限の保護の提供を目的としており、ヨーロッパ規模の自主規制のもう1つの例であると言える[128]。規則に加盟したものは、コンテンツレーティングシステムに従い、不適切なコンテンツを自らのサイトから削除し、ユーザー間の適切な振る舞いを保証するために利用ポリシーと報告メカニズムを作成する必要がある。さらに、その規則は広告に関する条項を含み、区別と公平の原則を重視しており、特にその広告はオンラインゲームサイトがターゲットとしている受け手の年齢に応じたものである必要がある。

3.4 インターネット広告

自主規制は、ある種のインターネットマーケティング技術と子どもたちの個人情報を守るために非常に多くの産業界の規律を作っている。たとえば、国際商業会議所（International Chamber of Commerce's: ICC）の広告・マーケティングコミュニケーションの実践（Advertising and Marketing Communication Practice）、国際広告局英国・米国規則（International Advertising Bureau UK and US codes)、ヨーロッパ連合ダイレクト・インタラクティブ・マーケティング（Federation of European Direct and Interactive Marketing: FEDMA）規則やその他多数[129]。これらの規定はすべてのマーケティング活動もしくはインターネットマーケティング活動のみに用いられ、子どもと成人の両方のマーケティングをカバーする、もしくは子ども向けのマーケティングに特化してカバーしている[130]。どの年齢の子どもたちまでを保護するかによってその施策は大きく異なっており（時によって13歳もしくは14歳未満の子どもたちだけに当てはまることがあるなど）、そして現状の法律に加えて実質的な保護の権限を持っている[131]。

国のレベルでは、マーケティング団体やコンテンツ事業者の自主的もしくは義務的な法律の規定があり、子どもたちにとって脂肪分・糖分・塩分を多く含む食品や飲料（いわゆるHFSS食品）のマーケティングに対応している。この規制は、すべてのインターネットサービスにおけるオーディオビジュアルメディアとオンデマンドサービスを対象としている[132]。

インターネットにおける子どもたち特有の消費者としてのリスクに対する自主・共同規制の効果は疑問視されている。自主的な規定は、産業界、国、所属する団体によってばらばらであり、多くの類似と重複、保護に対するギャップが残っている。埋め込まれた広告、広範囲にブランドを強調したウェブサイト、子どもたちの行動をターゲットとしたウェブサイトなどの新たなインターネットマーケティング技術は自主規制の施策に十分盛り込まれていない[133]。第29条ワーキンググループ（Article 29 Working Party）は、子どもたちの脆弱性を考慮に入れ、また、法律に則った合意を得ることが難しいことから、広告ネットワーク事業者は「子どもたちに影響を与え、行動変容をターゲットとした広告にならないよう、過度な興味関心を引くようなマーケティングは行うべきでない」と主張している[134]。

3.5 違法で子どもたちに不適切なコンテンツ

多くの国々で、特に違法で子どもたちに不適切なコンテンツに対処するために、自主的な合意により規制が補われる共同規制モデルが望まれている[135]。ドイツは、政府が自主規制団体の子どもたちのコンテンツ関連の保護基準の実施を承認する「制御された自主規制（regulated self-regulation）」を支持している[136]。インターネット産業協会（Internet Industry Association: IIA）により作成されたオーストラリアのコンテンツサービス規定（Australian Content Services Code）は、オーストラリア通信メディア局（Australian Communications and Media Authority: ACMA）により運営されており、それは忠実に守るよう実行することができる。

自主・共同規制は、両方ともコンテンツをレーティングし、分類するうえで重要な役割を果たす。たとえば日本においては、モバイルコンテンツ審査・運用監視機構（EMA）とインターネット・コンテンツ審査監視機構（I-ROI）、レイティング／フィルタリング連絡協議会は彼らの権限内でコンテンツレーティングを行う自主規制団体である。メキシコにおいては、メキシコインターネット協会（AMIPCI）が有害なコンテンツを含まないウェブサイトに安全シールを発行するという前向きなコンテンツレーティングが行われている。

ラベリングは、子どもたちにとって不適切なインターネットコンテンツをブロックする自主的な取り組みであり、フィルタリングソフトウェアと結びついて用いられている。例としては、家族インターネット安全戦略（Family Online Security Initiative: FOSI）によって運用されている世界中で利用可能なICRAラベルや、子どもたちの保護推進サイト協会（Association of Sites Advocating Child Protection: ASACP）によって運用されている成人限定（Restricted To Adults: RTA）ラベルがある。ドイツは近年子どもたちの保護に対するメディア規制を改正し、ペアレンタルコントロールのためのソフトウェアで利用可能なように、コンテンツ事業者が分類戦略に従い自主的に自らの

ウェブサイトをラベリングするようにさせた[137]。

　技術的に問題のあるコンテンツを削除することができる遠隔通信管理者やインターネットサービス事業者のようなインターネット事業者は、自主・共同規制規定を採用し、インターネットを利用する子どもたちを保護する活動の補助を行ってきた。たとえばオランダにおいては、政府と主導的なホストサービス事業者がインターネット上における違法で好ましくないコンテンツに対して私的セクターが削除することのできる、4番目のガイドラインとなる、削除警告規約に同意した[138]。ドイツの検索エンジン運営者は、子どもたちや若者が検索エンジンを使う際に、たとえば、検索結果にフィルタリングされたコンテンツのみ表示するような保護を強化するための行動規範を作成した[139]。

第4節　コミュニティや望ましい利用政策

　自主的な政策は責任があり、望ましいインターネットサービスの利用ために重要な役割を果たすようになってきており、いくつかの国々で彼らの取り組みが様々な方法で求められている[140]。ITネットワーク、インターネットプラットフォーム、携帯電話、インターネットサービスの事業者は、子どもたちに対するインターネット上のリスクを軽減するために利用規定を定めたり、ユーザー間での基準の設定を促したりすることができる。その例としては、SNS、ゲーム、写真・ビデオ共有ウェブサイトにおいて、不適切なコンテンツや振る舞いを定め、こうした規則に違反したユーザーに対する制裁を設定している[141]。

　そこでは様々なシナリオがみられる。たとえば、1）学校や図書館のような公的施設およびその他のインターネットアクセスポイントが独自のポリシーを定めている、2）コミュニティもしくは望ましい利用ポリシーを含む自主・共同規制の同意、3）インターネットサービスやポータルのプロバイダーがコミュニティや望ましい利用ポリシーを定めている、4）インターネットサービス契約が利用規約を含んでいる。

付録1　インターネットを利用する子どもたちの保護政策の記述的概要

　学校のポリシーは、学校の機器を利用して行われる可能性のあるインターネットにおける危険な振る舞いについて対処するようにできるとともに、それらを状況に応じて更新することができる。たとえば米国の多くの州においては、ネットいじめに関する法により学校が嫌がらせ防止およびいじめ防止ポリシーの採用もしくは、校区においてモデルとなるポリシーの採用を求めている[142]。同様の方法は図書館のようなその他の公的なインターネットアクセスポイントやインターネットカフェでも用いることができ、効果的となるだけでなく、規則や報告メカニズムの監視をすることができる。

　時に自主・共同規制メカニズムは、望ましい利用ポリシーの採用を含んでいる。1つの例として、違法または攻撃的なインターネット上の振る舞いや違法・有害コンテンツのアップロードを防ぐためのコミュニティの基準を求めたPEGIインターネット安全規約（PEGI Online Safety Code）があげられる[143]。

　コミュニティや望ましい利用政策は、SNSやインターネットコミュニティに維持されていることが多い。それは望ましい振る舞いやコンテンツについて列挙し、強制し、制裁を与えることもありうる。ユーザーのコミュニティは問題のあるコンテンツや振る舞いに対してフラグを立てて報告することを含んでおり、このようにして自警的なウェブサイトを補助している。

　通信サービスの契約の下に築かれた利用規約は、利用者の問題のあるコンテンツを削除するための基準となりうる。たとえば日本においては、自殺に関連する情報の流布などを含む問題のある事項の数々を禁止するためのモデルとなる契約を産業界が作成している[144]。子どもにとって不適切なコンテンツの警告を受け取ると、日本のヘルプラインはインターネット・ホストサービス・プロバイダーに連絡し、プロバイダーは利用者に対する契約的義務に従って議論のあるコンテンツを削除する[145]。

　SNSやインターネットコミュニティにおけるさらなる安全策は、子どもたちの双方向的なサービスに対する管理者による自主的な仲裁である。英国内務省（United Kingdom Home Office）は、2005年に子どもたちに対するインターネットサービスのための、および2008年にSNSとその他の双方向的サービス事

業者のためのグッドプラクティス・ガイドラインを発行した[146]。「バイロン・レビュー」はユーザーが生成するコンテンツの節制のために、このガイドラインから独立した自主行動規範を作成することを推奨しており、英国子どものインターネット安全会議（United Kingdom Council for Child Internet Safety: UKCCIS）の最初の子どもインターネット安全戦略は、2009年にこのガイドラインの更新を含み、メンバーたちが従うように発行された[147]。

第5節　技術的手法

5.1　技術の概観

技術的手法は、インターネットを利用する子どもたちの保護政策の重要な要素である。技術は以下のために使われうる。1）特定のリスクを子どもたちから遠ざける（フィルタリング技術など）、2）子どもたちを排除し、もしくは反対に子どもたちだけを特定のウェブサイトに受け入れる（年齢や人物認証システムなど）、3）インターネット上に子ども安全ゾーンを設ける（「壁に囲まれた庭」など）。

このセクションでは、フィルタリングや子どもたちの危機、年齢認証システム、コンテンツレーティング技術、虐待通報システムなどその他の技術について議論する。後述の概観は、最初の列にインターネット上で子どもたちの保護に役立つ技術手法をリストし、インターネットサービスのバリューチェーンの様々なステージにおける運用容易性を表している。

フィルタリング技術

フィルタリング技術は、ユーザーがコンテンツにアクセスすることをブロックすることができるすべての手法を含む。それらはユーザーの個人的な機器のレベル、インターネットサービスプロバイダーもしくは携帯電話運営会社レベ

付録1　インターネットを利用する子どもたちの保護政策の記述的概要

ル、検索エンジンレベルという様々なレベルで運用される。それぞれのフィルタリング技術は、強みと限界を持っている。

──**方法**

　フィルタリングは、ユーザーにふさわしいものとしてリストされたもの以外はすべてのウェブサイトへのアクセスをブロックするホワイトリスト方式か、ユーザーに不適切なものとしてリストされたもの以外はすべてのウェブサイトへのアクセスを許可するブラックリスト方式に基づいている。

　ホワイトリスト方式は、幼い子どもたちに推奨されている。多くの害のないコンテンツにアクセスできないとしても、安全な環境を確保することの方が、多くの情報にアクセスすることよりも幼い子どもたちにとって、より重要であると一般的に考えられている。いくつかの望ましくないコンテンツへのアクセスを許してしまうとしても、インターネットに広くさらされることを可能にするよう、ブラックリストに基づいたフィルタリングがティーンネージャーにとってよいと一般的にみなされている。といったように、年齢の上昇とともに情報と通信が必要となってくる。

　ホワイトリストに似た子ども安全ゾーンは、時に「壁で囲まれた庭（walled gardens）」と呼ばれるもので、子どもたちが適切なウェブサイトとインターネットサービスにアクセスでき[148]、他の場所へ移動できないことによってアクセスや機能を著しく制限するものである[149]。ドイツのfragFINN[150]は、8歳から12歳の子どもたちが現在のフィルタリングシステムの欠点や潜在的な脅威に直面することなく使える「小さなバージョン（smaller version）」のインターネットを提供している。インターネットブラウザのアドオンは、簡単にインストールできる技術的解決策であり、子どもたちは独立したメディア教育専門家の編集チームが作成したホワイトリストに含まれるウェブサイトのみにアクセスできる。その他の例は子どもたちのためにデザインされたビデオアプリケーションであり、米国の会社のKidioPlayerや、独立したカナダのウェブ開発者がデザインしたTotlol.comなどがある[151]。

　ブラックリストは、事前分類もしくはリアルタイムで用いられる動的分析技

図Ⅰ.13　技術的な保護の概要

バリュー・チェーン	コンテンツ提供者	ウェブサイトインターネットサービス	インターネットサービス提供者	ナビゲーション&検索	インターネットアクセス提供者	エンドユーザーの端末
例	ユーザーのアップロードした画像	SNS	通信インフラ運営者	検索エンジン	DSLプロバイダー	ノートパソコン、携帯電話
子どもの使用機器						メモリ制限や撮影制限などのハードウェア規制
ブロック		プライバシー設定や選択設定といったウェブサイト特有の手法			加算式の携帯サービスのようなサービスのブロック	メッセージやチャット、カメラなどをブロックするペアレンタルコントロール
コンテンツレーティングと分類	ICRAラベルのような自主ラベル	ピアレーティング	ブラックリスト・ホワイトリストに記載するフィルタリング			
技術的フィルタリング		ウェブサイトレベルでのフィルタリング	ブラックリストに基づいたインターネットサービス提供者レベルでのフィルタリング（自発的もしくは強制的）	フィルタリング（セーフサーチ、ブラウザのプラグイン、子ども向けの検索エンジン）	フィルタリング、ネットワークのアクティブ化、サーバーレベルのペアレンタルコントロール	ペアレンタルコントロール、フィルタリングソフト
年齢認証システム		オンラインギャンブルウェブサイトのような強制的もしくは自主的な年齢認証システム			強制的もしくは自主的な年齢認証	
虐待通報ボタン		ウェブサイトに特化した手法		インターネットホットラインにリンクするブラウザ上のボタン	プロバイダーに特化した手法	

術により、リアルタイムに生成されるシステムから構成されている。

　事前分類は公的なコンテンツレーティングメカニズムかURLのリストに基づいている。それは人の手によるものか、コンピュータによるものかどちらかで、コンテンツコントロールソフトの開発者、第三者[152]、コンテンツ作成者自身[153]によって分類されている。児童虐待画像などの法的に禁止されているコンテンツのブラックリストは、司法当局（フィンランド、スウェーデンなど）か規制当局（オーストラリア通信メディア局（Australian Communications and Media Authority: ACMA）、トルコ情報通信省（Turkish Telecommunications Communication Presidency: TIB）など）、そしてまれではあるが自主規制団体（英国のインターネット監視財団（Internet Watch Foundation: IWF）など）により維持されている。ブラックリストやその他のコンテンツ分類は、他のURLにコンテンツが移動されてしまうことを防ぐために公的に利用すべきでないという議論がある。反対に、ブラックリストの透明性が、ISPレベルの義務的フィルタリングの合法性や政府の説明責任の保証を強める手法とみなされ

ることもある[154]。

　動的分析技術によって、ソフトウェアアプリケーションはリアルタイムで特定する。すなわち、ユーザーがページを見ようとした際に、そのコンテンツをブロックすべきかどうかを判断する。新たに掲載された望ましくないコンテンツをブロックする際には、それらはより有効であるが、その技術には欠点もあり、インターネットへの接続スピードに作用したり、問題のないコンテンツをブロックしてしまうような過剰ブロックの可能性があると言われている[155]。

　フィルタリング技術は、ウェブ上のコンテンツをブロックするのに加え、チャットやメッセージの特定の言葉を監視したり、テキスト分析ツールにより、子どものいじめや嫌がらせなどのコンテンツ関連リスクに関してもまた効果がある。テキスト分析技術は、統計的サンプリングを用いる。すなわち、代表的な文章から統計的に妥当なサンプルが集められ、コミュニケーションが分析されることにより自動的にインターネット上の攻撃や嫌がらせ、もしくは不適切な会話を特定するようデザインされているため、単語や文字列に対してのフィルタリングよりも洗練された技術である[156]。この技術はまだ発展途上であり、多くの面で期待が持てるものの、多言語やインターネット上の口語や会話の多様性を取り扱うことができるかどうかはまだわからない[157]。

　フィッシング詐欺や悪意のあるスパムメールなどの情報セキュリティ・リスクは、フィルタリングツールにより対応できる。単独の解決策は多く利用可能であるが、ウィルス・スパイウェア対策ソフトと子どもたちの保護ソフトをセットにしたものは少ない。インターネットブラウザの設定とセキュリティの設置は、ポップアップやクッキーをブロックするよう調整でき、関連する脅威への対抗策となるだろう。

——配備のレベル

　フィルタリングは、情報技術や通信インフラの様々なレベルにおいて配備することができる。すなわち、1）ネットワークレベル（インターネットサービスプロバイダーのネットワークやローカルネットワークなど）、2）サーバーレベル（SNSや検索エンジンレベル）、3）エンドユーザーの端末レベル（携帯電

話やパソコンなど)。

　ネットワークレベルのフィルタリングは、ネットワークのすべてのユーザーに対して事前に特定されたコンテンツへのアクセスをブロックするためにより効果的だとみなされている。それはインターネットサービスもしくはプロバイダーのネットワークレベルやユーザーのローカルネットワークレベル（学校や図書館など）で設定することができる。

　ネットワークレベルのフィルタリングの範囲と目的は、そのフィルタリングを行う場面に依存する。インターネットサービスプロバイダーのネットワークに配備されるフィルタリングは、現地の法律に従い最も違法なコンテンツのすべてのインターネット上のトラフィックをブロックする目的で用いられる。いくつかのインターネットプロバイダーは、顧客の希望に応じて有害なコンテンツやある種のアプリケーション、プログラム、サービスをブロックするネットワークレベルのペアレンタルコントロールを提供している。携帯電話のインターネットにおけるペアレンタルコントロールは、通常はネットワークレベルであり、それは携帯電話事業者が利用者が未成年だと認識した際に、または保護者が求めた際に自動的に設定できることを意味している[158]。学校や図書館の情報技術システムのようなローカルネットワークや閉じられたユーザーグループは、すべての接続されたユーザーに代わって、特定のインターネットコンテンツやインターネットサービスが制限されたもとでの技術的ポリシーに従ってフィルタリングが運用される。

　またコンテンツのフィルタリングは、サーバーレベルでも運用される。たとえば、ドイツとフランスで運用されている検索エンジンのポータルは、リストアップされたネオナチのウェブサイトをブロックする。さらに、「安全検索（safe search）」オプションは主要な検索エンジンから提供されており、あからさまな画像やビデオをブロックする「中程度のフィルタリング」は総じて初期設定となっている。しかし、「安全検索」設定はユーザーによってフィルタリングを減らしたり無効にするために変更することができる。もう1つのサーバーレベルのフィルタリングは、ホワイトリストのようなもので、サービス事業

付録1　インターネットを利用する子どもたちの保護政策の記述的概要

者によって開発された子どもバージョンのポータルである。韓国で最も人気のある子どもバージョンの検索エンジンであるジュニアネイバー（Junior Naver）は、子ども向けポータルサイトのようなもので、その機能は子どもたちのセーフィティ・ゾーンと似ている。

エンドユーザーレベルのフィルタリングは、エンドユーザーの機器の中で専用のソフトウェアやブラウザのプラグインやその他のエクステンションによって行われる。ブラウザのフィルタリング・エクステンションの一例は、グラブル（Glubble）[158]で、ブラウザ（Firefoxなど）をロックし、ユーザーがインターネットにアクセスする前にパスワードを要求するものである。保護者が子どもたち用のユーザーアカウントを設定し、事前に選ばれた子どもたちにふさわしいウェブサイトのみのアクセスを許すことができる。

──効果

フィルタリング技術は、ブラックリストに載ったウェブサイトをブロックするために非常に効果的な技術であり、ここ数年目覚ましい開発が行われている[160]。フィルタリングツールは、コンテンツ関連リスクに対して適切であるが、その他の子どもたちに対するインターネットリスクの軽減にはそれほど効果的でない。それらの効率性は偽陰性と偽陽性の割合によっており、すなわち、過小ブロック（ブロックされるべき望まれないコンテンツを許可してしまうこと）の割合と過大ブロック（子どもたちにとって良いコンテンツを許可しないでしまうこと）によっている[161]。年を追ってフィルタリングツールの効率性を比較したところ、望ましくないコンテンツの特定、すなわち過小ブロックについては改善がみられたが、害のないコンテンツを過剰にブロックしてしまうことについてはそれほど改善がみられなかった[162]。

抜け穴があるかどうかは、フィルタリングの効率性を評価する際にもう1つの考慮すべき側面である。たとえば、エンドユーザーレベルのフィルタリングはパソコンに精通した若いユーザーにとってはよりたやすく抜け穴を見つけられるようであることが示されている。たとえば、家庭のパソコンのフィルタリングやブロッキングツールは、管理者のアカウント（ユーザーネームとパスワ

ード）を手に入れることや「再起動用ディスク（boot disc）」を用いることで抜け穴ができる。若いユーザーに知られているその他の抜け穴は、アノニマイザーの利用や翻訳ソフト、検索エンジンのキャッシュなどがある[163]。

　フィルタリングにとって、機器間アプリケーションやウェブ2.0プラットフォームで情報交換される動的なコンテンツへの対応は特に難題である[164]。近年では、子どもたちへのリスクはサイトに特有の手法により取り組まれており、いくつかのケースにおいてはユーザーのコミュニティによるコンテンツレーティングが行われている[165]。動的なコンテンツが動的にレーティングされるピアレーティングやコミュニティベースのフィルタリングは、ユーザーそのものを巻き込んで新たな問題のあるコンテンツに迅速に対応することができるので大きな可能性を持っている[166]。その一例はエンドユーザーを直接巻き込み迅速な分類をクラウドソーシングを用いて可能にする、ICRAラベリングシステムの新たな「POWDER」メカニズムである。

　単語フィルタリングとテキスト分析ツールは効率性を妨げる欠点を持っており、現在もまだ信頼性を上げるため、かなり多くの偽陰性と偽陽性を持っている[167]。それでもなお、たとえば社会における予防戦略など、より広域なセキュリティ戦略において補完物として用いることができる。

――ペアレンタルコントロール・ソフトウェア

　ペアレンタルコントロール・ソフトウェアはインターネットにおける子どもたちの安全性を上げる技術的解決策として最も広く用いられている。基本的にはフィルタリング技術に基づいており、1）エンドユーザーのハードウェアにインストールする必要があるものか、あらかじめインストールされているもの、2）サーバーもしくはネットワーク側が運用しているサービス、3）両方のミックスタイプを含む。商業的な観点では、サーバーもしくはネットワーク側の設置においては購入モデルに基づいていることが多い。エンドユーザー側の設置においてもブラックリストが更新されるためには購入が基本である。

　エンドユーザーレベルのフィルタリング・ソフトウェアは保護者に対して最大レベルのコントロールを提供しており、いくつかのネットワークレベルのフ

ィルタリングは、たとえばそのソフトウェアがブロックするコンテンツの種類を選ぶことにより、詳細設定が可能である。

ペアレンタルコントロール・ソフトウェアは、コンテンツのフィルタリングだけでなく、あるアプリケーションの利用（ウェブカメラ、メッセージなど）をコントロールし、子どものインターネット利用状況を詳細に報告し、時間制限を可能とする。このように、ペアレンタルコントロール・ソフトウェアは、コンテンツ関連のリスクだけでなくコミュニケーション・リスクや使い過ぎといったより広い範囲のリスクをターゲットとしている。

最近の米国の研究によると、市場はペアレンタルコントロールの様々な選択肢を提供していることを強調している[168]。市販のペアレンタルコントロール・ソフトウェアは、保護者が直接購入するか、インターネットサービスプロバイダから無料もしくは有料で提供されている。

専門家は、ペアレンタルコントロールの最も顕著な長所として、コンテンツ作成者やネットワーク・サービス事業者の許可なく独立して運用することが可能である点をあげている[169]。この考えによると、ペアレンタルコントロール・ソフトウェアは家庭によってどのコンテンツを許容し、いつアクセスし、どのようなタイプの活動を許容するか彼らの価値観、子どもの年齢、必要性に応じて決定する力をつけさせている。米国で行われた調査によると、ペアレンタルコントロールのツールはユーザーに「効果的である」とみなされており、「その働きにおおむね満足している」とされている[170]。ペアレンタルコントロールの潜在的な欠点として議論されているのは、子どもたちのプライバシーの権利と、自由に検索し情報を受け取る表現の自由の権利に対する影響である。

子どもたちを保護するためのその他の技術

多くの国の産業界は、子どもたち向けのディバイスを提供しており、特に最初から機能が制限されているか、インターネットアクセスやBluetoothといった特定の機能が使えないようにされた子どもたち向けの携帯電話がある。日本においては、各携帯電話会社が初期設定においてインターネットアクセスがで

きない子ども向け機器を販売している。

　米国の携帯電話会社は、ペアレンタルコントロールを許可しており、インターネットアクセスを遮断したり、ウェブコンテンツをフィルタリングしたり、望まないメッセージや通話をブロックしたり、また、保護者の異なる希望や子どもたちの年齢に応じた対応をできるようにしている[171]。望まない通話や、メッセージの送受信をブロックする電話番号リストを作ることが可能である。また、その他の設定にかかわらず信頼済み番号を指定し、いつでも家族とコミュニケーションできる[172]。保護者からすると、緊急通話機能があり、たとえばインターネットなどを介して所在地を知ることができるという要求がある。

　オーストラリアでは、すべての携帯電話サービス事業者がプレミアムSMSとMMSメンバーに対して年齢にふさわしくないコンテンツ（すなわち、15歳以上指定、18歳以上指定に区分されたコンテンツ）へのアクセスを制限する携帯電話向けアクセスコントロールシステムを実施しており、さらに、子どもたちがプリペイドの電話料金を使い切ってしまわないように、もしくは後払いの電話で非常に高額の料金を払うことを防ぐため、保護者にすべてのプレミアムSMSとMMSサービスを使えなくする設定を提供している[173]。

　インターネット環境における年齢認証システムは、分類されたコンテンツへのアクセスを制限するため、もしくは認証メカニズムのために用いられている。ユーザーの年齢認証のために現在用いられている方法は多様であり、クレジットカード、国による身分証明書、対面認証までも含んでいる。クレジットカードを作成する最少年齢での信頼は最も広く普及しているメカニズムであるが、保護者のカードを使ったり新たなプリペイド式のクレジットカードによる抜け穴があることから批判されてきている[174]。対面認証はもう1つのよく用いられている年齢認証手法であり、たとえばドイツと英国ではオフラインの年齢認証ではあるが用いられている。韓国では、本人認証システムにおいて住民登録番号を年齢認証のために用いたが、このような個人情報の使い過ぎを防ぐために、近年において政府によるi-Pinシステムという技術的枠組みが施行された（OECD, 2010a）。

いくつかのSNSにおいてはピア認証を使い始めており、SNSにおける年齢認証は課題がある。たとえばFacebookは、18歳未満だと申告したユーザーのみにピア認証を用いている。マイスペースは、同窓生と在校生を分けるために、ピアによる招待に基づいた閉じられた学校セクションを用いている。また、マイスペースは「違反を報告（report abuse）」オプションを設置しており、ユーザーが年齢に達しないユーザーを報告することができる[175]。

ベルギーでは、*www.saferchat.be*がSTORKプログラムの下、EUに補助されたプロジェクトとして子どもだけが指定されたチャットに参加できるヨーロッパeID共通プラットフォームを共通運用している。しかし、様々な問題から2008年に中止され、特にベルギー電子身分証明カードの信頼性や、単純に子どもたちの間で人気が出なかったことがある[176]。

技術主導のコンテンツ・レーティングとラベリングのスキームは、何をブロックすべきか判別するフィルタリング・ソフトウェアの重要なインプットとなる自動分類スキームに用いられている[177]。たとえば、ICRAラベルはリソース・ディスクリプション・フレームワーク（RDF）[178]に用いられ、コンテンツがタグ付けられ、共通するペアレンタルコントロール・システムに読み替えられることができる。

> 「未成年に対する適切性に従いコンテンツをカテゴリー分けする過程において、分類、レーティング、ラベリングは、3つの方策からなる統合されたステップである」[179]。「分類」は、コンテンツをカテゴリー分けする一般的なプロセスである。「ラベリング」はコンテンツのタイプを目に見えるマークとしてつけることを指す一方、「レーティング」は、1つのコンテンツを評価することを指す[180]。

コンテンツラベリングは、1）コンテンツ制作者が自らのコンテンツにラベルを付けたもの（質問紙に従い、コンテンツ制作者が自らのウェブコンテンツにラベルを付ける「ICRAラベル」など）、2）コンテンツレーティングが公的もしくは私的機関により行われているもの（規制者、政府の省庁、産業界の協

会、NGO、利害関係者など）、3）ユーザーコミュニティのレベルでレーティングが行われているもの（ウェブ2.0プラットフォームなど）のように異なる起源がある。

　コンテンツレーティングと分類は、国レベルで行われていることが多い（オーストラリア国立分類計画、オランダのメディア横断分類システムであるKijkwijzerなど）。RTAラベルのような産業界の自主的ラベリングは、潜在的には国際的に運用されている。全ヨーロッパゲーム情報（PEGI）システムのもとでコンピュータゲームの全ヨーロッパのレーティングは行われている。

　EUは、ラベリング文化の促進によりユーザーを支援するために、クアトロ＋プロジェクト（Quatro+project）を助成している。そのプロジェクトでは、コンピュータで読み取り可能なコンテンツ品質ラベルの配布と、認証を実施するための技術的基盤を開発している[181]。そのラベルは共通運用でき、EU内のラベリング機関が実施しているレーティングや分類の完璧な一致を必ずしも要求しない。その基盤はエンドユーザーにラベルに同意するか同意しないか選択させ、また、ユーザー自身がラベルを作ることもできる[182]。

　インターネットの安全を向上させる比較的単純な手法は、メッセージアプリケーションやSNSにおいて数々の国々で開発されている「違反を報告（report abuse）」（また、「パニックボタン（panic button）」としても知られている）メカニズムである[183]。たとえば、あるSNSは技術主導のメカニズムを実施しており、ユーザーが違反を専門のスタッフに報告することができ、また、未成年のユーザーがインターネット上で遭遇したコンテンツや行為について相談することができる[184]。

　そうしたボタンは、時には「インターネットホットライン」にリンクされており、ユーザーが違法なコンテンツを報告することができる。プロバイダーは、時にはそうした報告や違法なコンテンツに気づいておらず、違法なコンテンツを削除する迅速な行動に遅れがみられる。インターネットホットラインは、子どもの性的虐待についての情報を受け取り、そうした違法なコンテンツに対応する特別の権限を持っている。もう1つの例は、ニュージーランドのヘクター

のワールド・セーフティ（Hector's World Safety）ボタンであり、スクリーンに映るものは何でも子どもたちが大人の助けを得られるようにしている[185]。

5.2 技術的手法に対する政府の政策

インターネットを利用する子どもたちを保護するための技術的手法に関する政府のアプローチは様々である。このセクションでは、自主的な技術的制御の導入促進、インターネットを利用する子どもたちの保護のための特定の技術実施に対しての法的義務、そうした技術開発の研究のための公的な助成に関する各国の戦略について述べる。

自主的な技術的制御の促進

いくつかの国々（カナダ、デンマーク、ニュージーランド、ノルウェー、スウェーデン、英国など）では、自主・共同規制の同意に基づきインターネットサービスプロバイダーレベルのフィルタリングがほとんどの場合、子どもの性的虐待画像をブロックする目的で用いられている。ニュージーランドでは内務省（New Zealand the Department of Internal Affairs: DIA）が、子どもの性的虐待画像を掲載していると確認されたウェブサイトをブロックするデジタル子どもの搾取フィルタリング・システム（Digital Child Exploitation Filtering System）をインターネットサービス・プロバイダーに自主的に用いるよう提供している[186]。

日本の「フィルタリングの普及啓発アクションプラン」は、フィルタリング・サービスを利用しやすくするための改善を促している[187]。それに加え日本の携帯電話会社は、省庁の指導に従い自主規制を取り入れており、ブラックリスト方式のフィルタリングおよび未成年に対し、カスタマイズできる設定機能を提供している[188]。

英国の子どもインターネット安全カイトマーク戦略（United Kingdom Child Safety Online Kitemark scheme）は、家庭用のフィルタリングツールとその

他の技術的解決策の信頼性を高める取り組みである[189]。この戦略の下、市販のフィルタリングは英国基準協会（British Standards Institution）により、保護者にとって使いやすく効果的な手段を提供しているかどうか独立に評価される。

2008年にスペインは、インターネットサービス事業者に、1）技術的手段と潜在的なセキュリティリスクの両方について、2）利用可能なフィルタリングツールと管理ソフトウェアへのアクセスについて、3）違法な目的でインターネットを用いた場合の責任について[190]、利用者へ情報を提供するよう法的義務を導入した。

フィルタリングサービスの事前インストールの義務化

その他の国々では、サービス事業者に情報を提供するだけでなく、直接的にフィルタリングサービスを提供するよう義務づけている。日本では、携帯電話運営事業者は保護者がサービスの利用を辞退したとき（オプトアウト方式）以外には、18歳未満のユーザーにフィルタリングサービスを提供しなければならない[191]。その他のインターネットサービス事業者は、フィルタリングサービスを希望に応じて提供しなければならない（オプトイン方式）。コンピュータ製造業者は、事前にフィルタリングサービスを利用可能なようにすることが求められている[192]。

義務的なフィルタリング戦略

国の法律で違法なコンテンツがフィルタリングされる韓国、イタリア、トルコを含む国々では、インターネットサービス事業者にネットワークレベルでの義務的なフィルタリングを求めている。

トルコの法律No.5651（2007）では、公的なインターネットアクセスポイントを含むコンテンツ、ホスト、アクセス事業者の責任と義務を定めている。たとえば、インターネット・カフェは、違法で有害なコンテンツを掲載しているサイトのブラックリストを更新しているインターネット規制省（Internet Regulations Department）により承認されたフィルタリング製品を用いる必要

付録1　インターネットを利用する子どもたちの保護政策の記述的概要

がある[193]。

2009年にオーストラリアは、放送サービス法（Broadcasting Services Act）を改正し、インターネットサービス事業者にRC（Refused Classification）とレーティングされたコンテンツで外国で掲載されたものをフィルターすることを求める計画を発表した[194]。その決定はオーストラリア政府と複数のインターネットサービス事業者の参加の下で行われたパイロット的なインターネットサービス事業者レベルのフィルタリングに基づいて行われており、その際に「URLのリストに基づく（すなわち、ブラックリスト）インターネットサービス事業者レベルのフィルタリングは100％の正確性を持って提供でき」、そして「インターネット接続スピードを妨げない影響で」実施できることが示された[195]。

研究への公的助成

インターネット上の子どもたちを保護する技術についての研究、特に市場に任せた研究開発では達成が難しいこと、たとえば技術をまたいで運用可能なものなどを公的基金により助成することができる。EUのセーファー・インターネット・プログラム（Safer Internet Programme）は、先述したようなクワトロ＋プロジェクトやセーファー・チャットなどの技術に関する研究を助成し続けている[196]。日本の総務省は、私的セクターによる違法で有害な情報を含むメッセージの意味分析を可能とする技術の開発を助成している[197]。また、オーストラリア政府は、インターネットサービス事業者に対して商業ベース・オプションベースの付加的なフィルタリングサービスをエンドユーザーに提供することを促す助成金プログラムを始めることを発表した[198]。

5.3　技術的手法のまとめ

インターネット上の子どもたちを保護するための様々な技術的手法は利用可能である。しかし、それだけで子どもたちに対する問題の多いコンテンツ関連・行動関連リスクを完全に解決し、意図しない副作用がない技術はない。ほ

とんどの国の政策には、インターネット上の子どもたちを保護するための一連の技術的手法が含まれている。主要な政策策定上の課題は、子どもたちを保護する技術の役割と、特に、こうした手段が自由に情報を送受信する通信の自由の権利やプライバシーの権利を制限する場合に、子どもおよび一般のユーザーコミュニティに対するリスクと機会に対する影響のバランスをとることである。

　各国は様々なレベルでの自主的な取り組みを促進するか、それほど多くはないが、違法なコンテンツのインターネットサービス事業者レベルのフィルタリングで顕著にみられるような義務的な配備を促進している。米国やカナダなどのいくつかの国々では、義務的なフィルタリングは憲法の表現の自由に関連する権利と両立しない。さらに、ほとんどの国々ではインターネットサービス事業者レベルでの自主的なフィルタリング戦略を採用すること、もしくは子どもたちにとって不適切なコンテンツや接触リスクをフィルタリングするためにインストールされた、もしくはユーザーにより有効化されたペアレンタルコントロールを促している。技術主導のコンテンツレーティングや年齢認証システムのような技術の有用性は、決められたプラットフォームから機能を移転可能とし、様々なインフラや機器で運用可能にすることで向上するだろう。

第6節　意識向上および啓発教育

　インターネット上における子どもたちを保護するための意識向上および啓発教育は多くの国で行われており、子どもの保護、関連する人々の能力向上を目指している。子ども、教員、保護者などの選択された集団にたどり着き、メッセージを伝えるために非常に多くの手法が用いられている。それはたとえば、アウトリーチプログラム、ウェブサイト、インターネットゲーム、その他の双方向性のある手段、パンフレット、出版物、ラジオ、テレビ広告などを含んでいる。

6.1 意識向上キャンペーンの種類

　典型的なキャンペーンは、一般的に関心のある事項について情報提供し教育することを目的として始められている。たとえば、オランダは2009年の夏を通してインターネットセキュリティキャンペーンを行った。反対に、主要な意識向上の取り組みは総合的なアプローチをとっており、子どもたちがインターネット上で接するリスクについての一覧表を提供し、リスク緩和戦略のアドバイスを行っている。意識向上の取り組みはまた、信頼できる人に伝えたり、報告ツールを活用したり、相談の利用方法など積極的なリスク緩和と対処戦略を促進している。英国では「口にチャック、ブロックしよう、フラッグしよう（Zip it, Block it, Flag it）」というスローガンの下、インターネット安全戦略に加えて、子どもたちに不適切な振る舞いを誰か信頼できる人に伝えることを促している[199]。

　啓発教育教材は、特定の受け手にふさわしいように開発され、コミュニケーション戦略も子どもたちの発達を考慮に入れなければならない。たとえば、ITUの子どもオンライン保護（Child Online Protection: COP）の取り組みは、1) 子ども、2) 保護者、教員、3) 産業界、4) 政策立案者に対するガイドラインを作成している。多くの意識向上ウェブサイトは異なる種類の訪問者に情報を提供している[200]。オーストラリアのCybersmart（*www.cybersmart.gov.au*）、ニュージーランドのNetSafe（*http://netsafe.org.nz*）、英国のThinkUKnow（*www.thinkuknow.co.uk*）は、異なる年代の子ども、保護者、教員、ビジネス界に向けてのセクションを持っている。オーストラリアでは、ACMAが保護者、生徒、教員向けの無料の一般的な意識向上プレゼンテーションを提供している[201]。米国では連邦取引委員会が、子どもたちがインターネット環境において知っておくべき事項について、子ども、保護者、教員らの意識を向上させるようにデザインされた消費者教材を提供している[202]。

　啓発教育教材と安全ツールが、現地の言語で利用可能な状況に整備されてい

ることが重要である。たとえば、ヨーロッパの啓発ネットワークであるインセーフ（INSAFE）により作成された家族安全ツールキットは、アラビア語にも翻訳され、現地の状況に適用されている[203]。もう1つの私的セクターのグッドプラクティスは、35の言語に翻訳され、取引会社が無料でコンテンツを利用可能なマイクロソフト社の「プロテクト（Protect）」サイト（*www.microsoft.com/protect/default.aspx*）である。しかしながら、啓発教育教材とツールの利用可能性に関しては国々によってかなりの違いがある。

　ターゲットとする集団に伝えるためには、ワークショップ、イベント、プレゼンテーションのようなオフラインの活動がインターネットの意識向上活動と同様に大切である。1つの主要なイベントは、子どもたちの安全なインターネット利用に関する意識を向上させることを目的としたセーファー・インターネット・デイであり、毎年2月に多くの国々で開催されている。ヨーロッパネットワークの啓発センターであるインセーフ（INSAFE）は各地のイベントを主催・共同開催しており、第三国の団体の参加も自由としている。2010年の標語は「ポストする前に考えよう！（Think B4 U post!）」であり、子どもが情報をアップロードする際の情報のプライバシーとセキュリティの問題点に焦点を当てている[204]。その他の広報戦略は人材の教育を含んでいる。エジプトでは、青少年インターネット安全フォーカスグループであるネットアマン（net-aman）の若者大使が同年代にインターネット倫理とエチケットを伝えている。

　以下のような様々な機関が啓発活動と教育的取り組みに貢献している。1) 公的機関、2) 子どもの福祉団体や消費者団体のようなNPO、3) ビジネス界[205]、4) 公的・私的パートナーシップ。OECD加盟国の中で、認識向上キャンペーンを行っている主要な団体のタイプはNPOで、それは複数のステークホルダーや公的機関から構成されることが多い。1998年にさかのぼるニュージーランド政府とNPOであるネットセーフとの関係のように、いくつかの国々では、複数のステークホルダーが政策にインプットし、インターネット安全教育の開発を行うといったNGOの活動を補助している。産業界は、特にある種のサービスについて多くの認識向上ウェブサイトおよび取り組みを担っているが、イ

ンターネットコンテンツと付き合う際の批判的能力を向上させるものを担っていることはまれである。

意識向上キャンペーンの助成は、実施主体の種類によっている。すなわち、公的団体は公的助成を受けており、NPOは助成金や寄付を集めており、営利会社は企業の社会的責任（CSR）のもと投資している。EUの加盟国はセーファー・インターネット・プログラム（Safer Internet Programme: SIP）の助成状況のため、構造的に似通っている。

産業界は、提供したサービスに関するペアレンタルコントロールを実施するための技術的対策の利用方法について、消費者を教育するうえで重要な役割を担っている。この情報をより保護者が利用しやすくするために、米国の主要なワイヤレス事業者は「ペアレンタルコントロール」という共通の検索単語で適切な情報を提供することに同意した[206]。CSRの一環として、企業は教育的手法に貢献し、意識向上の取り組みを支援している。ポーランドでは電気通信オフィスがそのような意識向上と教育の取り組みを証明書（すなわち「安全なインターネット」「安全な電話」）を、子どもたちと若者のユーザーを保護するための様々な条件に従っている情報サービス事業者に発行することによって促進している[207]。

6.2 インターネット・リテラシー教育

インターネット・リテラシーを学校のカリキュラムに加え、教員や教育者たちに向けたトレーニングを主催する国々が増加してきている。近年のヨーロッパの調査によると、インターネットの安全教育は、近年ヨーロッパの国々の大多数に含まれてきている[208]。インターネット・リテラシー教育が学校のカリキュラムに加えられている近年の傾向としては、小学校でインターネット・リテラシー教育が始められており、たとえば日本ではノルウェーと同様、2009年から小学校で適切なインターネットに関する教育が行われており、英国では2011年から行われている。米国のいくつかの州では、インターネット安全コ

ースは必須科目の1つであり、新たな連邦法では、適切なインターネット上での振る舞いを未成年に教育するために学校が連邦の助成を受け取ることを定めている[209]。エジプトでは、中学校においてデジタルリテラシーとインターネット安全についてのカリキュラムを試行している[210]。2009年にオーストラリア政府は、追加で1億6,600万オーストラリアドルをオーストラリア通信メディア局（Australian Communications and Media Authority: ACMA）に対してインターネット安全プレゼンテーションを生徒、保護者、教員に届ける国のアウトリーチプログラム、および教員と教員のトレーナーに対して認証を受けた専門性開発ワークショップの実施を含む、サイバースマートインターネット安全教育活動を継続し拡大するように提供した。さらにオーストラリア政府は、300万オーストラリアドルをアラーナ・マデリン基金（Alannah and Madeline Foundation）により運営されている学校のインターネット安全向上のパイロット事業のために提供した。

　インターネット・リテラシー教育の概要は、国によって様々であり、現地の状況や必要性をある程度反映している。学習テーマはコンピュータスキルから、インターネット安全、創造性と批判的な能力開発のための責任ある利用、積極的な市民活動への参加に及ぶ[211]。デジタル・シチズンシップはインターネット・リテラシーの新しい概念であり、デジタルエチケット、デジタルリテラシー、デジタルセキュリティなどの様々な要素により成り立っており、それは子どもたちのインターネットに対する創造的で積極的な参加の機会を強調している[212]。重要性を増し、成功しているインターネット・リテラシー教育のさらなる形態は、子どもたちのリスク対処能力とコミュニケーション能力の向上である。いままでのところ、このインターネット・リテラシーの新しい概念はかなり少数の国々（オーストラリア、ニュージーランドなど）によってのみ採用されており、いくつかの機関が出資している国々であってもまだ十分に運用されていない。

　学校の教員やその他の教育者の準備のために、インターネット・リテラシーが学校のカリキュラムとなっているほとんどすべての国々が、なんらかのかた

付録1　インターネットを利用する子どもたちの保護政策の記述的概要

ちの教師教育を提供している。たとえば、オーストラリアの教員はACMAのサイバースマート・プログラム（Cybersmart programme）の下、小学校・中学校の教師教育者向けの認証を受けたインターネット安全コースとプログラムを受講しており、また、インターネット安全能力向上のための修士課程が2010年6月に開始された。ACMAのトレーニングプログラムは、双方的なeラーニングプログラムを2011年の初めから提供しており、教員や学校にインターネット安全情報により便利にアクセスすることを可能にしている。

ニュージーランドでは、学校向けネット安全キット（NetSafe Kit for Schools）が教材を学校に提供しており、また幼い子どもたちの教育機関向けのその他の教材がある。

たとえばオーストラリア[213]や英国、ニュージーランドのようにいくつかのケースでは、公的な評価によるインターネット・リテラシー教育の効果を検討している。

第7節　良いコンテンツの提供

欧州評議会と多くの国々は、良いインターネットコンテンツの提供方法として、1）子どもたちに適したコンテンツの提供、2）有益なインターネット経験の促進、3）インターネット上の子どものセーフゾーンの作成の3つを認識している[214]。子どもたちにとって良いインターネットコンテンツの提供を目指したサービスは、子どもたちが適切なコンテンツにアクセスができる、子ども向け検索エンジンや「壁で囲まれた」子ども向けのウェブサイトやウェブポータルである。何が子どもたちにとってふさわしいインターネットコンテンツかの基準は存在するが、たとえあったとしてもある特定のサービスについてのみであり、そうしたものは体系的に評価されていないことが多い。子どもたちにとって良いコンテンツの特徴は様々であり、たとえば年齢層ごとのふさわしさ、多様性、積極性、教育性、参加しやすさ、もしくは双方向性のあるコンテンツ

を含んでいる[215]。しかしながら、子ども向けのウェブサイトがすべて自動的に良いインターネットコンテンツを提供しているとは限らない。

　公共政策による子どもたちにとって良いインターネットコンテンツの利用は、子どもたちがインターネットで遭遇するリスクを緩和する戦略の補完になりうる。子どもたちをインターネット上のリスクから保護する特定のコンテンツに導くことは、子どもたちにとって機会を提供し、教育、参加、創造性、独自性の能力を向上させうる[216]。EUと多くの国々は、子どもたちにとって良いインターネットコンテンツの作成に直接・間接的に助成している[217]。ドイツは、子どもたちにとって高品質で革新的なインターネットコンテンツの開発のために、年間1,500ユーロの資金援助を3年間にわたり行うことを開始した[218]。その他には、特に小さな国々では現地の文化や言語を反映したインターネットサービス提供のために現地の子ども向けインターネットコンテンツを促進している。

　たとえば、子ども向けオンラインコンテンツを提供している公的サービスメディアのような公的に設立されたコンテンツ事業者や子ども向けウェブサイトを運営している事業者のような多様なステークホルダーが、子ども向けのインターネットコンテンツの提供に取り組んでいる。彼らの権限の下、ヨーロッパと米国の公的サービス放送局は子ども向けのコンテンツを作成しており、実践的な子ども向けポータルを作成したものもある[219]。その一方、私的セクターは魅力的なコンテンツ、双方向性、無料のダウンロードなどを組み合わせた高品質なウェブサイトを実装することにたけていることが多い。その一方、子どもたちをターゲットとしたウェブサイトは商業的な目的を持つことが多いため、様々なインターネットマーケティングの技術を含んでおり、それは——理解の程度によるが——子どもたちにとって良いインターネットコンテンツの概念と逆行しうる。

　国のレベルにおいても、子ども向けのコンテンツの量は評価することが難しく、小規模の運営者が多数存在している状況である。このような、連携のない状況では、子どもたちをひきつけるうえで弱点となりうる。子ども向けのインターネットポータルの成功は、魅力的で良いコンテンツの利用可能性に左右さ

れる。たとえば、米国のKids.us（子ども向けの専用ドメイン）は、米国で13歳向けのインターネット安全スペースとして2002年に開始されたが、そのドメインが十分に人気が出なかったため、持続することができなかった[220]。

第8節　国際協力

　インターネットは情報が国境を越えて伝播する開かれた媒体であるため、未成年の者がインターネット上で直面する多くのリスクは国際的な側面を持つ。その結果、インターネット上の子どもたちを保護するための国境を越えた協力が国の政策において重要な要素となる。二国間の協力や国境を越えた法律の施行はこの研究の範囲外だが、この領域の鍵となっている。地域の政策枠組みはこの報告の前半で述べたため、このセクションでは取り上げない。

　インターネット上の子どもたちの保護は国際的な政策課題であり、いくつかの政府を横断する機関や国際的なNGOのプログラムの一部でもある。国際協力は政策および実施レベルで行われる。国際的な政策レベルでの協力は様々なステークホルダーの役割を反映するために、包括的である必要がある。

政策レベルでの国際協力

　インターネット・コンテンツのマスメディアとしての認証に関しては、子どもの権利条約において、その加盟国に子どもたちの表現の自由の基礎的な権利と保護者の基本的な責任に配慮したうえで、彼らの生活の妨げとなる有害な情報やコンテンツから子どもを保護するための適切なガイドラインを提供をすることを促している[221]。

　国際電気通信連合（ITU）の子どもオンライン保護（Child Online Protection: COP）の取り組みは、世界中のインターネットを利用する子どもたちの保護を促進する目的で、国際的な協力ネットワークにリンクしている。COPの取り組みは異なる受け手に対応した啓発教材を作成しており[222]、政府とその他の

ステークホルダーが対話するための国際基盤となっている[223]。インターネットガバナンスフォーラム（Internet Governance Forum: IGF）の枠組みにおけるインターネット子ども安全動的連合（Dynamic Coalition for Child Online Safety）は子どもたちの保護におけるICTの役割と子どもたちの発達を促すチュニス公約（Tunis Commitment）を前進させた議論の開かれたプラットフォームである[224]。協力者たちは、子どもたちのための安全なインターネットのために取り組んでいる子ども保護団体である。

　データ保護・プライバシー委員の国際会議（International Conference of Data Protection and Privacy Commissioners）の2008年のインターネットにおける子どものプライバシーに関する決議は、子どもたちのインターネット上のプライバシーを改善する教育ベースのアプローチの開発を支援し、子ども向けのウェブサイト管理者に適切なプライバシーポリシーを採用して社会的責任を果たすことを求めた[225]。

　政策レベルの国際協力においてその他の重要なステークホルダーは、チャイルドネット・インターナショナル（Childnet International）、ヨーロッパインターネット子ども安全NGOネットワーク（European Child Safety Online NGO Network: ENASCO）、家族インターネット安全協会（Family Online Safety Institute: FOSI）のような子ども福祉団体と多くの地域および国で活躍している団体である。

運用レベル

　違法なインターネット上の情報に対する通報を取りまとめている国の取り組みネットワーク（インターネットホットライン、啓発センターなど）は、運用レベルの国際協力を始めている。例としては、インターネットホットラインの国際協会であるINHOPEや、啓発センターのヨーロッパネットワークであるINSAFE、また知名度が高いとは言えないがインターネット上の差別に対するネットワークであるINACHがある。もう1つの重要な私的取り組みは、ICRAのコンテンツラベリング枠組みのもとで行われている家族インターネット安全

協会（Family Online Safety Institute: FOSI）があげられる。こうした団体のいくつかは、国際的な政策レベルで積極的に活動しているステークホルダーである。

　INHOPEは、ヨーロッパ、アジア、北米、オーストラリアを含む世界中で35のメンバーを持ち、自主的なネットワークを形成している。協会は国のホットラインの国際的な情報共有と協力をしており、インターネット上で報告された違法なコンテンツに対して迅速で効果的な対応を可能としている。この目的のために、INHOPEはインターネットホットラインの効果的な運用の政策とベストプラクティスの基準を作成しており、新たなインターネットホットラインの設立、およびインターネット上の違法なコンテンツについての一般の認識向上と通報ツールの利用を促進している。INHOPEを通じて、加入者は海外で掲載されている違法なコンテンツの報告を共有でき、法の執行機関やインターネットサービス事業者に削除要求を行うアクションをとることができる。

　INSAFEのネットワークとその協力者たちは、市民による特に子どもと若者によるインターネットと携帯電話機器の安全かつ責任のある利用のためにともに取り組んでいる。このネットワークを通じて、INSAFEの協力者たちはベストプラクティス、情報と資源、トレンドの監視と取り組み、インターネット安全教育キャンペーンの取り組み、インターネット・リテラシーの推進を共有できる。INSAFEは年々国際色を強めているセーファー・インターネット・デイの中心的な開催者である。多くの国々で国立の啓発センターがインターネット上の青少年保護のための国内のステークホルダーの調整役となってきており、ヨーロッパのネットワークは専門性を高め、国の政策にフィードバックすることを支援している。

　現存する2つの国際ネットワークであるINHOPEとINSAFEは、運用レベルの成功した国際協力のモデルと言える。

付録2
表と図

表Ⅰ.4　欧州連合（EU）調査（6～17歳）： あなたのお子さんは、お子さん所有の携帯電話を使用していますか？

子どもの年齢	インターネットに接続できない携帯電話を使用	インターネットに接続できる携帯電話を使用	所有しているがインターネットに接続できるかわからない	合計（所有）	合計（非所有）
6	9%	1%	1%	11%	89%
7	11%	2%	0%	13%	87%
8	18%	3%	1%	22%	78%
9	27%	4%	1%	32%	68%
10	45%	6%	1%	52%	47%
11	54%	8%	2%	64%	36%
12	64%	15%	3%	82%	18%
13	72%	11%	4%	87%	13%
14	67%	17%	3%	87%	13%
15	68%	18%	4%	90%	8%
16	71%	18%	6%	95%	5%
17	73%	19%	3%	95%	4%

無回答以外のすべての回答者の割合。

出所：EC, 2008c, p.20.

表Ⅰ.5　インターネットで暴力コンテンツを見た経験のある子どもの割合（欧州諸国）

国	割合	年齢層
アイルランド	90%	10-20
ポーランド	51%	12-17
ベルギー	40%	9-12
オランダ	39%	13-18
デンマーク	35%	9-16
アイスランド	35%	9-16
英国	31%	9-19
ノルウェー	29%	9-16
スウェーデン	26%	9-16
イタリア	上限25%	7-11
オーストリア	15%	10-15
おおよその中央値は32%		

出所：Hasebrink et al., 2009 in "Kids Online" Opportunities and risks for children, p.137.

表 I.6 いじめ／嫌がらせ／ストーカー行為を受けた子どもの割合（欧州諸国）、2008年

国	割合	年齢層
ポーランド	52%	
エストニア	31%	6-14
イタリア	21%	7-11
	18%	12-19
英国	20%	11-19
アイルランド	19%	9-16
ノルウェー	16%	
スウェーデン	16%	9-16
アイスランド	15%	9-16
ベルギー	10%	

出所：Hasebrinks, Livingstone and Haddon (2008), Comparing children's online opportunities and risks across Europe: cross-national comparisons for EU Kids Online, p.29.

表 I.7 ゲームによる攻撃的な行動の発生状況（米国）

質問：あなたはコンピュータやコンソールゲームをプレイしているときに、どのくらいの頻度で憎悪、人種差別や性差別的な人々を見たり聞いたりしますか？	その行為を目撃した青少年の割合（n=1,064）
よくある	16%
ときどき	33%
ない	51%

出所：Pew Internet and American life project, gaming and civic engagement survey of teens/parents, Nov 2007-Feb 2008（十代の青少年のうちゲームをする者（n=1,064）；誤差範囲は±3％), p.31.

望まない性的コンテンツとの遭遇の変化

2005年の研究によると、12～14歳でヌードに接した者は、63%がテレビ、46%が映画、35%がインターネットを通してであった。もう1つの研究によると、幼い子どものポルノへの遭遇はオフラインの方がインターネットよりも多いとしている（10.8%対8.1%）。過去1年以内に4.5%の幼いインターネットユーザーがオフラインとインターネットの両方での遭遇を報告しており、3.6%がインターネットのみと答え、7.2%がオフラインのみと答えている。これは、多くの幼い子どもたちがインターネット上のポルノにさらされているという心配は誇張しすぎであることを示している。

出典：ISTTF, 2008, p.31.

図Ⅰ.14 望まない性的コンテンツとの遭遇（米国、10～17歳）

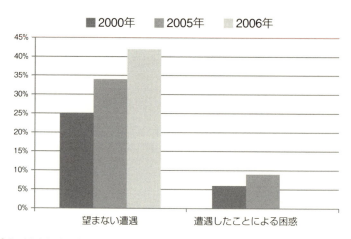

出所：Online Victimization of Youth: Five Years Later, Ybarra ML, Mitchell KJ, Finkelhor D, Wolak J（2007）, p.9.

注

1. 1999年に、ICCPは現状の法律、違法、有害、議論のあるコンテンツを含むインターネットコンテンツへの懸念についての加盟国の取り組みをレビューした報告書「インターネットコンテンツへのアプローチ」を発行した（OECD, 1999参照）。この報告書でカバーしている多くの側面はインターネットを利用する子どもたちの保護に関連している。
2. アジェンダとプレゼンテーションは以下で入手可能。*www.oecd.org/document/17/ 0,3343,en_2649_34255_43301457_1_1_1_1,00.html*。
3. 議論の要約は、OECD (2010c, p.7) 参照のこと。この会議は「1999年の電子商取引における消費者保護ガイドライン・レビュー（Review of the 1999 Guidelines on Consumer Protection in the Context of Electronic Commerce）」の準備に役立った。以下文書参照。*www.oecd.org/site/0,3407,en_21571361_43348316_1_1_1_1,00.html*、*www.oecd.org/document/32/0,3343,en_21571361_43348316_43384736_1_1_1_1,00.html#*。
4. Germany's Interstate Treaty on the protection of minors, Art. 3 (1).
5. Children's Online Privacy Protection Act of 1998 (COPPA), 15 U.S.C. § 6501-6506.
6. APEC質問票への韓国の回答。
7. 子どもたちへのインターネット上のリスクは、多くの例でオフラインの活動に密接に関連している。たとえば、いじめにおいてはインターネットメディアに限定することはできない。
8. この研究は、子どものポルノを含む性的搾取・性的虐待に関する行為を犯罪化するために国々によってとられている手段を評価するためのインターネット犯罪についてのグローバルプロジェクト（*www.coe.int/cybercrime*）の一環として行われた。この研究は以下を目標としている。
   - 社会が、子どもたちの性的搾取・性的虐待に対する戦略立案を助けるために、現状の手段についての認識を向上させること。
   - 子どもたちの性的搾取・性的虐待に関連する犯罪を含むインターネット犯罪についての効果的かつ効率的な国際協力のための共通認識・協調した法律・枠組みの実施を促進すること。
   - グッドプラクティスを共有し、これらの条約の実施を促し、技術的協力活動を促進するために、子どもたちの保護についての現状の法律条項についてのデータベースを提供すること。
   - 性的搾取・性的虐待から子どもを保護するための法律を将来モニタリングするための基礎を提供すること。
9. APECとOECDは、APEC、OECD加盟国と非加盟国から21の回答を受け取った。

それは、オーストラリア、カナダ、デンマーク、エジプト、EU、フィンランド、ドイツ、ハンガリー、イタリア、日本、韓国、メキシコ、オランダ、フィリピン、スロバキア、スペイン、スウェーデン、スイス、タイ、トルコ、米国であった。*http://aimp.apec.org/Documents/2009/TEL/TEL39-SPSG-SYM/09_tel39_spsg_sym_018.pdf.*

10. データベースは以下で入手可能。*www.lse.ac.uk/collections/EUKidsOnline/repository.htm.*
11. 日本総務省統計局統計調査部。
12. データはOECDの日本代表から提供された。詳細は、9～12歳の子どもの27%、13～15歳の子どもの56.3%、16～18歳の子どもの95.5%。
13. Wolak et al.（2006）は反復調査の一例である。
14. 欧州評議会の研究において、O'Connell and Bryce（2006）は子どもたちと若者の想定される様々な役割と活動を把握するために「インターネットに由来するものとオフライン活動に関連するリスク（Risk of Harm from Online and Related Offline Activities: RHOOA）」というコンセプトを提唱した。
15. 年齢にふさわしくないコンテンツや違法なインタラクションなどの、いくつかのコンテンツ・接触リスクに遭遇する可能性があるため、仮想空間は潜在的にリスクがある。仮想空間は毎日作られ続け、利用者はコンスタントに増加しているため、厳格な規則を際どいコンテンツ（暴力・性表現）に保ち続け、登録とアクセスの年齢を制限することは重要である。世界中で2009年の第2四半期には5億7,900万アカウントが登録されており、38.6%がたった3か月のうちに増加したことを示しており、そのうちの80%が5歳から15歳の子どもたちであり、プレティーン（3～11歳）の利用者が最も多く増加している（US FTC, 2009b）。
16. 2008年7月25日にGoogleによりインデックス化されたURLの数。*http://googleblog.blogspot.com/2008/07/we-knew-web-was-big.html.*
17. 下記カナダメディア啓発ネットワーク（MNet）も参照のこと。*www.media-awareness.ca/english/issues/online_hate/tactic_recruit_young.cfm.*
18. *www.cybertipline.com/en_US/documents/CyberTiplineFactSheet.pdf.*
19. Whitlock et al.（2006）はDooley et al.（2009, p.109）の以下の文章を引用した。「自傷掲示板の存在を確認するために、Yahoo、Google、MSN、AOL、Gurl.comの5つのサーチエンジンを用いた。検索用語は、self-injury、self-harm、self-mutilation、cuttingであった」。
20. 注9参照。
21. 最近のオランダの研究では、異なる年齢と文化的背景の人々とのインターネット上での対話は子どもたちのオフラインにおける社会的能力に良い影響があると結

論づけた（Valkenburg and Peter, 2008, p.227）。
22. "Research that is 'Outdated and Inadequate?' An Analysis of the Pennsylvania Child Predator Unit Arrests in Response to Attorney General", Criticism of the Berkman Task Force Report, *www.cyberbully.org/PDFs/papredator.pdf*.
23. 仮想空間におけるきわどいコンテンツへの調査は、US FTC（2009b）を参照。大まかに言うと、その調査は子どもたちが仮想空間で年齢にふさわしくないコンテンツや違法なインタラクションのようないくつかのコンテンツ・接触リスクに直面することを焦点に当てている。仮想空間は毎日作られ続け、利用者はコンスタントに増加しているため、厳格な規則を際どいコンテンツ（暴力・性表現）に保ち続け、登録とアクセスの年齢を制限することは重要である。世界中で2009年の第2四半期には5億7,900万アカウントが登録されており、38.6％がたった3か月のうちに増加したことを示しており、そのうちの80％が5歳から15歳の子どもたちであり、プレティーン（3〜11歳）の利用者が最も多く増加している。
24. おおよそ70％のティーンエージャーが、たいていは保護者が支払いをしている携帯電話を持っており、19％が一部分を支払っており、10％が全額を支払っている（Pew Internet & American Life Project, 2009, p.4）。
25. 米国心理学会（American Psychological Association: APA）は、7〜8歳未満の子どもたちが広告目的の情報を受け取ることにより問題が生じているとしている。
26. European Commission workshop, *http://ec.europa.eu/avpolicy/reg/avms/codes_2009/index_en.htm*.
27. 米国児童オンラインプライバシー保護法（Children's Online Privacy Protection Act: COPPA）によると、保護者の同意が必要な年齢の閾値は13歳であるべきとしている。EUにおいては、未成年は選択をする状況を十分理解できないので、少なくとも保護者の同意が必要であるとしている。
28. APECの質問票に対する日本の回答。
29. APECの質問票に対するフィンランドの回答。
30. Stross（2010）は、もしインターネットが勉強から気をそらしてしまうのであれば、いくつかのカテゴリーの子どもたちはインターネットから必ずしも利益を得ないだろうと指摘した。
31. Livingstone and Haddon（2009, p.22）は、子どもたちは「インターネットの機会のはしご」を上ると提唱した。それは、情報検索から始まり、オンラインゲームとコミュニケーションに発展し、双方向性のあるコミュニケーションやクリエイティブな市民活動に進む。
32. APEC調査票に対するフランス、アイルランド、オランダ、スウェーデン、英国の回答（2007年の欧州評議会の性的搾取・性的虐待からの子どもたちの保護につ

いての会議（Council of Europe Convention on the Protection of Children against Sexual Exploitation and Sexual Abuse）において）。
33. 2008年ワーキンググループ第29条参照。2009年子どもたちのインターネットプライバシーワーキンググループ参照。
34. 15 U.S.C. § 6501-6506（Pub. L. 105-277, 112 Stat. 2581-728, 1998年10月21日施行）。FTC COPPA規則は現在検討中。2010年3月24日FTCのプレスリリース：「FTCは子どもたちのインターネットプライバシー保護についてのコメントを検討している；技術の変化は機関の規則変更に権限を与えるのかという疑問について」（*www.ftc.gov/opa/2010/03/coppa.shtm*）。
35. *www.mext.go.jp/b_menu/public/2004/04111001/001.pdf*参照。
36. データの主体は、データが収集され加工された個人のもの。データ管理者は、コンテンツと個人データの利用を決定する権限のある団体。定義は「OECDプライバシーガイドライン（OECD Privacy Guidelines）」（OECD, 1980）を参照。
37. 2009年EUのセーファー・ソーシャルネットワーク原則（Safer Social Networking Principles）、米国のMy Spaceに関して：ISTTF 2008, 付録A：ソーシャルネットワーク安全のための主要原則についての共同宣言（Joint Statement on Key Principles of Social Networking Safety）、Facebookに関して：*www.attorneygeneral.gov/uploadedFiles/Press/Facebook%20agreement.pdf*。
38. 英国のカイトマークラベル（Kitemark）は、その製品が保護者を手助けする簡単で効果的な手段を提供することを公式に証明することを示している。
39. 6月3日、日本の東京で行われた「青少年のより安全なインターネット環境」における、ITU／MIC戦略的対話の参加者たちによって合意された子どもたちにとって安全なインターネット環境（Strategic Dialogue on "Safer Internet Environment for Children"）についての東京宣言No.2（ITU, 2009b）。YPRTツールキット（YPRT, 2009）は、運用レベルで有用かつ、自主的な参加を促す技術とインフラの改善について詳細な勧告を提供している。
40. 例：バイロン・レビューにおける子どもたちのコンサルテーションの、啓発キャンペーンに対する子どもたちの回答（ACMA, 2009a, p.25; Byron, 2010, p.36, 42）。
41. 例：「ネットアマン（net-aman）」というエジプトのインターネット安全フォーカスグループの若者大使（Livingston and Haddon, 2009, p.23）。
42. 特に弱い立場にある子どもたちは、保護者が果たすべき責任ある役割が果たされていない状況に置かれることが多い。
43. *www.lse.ac.uk/collections/EUKidsOnline/*参照。
44. ヘクターズ・ワールド・リミテッドは社会起業家であり、慈善団体として登録されている。それは、より多くの子どもたちにたどり着くために政府機関と提携し

ている（英国のCEOP、オーストラリアのACMA）。その対象とするグループは、2〜9歳の子どもたちと保護者、教員らである（*www.hectorsworld.com*）。

45. 子どもの利用状況とインターネットリスクについての主要な国際的ヨーロッパ調査は、オーストラリアサイバーセーフティプラン（いわゆる「ECUレビュー」）と、EUキッズオンラインプロジェクト（EU Kids Online project）の助成により行われたEUセーファー・インターネット・プログラム（Safer Internet Programme）。Dooley *et al.*（2009）と *www.lse.ac.uk/collections/EUKidsOnline/*参照。

    オーストラリア通信メディア局（Australia's Communications and Media Authority: ACMA）は、インターネット安全を促進する技術とその他の手段についての2つの広く知られた報告書を作成した（ACMA, 2008a, 2009a）。

    インターネットビジネス・NPO・学界・技術系企業社のグループである米国のISTTFは、研究と技術についての最終報告を発行するという1年を通じた研究を実施した（ISTTF, 2008）。

46. ACMAは、インターネットサービス事業者レベルのフィルタリングについての研究を実施し、インターネットサービス事業者レベルのフィルタリングに対して生じている経済性と、ネットワークの効率性についての議論に取り組んだライブパイロットテストの結果を発表した（IIA, 2008; ACMA, 2008a, 2008b）。

    ペアレンタルコントロール技術は、子どもたちのためのインターネットコンテンツの自主的なフィルタリングサービスと製品をテストしたヨーロッパの研究（Deloitte SIP-Bench studies）により検証された（Deloitte Enterprise Risk Services, 2008）。

    ISTTF技術諮問委員会（Technology Advisory Board of the ISTTF）は、インターネットを利用する子どもたちを保護するための、人物認証、年齢認証、テキストアナリシスフィルタリング、監視技術などを含む様々な技術の状況を検討した（ISTTF, 2008, p.39f.）。

47. 欧州評議会は、ステークホルダーの視点を追求し、下記のトピックについてのフィードバックを収集した。2006年に子どもの安全と携帯電話サービス、2007年に子どもたちのためのインターネット技術、2008年に年齢認証とメディアをまたいだレーティング、SNS。コンサルテーションの報告書は、議論のための背景情報として使われ、インターネット安全プログラムの取り組むべきエリアをよく理解するための手助けとなる。すべてのコンサルテーション、提案、結果報告書は、以下の欧州評議会ポータルから入手可能である。*http://ec.europa.eu/information_society/activities/sip/policy/consultations/index_en.htm*.

    2009年には米国連邦通信委員会（FCC）が、ビデオやオーディオプログラムのペアレンタルコントロール技術についてのコンサルテーションを実施し、議会に

最終報告書を提出した（US FCC Report, 2009）。ステークホルダーには、ISTTFが子どもたちのインターネット上のリスクを軽減しうる40の技術について検証した公的調査に貢献することが推奨された。そのため、公的コンサルテーションは政策策定プロセスに取り入れることができ、一般の関心やステークホルダーからの意見を集める最も包括的な手段である。

48. 独立した専門家達が以前のインターネット安全プログラムとその前のプログラムを評価した。その評価手法は成果指標分類に基づいており、プログラムの費用対効果と目的が達成されたかどうかを評価した。指標は以下を含んでいる。報告時点での量的・質的データ、報告時点でのEU市民の認知度、インターネットにおける有害な行為と能力向上についての事項、関わった子どもたちの人数、その他の成果。European Comission Staff Working Document SEC（2008）242, Accompanying document - Impact Assessment, Brussels, 27.2.2008, p.8, 45f, 53.

    現在助成されているプログラムのプロポーザルにおいては、4つの分類に基づく異なる政策選択の経済効果を評価している。すなわち、1）ICTの配置と利用、2）医療と心理的治療の費用、3）行政の費用、4）第三国に対する経済効果（EC, 2009b）。ベンチマーキング、法的・技術的手法のテスト、意識調査、研究などの付帯する手法もまたプログラム評価に有益である。

49. 特定の指標に基づいた評価の概念（また、データ収集方法）は、現在の価値を示し、目標の数値化をする（増加、または減少）。たとえば、オフコムによる研究によると、2009年に英国の18％の子どもたちが有害または不適切なコンテンツに遭遇している。目的は、この値を1年後に評価した際に減少させることである。それに加え、子どもインターネット安全協議会（Council for Child Internet Safety's）の活動は独立して評価される（UKCCIS, 2009）。

50. その最初の戦略は、2009年末に発表された（UKCCIS, 2009）。OSTWG（2010, p.10）も参照のこと。

51. Powell *et al.*（2010, p.3f.）は、性的コンテンツや教唆などのモラルの危機から発生するリスクを指摘している。

52. 例として、インターネット安全プログラムにより実施されたユーロバロメータ調査を参照のこと。

53. *www.itu.int/council/groups/wg-cop/.*

54. APECとOECDは、APECとOECD加盟国および非加盟国から21の回答を受け取った。それは、オーストラリア、カナダ、デンマーク、エジプト、EU、フィンランド、ドイツ、ハンガリー、イタリア、日本、韓国、メキシコ、オランダ、フィリピン、スロバキア、スペイン、スウェーデン、スイス、タイ、トルコ、米国である。*http://aimp.apec.org/Documents/2009/TEL/TEL39-SPSG-SYM/09_tel39_*

spsg_sym_018.pdf.
55. 新しい情報通信環境における子どもたちの能力向上についての加盟国に対する閣僚会議における欧州評議会の勧告［Rec（2006）12］（2006年9月27日に大臣代理による974番目の会議において閣僚会議として採択された）。
56. 欧州評議会（Council of Europe, 2009）。
57. 現在は、インターネットを利用する子どもたちの尊厳、セキュリティ、プライバシーの保護についての閣僚会議における欧州評議会勧告に従った国の法律はない（2008年2月20日に大臣代理による1,018番目の会議において閣僚会議として採択された）。
58. 欧州議会／評議会（European Parliament and Council, 2007）。
59. 欧州議会／評議会（European Parliament and Council, 2006）。また、2000/31/EC文書の第16条パラグラフ1 e）、200年6月8日欧州議会／評議会による情報社会サービスのある法的側面、特にインターネットマーケットの電子商取引（「電子商取引文書」）参照。
60. EC, 2009a, p.1.
61. 以下を参照のこと。*http://ec.europa.eu/information_society/activities/sip/policy/programme/index_en.htm*; SIP Factsheet: *http://ec.europa.eu/information_society/doc/factsheets/018-safer-internet.pdf*.
62. Government of Canada, 2000, p.5. Horton, M., and Thomson, J. (2008), "Chapter V: Canada", in FOSI, 2007, p.61.
63. APEC調査票の米国の回答。米国においては2008年の法律のもと、21世紀の子どもたち保護法（ブロードバンドデータサービス改善法第2章、公法番号：110-385（2008年10月10日））、電気通信情報局（National Telecommunications and Information Administration）（米商務省の機関）がインターネット安全と技術ワーキンググループ（Online Safety and Technology Working Group: OSTWG）を、産業界が子どもたちにとって安全なインターネット環境を促進する努力を評価するために設立した。OSTWGは30の連邦政府以外の機関およびFTCの代表と連邦通信委員会（Federal Communications Commission）、司法省（Department of Justice）、教育省（Department of Education）によって構成されている。2010年6月のNTIAと議会に対する報告書では、OSTWGは以下の4つの分野に取り組んでいる。1）教育的取り組み、フィルタリング、ラベリング、2）インターネットの子どもポルノを報告する産業界の取り組み、3）子どもに対する犯罪に関する記録保持、4）保護技術。その報告書は数々の勧告を含んでおり、国の優先事項として幼稚園から12年生までの教育にデジタル・シチズンシップを推奨すること、若者をリスク回避教育に巻き込むこと、保護技術についての認識向上に取り組むこと、

手に入れた製品を用いることでどのようなコンテンツと情報に子どもたちがアクセスできるようになるかの透明性を保護者に促進することなどを含んでいる。

64. 米国児童オンラインプライバシー保護法（US Children's Online Privacy Protection Act: COPPA）および対応規則。
65. US CAN-SPAM法、15 USC §§ 7701-7713、FTCのアダルトラベリング規則、16 CFR パート3164（FTC's Adult Labeling Rule, 16 CFR Part 3164）、成人向けeメールと子どもの間に仕切りを設ける努力（*www.ftc.gov/bcp/bcpmp.shtm*参照）；2003年正しいドメインネーム法（Truth in Domains Name Act）、18 U.S.C. § 2252B（2008年）。
66. Byron, T., 2008.
67. UKCCIS, 2009.
68. UKCCISの会員は2010年に3つのガイダンスの更新を行った。
    ・双方向性サービスを仲介する団体へのガイダンス。
    ・チャット、メッセージ、その他のウェブベースサービス事業者へのガイダンス。
    ・子どもたちや若者がふさわしくないものに遭遇せずに検索できることを保護者に保証する手助けの方法についての検索事業者へのガイダンス。
69. OECD, 2009a, p.1.
70. 日本：犯罪の推奨、法律違反、自殺やわいせつなコンテンツや非常に残虐な表現を直接的かつ明確に含むウェブサイトを規制する、2008年の青少年が安全に安心してインターネットを利用できる環境の整備等に関する法律。

    韓国：アクセス制限や未成年に有害なコンテンツの広告を規制し、青少年保護の担当者を会社に求め、あるサイズ以上の掲示板、ポータル、インターネットコミュニティにおける人物認証システムの導入を求める、2007年の情報通信ネットワーク利用と情報保護推進法（Act on Promotion of Information and Communications Network Utilization and Information Protection）。

    トルコ：2007年の法律No. 5651では、わいせつな内容に加え、ドラッグの使用を勧奨したり販売したり、自殺を勧めたりインターネットギャンブルを運営するウェブサイトを禁止している。その法律は、禁止されたコンテンツを削除できる立場にあればコンテンツ事業者とインターネット仲介者に対して実施することができる。その法律は、トルコの憲法である家庭、特に子どもの平安と福祉を保護する条項に対応している。また、Adkeniz（2010）参照のこと。
71. インターネット上に、人をだましてわいせつな画像に導く目的で誤解を生むドメイン名、用語、電子画像を用いることを禁止し、罰則を加える、2003年の正しいドメインネーム法（Truth in Domains Name Act）（18 U.S.C. § 2252B（2008））に準じる。罰則は、未成年が有害な内容をインターネット上で見るようにだます

場合はさらに高くなる。
72. 法律n° 2007-297、March 2007年3月5日、条項44 JORF 2007年3月7日、罰則番号条項222-33-3。法廷での証拠や公的に発表する目的で専門家が行う場合を除き、暴力行為の意図的な録画や撮影および配布は最大5年の懲役と75,000ユーロの罰金となる。
73. 注9参照。
74. *http://ec.europa.eu/avpolicy/reg/tvwf/protection/index_en.htm.*
75. オーストラリア：1992年放送法計画（Broadcasting Act）7。ドイツ：2009年KJM。ニュージーランド：内務省（日付なし）。
76. APEC質問票のドイツの回答参照。子どものコンテンツ関連リスクに対するこの法的反応のギャップはすべての国々にみられ、子どもたちによるこれらの技術の幅広い使用に照らして正当化されるのか疑問を残す。しかしながら、個人の電子的通信は個人のプライバシーの権利や国々の憲法にうたわれている通信の自由によって検閲から守られる。
77. たとえば、ドイツでは大人とみなされる16歳から18歳の青少年向け。たとえば、オーストラリアでは15歳以上指定の分類は、オーディオもしくはビデオコンテンツがアクセス制限なく提供される携帯電話のプレミアムサービスやその他の無料サービスにおいて導入されている。
78. 憲法に違反した行き過ぎた検閲とみなされるため、コンテンツ分類はすべてのコンテンツに自動的になされておらず、公的な分類団体が要望に従い行動しており、必要性があり、決定の透明性と信頼性を上げるためにコンテンツ調整者には義務となっていることが多い。国による分類戦略は、コンテンツが海外から派生し、異なる法律が適応されるが、どこからでもアクセスできるインターネットにおいて課題となっている。
79. OECD, 2009c, p.3.
80. オーストラリアの1992年放送法新計画7（Australia's new Schedule 7 to the Broadcasting Act 1992）に準じ、オーストラリア通信メディア局（Australian Communications and Media Authority: ACMA）は禁止されたコンテンツ（たとえば成人ポルノ分類である「X18+」や、ある状況下によって「R18+」と「MA15+」に分類されたコンテンツ）を掲載するインターネットサービス事業者および、違法なコンテンツへのリンクやアクセスを削除する「削除（take down）」または「アクセス拒否（access removal）」警告を行う管理者に対する申し立てを審査する。

　トルコでは法律No. 5651（2007年）のもと、情報通信省（Telecommunications Communication Presidency: TIB）がインターネットサービス事業者から、ある分類のインターネット上のコンテンツを削除するよう要求する権限を持つ。

81. OECD, 2010b.
82. たとえばスイスの情報通信事業者は、2007年3月9日スイス法規電気通信サービス（Ordinance on Telecommunications Services: OTS）41条に準じて、16歳未満であるとわかっている消費者とユーザーに対して、性的またはポルノによって価値を高めているコンテンツへのアクセスに対し障壁を設けることが義務づけられている。

　ドイツでは、未成年者を保護する州をまたいだ条例において、未成年者が通常は不適切なコンテンツを見聞きしないことを保証するメカニズムとして、年齢認証システム、子ども向けコンテンツと成人向けコンテンツの分離、コンテンツの「分割」や「時間枠」により計画的にインターネットを利用可能とすることについて述べている。

　もう1つの例として、技術的手段が補完的に（むしろ代替的に）コンテンツ規制として義務化されている日本では、年齢が達しない携帯電話ユーザーに、保護者がオプトアウト方式で選択できるフィルタリング技術を用いている。反対に、インターネットアクセスにおいてはあらかじめインストールされたフィルタリングは求められておらず、保護者の要望により提供されている（オプトイン方式）。

　オーストラリアでは、2007年のアクセス制限システム宣言（Restricted Access Systems Declaration）（1992年放送法新計画7の14（1）項の下作成）は、年齢にふさわしくないコンテンツをインターネット上に設置する場合は、アクセスしようとする者の年齢認証システムを導入するものとしている。

83. 2007年の情報通信ネットワーク利用と情報保護推進法（Act on Promotion of Information and Communications Network Utilization and Information Protection）に準じて、韓国では大衆を対象とした情報通信サービス事業者は青少年保護担当者を設置する必要がある。スペインのインターネットサービス事業者は、情報社会サービスと電子商取引に関するスペイン法32/2002（Spanish Law 32/2002 on Information Society Services and Electronic Commerce）の下、消費者にインターネット上の子どもたちに対するリスクと利用可能なフィルタリング技術について説明する法的義務を負う。
84. 米国の通信品位法（The anti-indecency provisions of the US Communications Decency Act: the CDA）のわいせつに対する条項は憲法違反であるとReno v. American Civil Liberties Union, 521 U.S. 844（1997）で言われている。
85. Canadian Criminal Code, R.S.C. 1985, c. C-46, Sec. 164.1. Horton, M., and Thomson, J.（2008）."Chapter V: Canada". In FOSI, 2007, p.62.
86. Dooley, 2009, p.36.
87. APECの質問票に対するアイルランド、英国、オランダ、スウェーデンの回答。

2007年欧州評議会23条。性的搾取および性的虐待に対する児童の保護に関する条約、ランサローテ島、2007年10月25日（Convention on the Protection of Children against Sexual Exploitation and Sexual Abuse, Lanzarote, 25 October 2007）。この会議では、性的目的で情報通信技術を用いて子どもたちを勧誘することに対して新たな犯罪化が導入され、より多くの国々がこれに応じて刑法を更新することが期待された。

88. Mimi Ito in Livingstone, S., and Haddon, L, 2009, p.33.
89. 2008年性的犯罪者をインターネットから排除する法（Keeping the Internet Devoid of Sexual Predators Act）S. 431。*www.govtrack.us/congress/bill.xpd?bill=s110-431* 参照。
90. APEC調査票に対する米国の回答。
91. 米国の通信品位法により改正されたUSC 47の47条223項。オーストラリアでは、それぞれの州と領域でストーキングは犯罪とされており、たとえば1999年のクイーンランド改正法（Queensland Amendment Act: Qld）。
92. 州議会議員の全国会議、ネットいじめの立法化（Enacted Cyberbullying Legislation）参照。以下で利用可能。*www.ncsl.org/Default.aspx?TabId=12903*。
93. 電子掲示板の責任に関するスウェーデン法（Swedish Act (1998:112) on Responsibility for Electronic Bulletin Boards）は、サービス事業者が子どもの性的虐待画像や暴力の違法な表現などの法に沿わないコンテンツに対して、掲示板やメッセージサービスを監視することを義務づけた。
94. Mimi Ito in Livingstone, S., and Haddon, L., 2009, p.33.
95. 韓国の情報通信によるネットワーク利用の促進と情報保護の法（Korean Act on the Promotion of Information and Communications Network Use and Information Protection）の下で要求されている。
96. オーストラリアでは、2001年の双方向ギャンブル法（Interactive Gambling Act）により、双方向のギャンブルサービス（典型的に、金銭をかけてゲームを行うインターネットカジノ）をオーストラリア国民に提供すること、およびそういったサービスの広告を違法とした。
97. Art. 9 (1) e) of the Audiovisual Media Services Directive 2007.
98. Art. 9 (1) g) of the Audiovisual Media Services Directive 2007.
99. ノルウェー消費者省（Nordic Consumer Affairs Ministers, n.d.）参照。
100. 韓国の2007年の情報通信ネットワーク利用と情報保護推進法（Promotion of Information and Communications Network Utilization and Information Protection）。
101. US CAN-SPAM法、15 USC §§ 7701-7713、FTCのアダルトラベリング規則（FTC's Adult Labeling Rule）、16 CFR パート3164。*www.ftc.gov/bcp/bcpmp*.

shtm 参照。
102. たとえば、現在改正中の EU のデータ保護指令（EU Data Protection Directive）95/46/EC の国レベルの施行による。
103. 2008 年ワーキンググループの 29 条 p.6 および p.9 参照。
104. 同上。
105. US FTC（n.d.）子どものインターネットプライバシー保護規則；最終規則（Children's Online Privacy Protection Rule; Final Rule）、16 CFR パート 312、連邦登録 1999 年 11 月 3 日（Volume 64, Number 212）, p.59887f。この規則は現在改正中。FTC プレスリリース参照（US FTC, 2010）。
106. 2010 年 3 月、FTC は COPPA の実施に関するパブリックコメントを募集し、2010 年 6 月 30 日に締め切った。特に、FTC は COPPA 規則（COPPA に準じて行われた規則）の費用対効果、および条項について保持したり除外したり修正すべきところがあるかについてコメントを募集した。この修正に関連して、FTC は 2010 年 6 月 2 日にこの問題を検討するためのラウンドテーブルを設けた。以下参照。*www.ftc.gov/opa/2010/03/coppa.shtm; www.ftc.gov/bcp/workshops/coppa/index.shtml*.
107. Council of Europe Convention on Cybercrime, Budapest, 23 November 2001.
108. YouTube ファクトシート参照。以下で利用可能。*www.youtube.com/t/fact_sheet*（2010 年 1 月 30 日アクセス）。
109. OECD, 2010d.
110. US FTC 2007, p.14.
111. Children's Online Privacy Working Group, 2009.
112. Hans-Bredow-Institut and the Institute of European Media Law, 2006, p.17.
113. US FTC 2007, p.22 参照。
114. 2007 年 2 月ヨーロッパ子どもと若者の安全な携帯電話利用枠組み（European Framework for Safer Mobile Use by Younger Teenagers and Children）参照。以下で利用可能。*http://ec.europa.eu/information_society/activities/sip/docs/mobile_2005/europeanframework.pdf*.

2009 年 EU のための安全な SNS 原則。ソーシャルネットワークについての州司法長官ワーキンググループ（Attorneys General Multi-State Working Group）、マイスペースに関して、安全なソーシャルネットワークについての主要原則に関する共同声明（Joint Statement on Key Principle on Social Network Site Safety）。以下で利用可能。*http://cyber.law.harvard.edu/sites/cyber.law.harvard.edu/files/ISTTF_Final_Report-APPENDIX_A_Joint_Statement.pdf*.

Facebook に関して、以下で利用可能。*www.attorneygeneral.gov/uploadedFiles/Press/Facebook%20agreement.pdf*

115. *http://ec.europa.eu/information_society/activities/sip/self_reg/index_en.htm* 参照。
116. 以下概要参照。Jakubowicz, 2009, p.28f.
117. 2007年2月ヨーロッパ子どもと若者の安全な携帯電話利用枠組み参照。以下で利用可能。*http://ec.europa.eu/information_society/activities/sip/docs/mobile_2005/europeanframework.pdf.*
118. PricewaterhouseCoopers, 2009.
119. 2009年携帯電話プレミアムサービス規則（Mobile Premium Services Code）（共同規制に従い、1997年の情報通信法（Telecommunications Act）の下、ACMAにより採択された産業規則）C637条項3.1.16。
120. 2009年携帯電話プレミアムサービス規則（Mobile Premium Services Code）C637条項4.4。
121. マイスペースに関して、安全なソーシャルネットワークについての主要原則に関する共同声明。以下で利用可能。*http://cyber.law.harvard.edu/sites/cyber.law.harvard.edu/files/ISTTF_Final_Report-APPENDIX_A_Joint_Statement.pdf.*
　　Facebookに関して、以下で利用可能。*www.attorneygeneral.gov/uploadedFiles/Press/Facebook%20agreement.pdf.*
122. マイスペースについては、安全なソーシャルネットワークについての主要原則に関する共同声明参照。以下で利用可能。*http://cyber.law.harvard.edu/sites/cyber.law.harvard.edu/files/ISTTF_Final_Report-APPENDIX_A_Joint_Statement.pdf.*
123. Safer Social Networking Principles for the EU, 2009.
124. また、2009年ワーキンググループ29条p.11も参照。
125. 「EUのための安全ソーシャルネットワーク原則（Safer Social Networking Principles for the EU）」は、7つの主要領域をカバーしている。1）意識向上、2）年齢にふさわしいサービス、3）技術を通じたユーザーの能力向上、4）サービス規定に違反した行為やコンテンツを簡単に報告できるメカニズム、5）違法なコンテンツや行為の警告に対する反応、6）個人情報とプライバシーについてユーザーが安全に用いることができることの推奨、7）違法もしくは禁止されたコンテンツ・行為を監視する方法の評価。
126. European Framework for Safer Mobile Use by Younger Teenagers and Children, February 2007.
127. Staksrud and Lobe, 2010, p.5.
128. PEGI, n.d.
129. 第2章の子どもの保護問題での取り扱い、インターネット上の子どもたちへの広告とマーケティングに特別の配慮を求めている1999年の電子商取引における消費者保護についてのOECDガイドライン（The 1999 OECD Guidelines on Consumer

Protection in the Context of Electronic Commerce）および2008年の携帯電話商取引における初期の消費者保護と能力向上問題への取り組みOECD政策ガイダンス（The 2008 OECD Policy Guidance for Addressing Emerging Consumer Protection and Empowerment Issues in Mobile Commerce）（「携帯電話商取引についての政策ガイダンス」）[DSTI/CP（2007）5/FINAL] も参照のこと。

130. 一般的な計画の一例は、ICCの広告とマーケティングコミュニケーション実践（ICC's Advertising and Marketing Communication Practice）である。すなわち、子どもに特化したマーケティングはCARUによる子どもたちに向けた広告に対する自主規制ガイドライン（Self-Regulatory Guidelines for Children's Advertising by CARU）もしくは欧州広告代理店協会（EACA, 2006）による拘束力のない倫理ガイドラインである。

131. 国際商取引議会（International Chamber of Commerce's: ICC）の広告とマーケティングコミュニケーション実践は、たとえば子どもたちや若者を対象としたマーケティングにおいて特別な配慮を要する子どもたちのセクションを持ち、必要とするガイダンスを提供している。それはコンテンツと広告の分離をも含み、公平な情報の原則を促進し、ある特定の社会的価値観の保護、たとえば子どもに魅力的な広報手法により、保護者や他の大人にその製品を買うよう説得することを促す方法などを尊重している。ICCの広告とマーケティングコミュニケーション実践（Advertising and Marketing Communication Practice）18条。

　　子どもに特化したものを含む直接的なマーケティングに関連するヨーロッパのダイレクト・インタラクティング・マーケティング連合（Federation of European Direct and Interactive Marketing: FEDMA）規則は、現状のデータ保護法を解釈し、子どもがより個人情報を開示することについて促進する利点を条件的にすべきでないとしている。

132. 責任ある食品マーケティング・コミュニケーションのデンマークフォーラム（Forum of Responsible Food Marketing Communication Denmark）では、たとえばすべてのプラットフォームをカバーする自主的な規定を運用している。子どもたちに対するメディアでの食品広告の自主的な規定は、以下で利用可能である。*http://kodeksforfoedevarereklamer.di.dk*。同様に、米国をベースとするよりよいビジネス局（Better Business Bureau）は、自主規制のプログラムとして子どもたちの食品・飲料広告に関する取り組みを実施している。以下参照。*www.bbb.org/us/children-food-beverage-advertising-initiative/*.

133. たとえば、英国の広告標準局（Advertising Standards Authority: ASA）は、現在、会社のマーケティング・コミュニケーションを自らのウェブサイトやその他の利益を目的としないインターネット空間（SNSのような）に広告活動委員会（Committee

of Advertising Practice: CAP）規則の権限において設置する可能性がある。Byron, 2010, p.28参照。
134. Article 29 Working Party, 2010, p.17.
135. Hans-Bredow-Institutと2006年ヨーロッパメディア法機関（Institute of European Media Law）参照。ドイツの「制御された自主規制（regulated self-regulation）」という概念は、またRickert, Th.（2008）. "Chapter III: Germany", in FOSI, 2007, p.37f.参照。
136. Rickert, Th.（2008）in FOSI, 2007, p.37f.
137. KJM, 2009.
138. NICC, 2008.
139. 自主規制マルチメディアサービス事業者協会の検索エンジン事業者のための規範の下位規約（Subcode of Conduct for Search Engine Providers of the Association of Voluntary Self-Regulating Multimedia Service Providers）。以下で利用可能。*www.fsm.de/en/Subcode_of_Conduct_for_Search_Engine_Providers*.
140. ACMA, 2008a, p.46.
141. OECD（2007a）参照。
142. 州の立法者の国レベルの会議、ネットいじめの立法化（National Conference of State Legislators, Enacted Cyberbullying Legislation）と比較のこと。以下で利用可能。*www.ncsl.org/Default.aspx?TabId=12903*.

　ニュージーランドでは、啓発センターが学校のためのネット・セーフキット（NetSafe Kit）を提供しており、モデル政策、手順、利用同意がダウンロードできる。学校のためのネットセーフインターネット安全キット（NetSafe Cybersafety Kit for schools）参照。以下で利用可能。*www.cybersafety.org.nz/kit/*.
143. PEGI, n.d.
144. APEC調査票に対する日本の回答。
145. *www.internethotline.jp/index-en.html*参照。
146. UK Home Office, 2005, 2008.
147. Byron, 2008, pp.74, 84、UKCCIS, 2009, p.11参照。
148. US FCC, 2009, para 167.
149. Thierer, 2009a, p.249.
150. *www.fragfinn.de/kinderliste.html*参照。
151. US FCC, 2009, para. 150.
152. Deloitte Enterprise Risk Services（2008）, p.14.
153. たとえば、インターネットコンテンツレーティング協会（Internet Content Rating Association: ICRA）の調査票はFOSIから提供されている。

154. Powell *et al.*, 2010, p.8。また、成人コンテンツリスト（2010年2月12日集計）の評価手法の透明性と信頼性を向上させるオーストラリア政府の公的コンサルテーションは以下で利用可能。*www.dbcde.gov.au/funding_and_programs/cybersafety_plan/transparency_measures.*
155. IIA, 2008, p.58.
156. ISTTF, 2008, APPENDIX D: Technology Advisory Board Report, p.12f.
157. 同上。
158. ACMA, 2009a, p.39.
159. *www.glubble.com.*
160. ACMA, 2008b, p.49f.
161. Deloitte Enterprise Risk Services, 2008, p.28f.
162. Deloitte Enterprise Risk Services, 2008, p.5; ACMA, 2009a, p.32.
163. 以下のACMAのフィルタリング・ソフトウェア参照。*www.acma.gov.au/WEB/STANDARD/pc=PC_90167. ACMA, 2008a, p.44.*
164. SNSおよびビデオ共有ウェブサイトの例としては以下を参照。Deloitte Enterprise Risk Services; 2008. p.5.
165. ACMA, 2009a, p.46; Deloitte Enterprise Risk Services, 2008, p.13f.
166. Deloitte Enterprise Risk Services, 2008, p.6.
167. ISTTF, 2008, APPENDIX D: Technology Advisory Board Report, p.12.
168. US FCC, 2009, p.62.
169. US FCC, 2009, p.57.
170. US FCC, 2009, p.63 in FN 550.
171. US FCC, 2009, p.63.
172. US FTC, 2009a, Beyond Voice: Mapping the Mobile Marketplace, p.32.
173. Telecommunications Service Provider (Mobile Premium Services) Determination 2010 (No.1) at *www.comlaw.gov.au/ComLaw/Legislation/LegislativeInstrument1.nsf/asmade%5Cbyid/3074416A04A9C785CA2576DF007F126F?OpenDocument*
174. ACMA, 2009a, p.43.
175. ISTTF, 2008, p.25.
176. ベルギー電子認証カードを利用する年齢認証システムによって、インターネット上のチャットをより安全な環境とすることを目的としている。この戦略の下、安全なチャットルームは子どものIDを保有するユーザーのみ利用できる（EC, 2008a, p.11）。
177. ACMA, 2008a, p.45.
178. Technical Standards Used, About ICRA, *www.fosi.org/icra/.*

179. EC, 2008b. Background Report on Cross Media Rating and Classification, and Age Verification Solution, p.4.
180. EC, 2008b. Background Report on Cross Media Rating and Classification, and Age Verification Solution, p.4.
181. EC, 2008b. Background Report on Cross Media Rating and Classification, and Age Verification Solution, p.14.
182. About Quatro Plus ND. *www.quatro-project.org/about.*
183. ISTTF, 2008, p.24; CEOP 2008: p.21.
184. ISTTF, 2008, p.24.
185. オーストラリアのインターネット安全ヘルプボタン（Australian Cybersafety Help Button）は2010年12月に開始された。
186. *www.dia.govt.nz/diawebsite.nsf/wpg_URL/Services-Censorship-Compliance-Digital-Child-Exploitation-Filtering-System?OpenDocument*参照。
187. APEC調査票に対する日本の回答。
188. OECDとAPECにより共同開催されたシンポジウム「子どもたちの安全なインターネット利用を促す経済活動のメンバーによる協力について（APEC-OECD Joint Symposium on Initiatives among Member Economies Promoting Safer Internet Environment for Children)」において行われた総務省次長大内康次と経済産業省次長五十棲浩二のプレゼンテーション「子どもたちへの安全なインターネット環境促進の取り組みに対するワークショップ（Workshop on Initiatives in Promoting Safer Internet Environment for Children)」。以下で利用可能。*www.oecd.org/document/17/0,3343,en_2649_34255_43301457_1_1_1_1,00.html.*
189. *www.bsigroup.com/en/ProductServices/Child-Safety-Online-Software/*参照。
190. 情報化社会におけるサービスと電子商取引に関するスペイン法32/2002（Spanish Law 32/2002 on Information Society Services and Electronic Commerce）。情報はAPECの子ども保護プロジェクト調査票（APEC Children Protection Project Questionnaire）のスペインによる回答より。
191. 日本の青少年インターネット環境整備法に準じる。
192. 情報はAPECの子ども保護プロジェクト調査票の日本による回答より。
193. 情報はAPECの子ども保護プロジェクト調査票のトルコによる回答より。この文脈はAdkeniz（2010）参照。トルコのメディアにおける自由とインターネット検閲についてのOSCE代表報告書（Report of the OSCE Representative on Freedom of the Media on Turkey and Internet Censorship）。
194. *www.dbcde.gov.au/funding_and_programs/cybersafety_plan/internet_service_provider_isp_filteringand*参照。2009年12月15日のブロードバンド・コミュニケー

ション・デジタル大臣（Minister for Broadband, Communications and the Digital Economy）によるプレスリリース。以下参照。*www.minister.dbcde.gov.au/media/media_releases/2009/115.*

195. *www.dbcde.gov.au/funding_and_programs/cybersafety_plan/internet_service_provider_isp_filtering/isp_filtering_live_pilot*参照。
196. STORKプロジェクト、下記で利用可能。*https://www.eid-stork.eu/index.php?option=com_content&task=view&id=86&Itemid=83.*
197. APECの子ども保護プロジェクト調査票の日本による回答。
198. Conroy, 2009.
199. *www.dcsf.gov.uk/ukccis/news_detail.cfm?newsid=40&thisnews=2*参照。
200. 下記で利用可能。*www.itu.int/osg/csd/cybersecurity/gca/cop/guidelines/index.html.*
201. そのプレゼンテーションは、9歳以上の生徒に向けた年齢にふさわしいインターネット安全プレゼンテーションを含み、ターゲットとする受け手に対応したものとなっている。その受け手に対応したプレゼンテーションはその年代のグループがインターネット上で接するリスクに焦点を当て、安全にいられるための戦略とコツを教えるようにデザインされている。以下参照。*www.cybersmart.gov.au/en/Schools/Book%20school%20seminars.aspx.*
202. 直近では（2009年12月）、他の米国の政府機関によってFTCは「ネットセテラ：インターネット利用についての子どもたちとのチャット（Net Cetera: Chatting with Kids About Being Online）」をリリースした。このブックレットは保護者や教員に対して、ネットいじめ、セクスティング、携帯電話における安全、家庭のパソコンの保護について子どもたちと話し合うために知っておくべきことを伝える。そのブックレットは連邦政府のインターネット安全ウェブサイトであるOnGuardOnline.govで利用可能。
203. インターネット安全の取り組み（Cyber Peace Initiative's）のウェブサイトで利用可能。*http://smwipm.cyberpeaceinitiative.org/page/family_kit.*
204. EC（2009a）, Empowering and Protecting Children online, p.2.
205. 例として以下参照。*www.TeachToday.eu.*
206. FTC Staff Report（2009）, Beyond Voice: Mapping the Mobile Marketplace, p.32.
207. Republic of Poland, Office of Electronic Communications, press release of 16 February 2009 "Participation in the UKE Certificate Project". available at *www.en.uke.gov.pl/ukeen/index.jsp?news_cat_id=56&news_id=746&layout=1&page=text&place=Lead01.*
208. EURYDICE（2009）, Summary Report. Education on Online Safety in Schools in Europe; Staksrud, Elisabeth & Lobe, Bojana（2010）, Evaluation of the

注

Implementation of the Safer Social Networking Principles for the EU Part I: General Report.
209. US FCC Report (2009), In the Matter of Implementation of the Child Safe Viewing Act; Examination of Parental Control Technologies for Video or Audio Programming, para. 172.
210. APEC調査票に対するエジプトの回答。
211. ACMA (2009), Developments in Internet filtering technologies and other measures for promoting online safety Second annual report, p.51.
212. ACMA (2009), Developments in Internet filtering technologies and other measures for promoting online safety Second annual report, p.51; Livingstone, S., and Haddon, L. (2009), EU Kids Online: Final report, p.25.
213. オーストラリアでは、ACMAがネットいじめ教育の分野で啓発プログラムとして、特にACMAのネットいじめ教育ポータルの重要な要素であるヘクターズ・ワールド（Hector's World）と、サイバースマート・ディテクティブス（Cybersmart Detectives）というインターネット教育ゲームの評価を開始している。その調査では、教育ゲームが生徒のインターネット安全に対する知識に与える効果と、こうしたインターネット安全のためのメッセージをゲーム以外の環境で、実際の自らのインターネット上の振る舞いと関係づけられるかを評価した。ACMAはまた、2010年のインターネット安全アウトリーチプログラム（Cybersafety Outreach Program）について独立した見直しと評価を実施しており、2011年の上期に結果が出る予定である。
214. Council of Europe, 2009.
215. De Haan, J. and Livingstone, S. (2009), Policy and research recommendations, p.9; Livingstone, S. (2009), "A Rationale for Positive Online Content for Children". Communication Research Trends Volume 28 (2009) No. 3, p.12, 16f.
216. De Haan, J. and Livingstone, S. (2009), Policy and research recommendations, p.10; Livingstone, S. (2009), "A Rationale for Positive Online Content for Children". Communication Research Trends Volume 28 (2009) No. 3, p.12, 15f.
217. EUのセーファー・インターネット・プラス・プログラム（EU's Safer Internet Plus Programme）の下。
218. APEC-OECD調査票に対するドイツの回答。
219. Livingstone, S. (2009), "A Rationale for Positive Online Content for Children". Communication Research Trends Volume 28 (2009) No. 3, p.12, 14f.
220. *www.cms.kids.us*。このポータルのガイドラインに従っているウェブサイトは自主的に有効化することができ、こうしたガイドラインに違反しているとみなされ

191

たらポータルの管理者がコンテンツを削除する。
221. UN Convention on the Rights of the Child, Art. 17.
222. 子どもの保護に向けた、保護者・教員、産業界と政策立案者に対するITU COPのガイドライン（ITU COP Guidelines）は以下で利用可能。*www.itu.int/osg/csd/cybersecurity/gca/cop/guidelines/index.html.*
223. 協力をしている機関は国際連合の機関、子どもの権利団体、産業界の協会と企業である。ITUは191加盟国に対して、インターネット上の子どもの安全に関する政策と条項の現在の状況調査を発表予定である。その結果、国連システムにおいて「最も発展していない（Least Developed）」と分類されている国々においてはインターネット上の青少年保護について非常に低レベルの政策と法律の整備状況であることがわかった。「新興国」として分類されている国々においては、状況はバラバラではあるものの、全体的にはインターネットを利用する子どもたちの保護において主要な活動は限定的であった。「先進国」においては高いレベルの活動と法的枠組みの整備がみられた。しかしながら、その調査で着目すべきは、それぞれの国々が情報と資源および国内において手助けとなる支援を利用できることは、有益であると多かれ少なかれ国際的に合意される。
224. *www.intgovforum.org/dynamic_coalitions.php?listy=13.*
225. 30th International Conference of Data Protection and Privacy Commissioners (2008).

参考・引用文献

30th International Conference of Data Protection and Privacy Commissioners (2008), Resolution on Children's Online Privacy. Available at *www.priv.gc.ca/information/conf2008/res_cop_e.cfm*

ACMA (Australian Communications and Media Authority) (2008a), "Developments in Internet filtering technologies and other measures for promoting online safety". First annual report to the Minister for Broadband, Communications and the Digital Economy, February 2008. Available at *www.acma.gov.au/webwr/_assets/main/lib310554/developments_in_internet_filters_1streport.pdf*

ACMA (2008b), "Closed Environment Testing of ISP Level Internet Content Filtering", Report to the Minister for Broadband, Communications and the Digital Economy, June 2008. Available at: *www.acma.gov.au/webwr/_assets/main/lib310554/isplevel_internet_content_filtering_trial-report.pdf*

ACMA (2009a), "Developments in Internet filtering technologies and other measures for promoting online safety". Second annual report to the Minister for Broadband, Communications and the Digital Economy. April 2009, Available at *www.acma.gov.au/webwr/_assets/main/lib310554/developments_in_internet_filters_2ndreport.pdf*.

ACMA (2009b), "Click and Connect: Young Australian's use of online social media". 02: Quantitative research report, July 2009. Available at *www.acma.gov.au/webwr/aba/about/recruitment/click_and_connect-02_quantitative_report.pdf*

Adkeniz, Y. (2010), Report of the OSCE Representative on Freedom of the Media on Turkey and Internet Censorship. Available at *www.osce.org/fom/41091*

Article 29 Working Party (2008), "Working Document 1/2008 on the protection of children's personal data" (General guidelines and the special case of schools). Available at *http://ec.europa.eu/justice_home/fsj/privacy/docs/wpdocs/2008/wp147_en.pdf*

Article 29 Working Party (2009), "Opinion 5/2009 on social networking". Available at *http://ec.europa.eu/justice_home/fsj/privacy/docs/wpdocs/2009/wp163_en.pdf*

Article 29 Working Party (2010), "Opinion 2/2010 on online behavioural advertising". Available at *http://ec.europa.eu/justice_home/fsj/privacy/docs/wpdocs/2010/wp171_en.pdf*

Australian Department of Education, Employment and Workplace Relations (2008), "Behind the scenes insights into the human dimension of covert bullying".

Available at *http://pandora.nla.gov.au/pan/101323/20090617-1056/www.deewr.gov.au/Schooling/Behind.pdf*

Bartoli, E. (2009), "Children's Data Protection vs. Marketing Companies". *International Review of Law, Computers & Technology*, 23 (1-2), 35-45.

Beantin Webbkommunikation (2010), "Internet usage and young Swedes in Sweden", *http://beantin.se/post/616872465/internet-use-sweden-young-swedes-children-agegroup*

Branch Associates (2002), NetSmartz evalulation project: Internet safety training for children and youth ages 6 to 18. Atlanta: GA: Boys & Girls Clubs of America and National Center for Missing & Exploited Children.

British Standards Institution (BSI) (n.d), "Kitemark for Child Safety Online". Available at *www.bsigroup.com/en/ProductServices/Child-Safety-Online-Software/*

Byron, T. (2008), "Safer Children in a Digital World: The Report of the Byron Review". London: Department for Children, Schools and Families, and the Department for Culture, Media and Sport. Available at *www.dcsf.gov.uk/ukccis/userfiles/file/FinalReportBookmarked.pdf*

Byron, T. (2010), "Do we have safer children in a digital world? A review of progress since the 2008 Byron Review". March 2010. Available at *www.dcsf.gov.uk/byronreview/pdfs/do%20we%20have%20safer%20children%20in%20a%20digital%20world-WEB.pdf*

Carr, J., and Hilton, Z. (2009), "Children's Charities' Coalition on Internet Safety Digital manifesto". Available at *www.nspcc.org.uk/Inform/policyandpublicaffairs/Westminster/ChildSafetyOnline_wdf48584.pdf*

Child Exploitation and Online Protection Centre (2008), "Annual Review", December 2008, Available at *http://ceop.gov.uk/downloads/documents/ceopannualreview2008.pdf*

Child Health Promotion Research Centre, Edith Cowan University (2009), "Australian Covert Bullying Prevalence Study". Available at *www.deewr.gov.au/Schooling/NationalSafeSchools/Pages/research.aspx*

Children's Online Privacy Working Group (2009), "There ought to be a law: Protecting Children's Online Privacy in the 21st century". A discussion paper for Canadians by the Working Group of Canadian Privacy Commissioners and Child and Youth Advocacies. 19 November. Available at *www.ombudsman.yk.ca/pdf/Children'sOnlinePrivacy-e.pdf*

Connect Safely (2009), "Online Safety 3.0: Empowering and Protecting Youth".

Available at *www.connectsafely.org/Commentaries-Staff/online-safety-30-empowering-andprotecting-youth.html*

Conroy, Stephen (2009), "Measures to Improve Safety of the Internet for Families", in: *Minister Speeches*, 15 December 2009. Available at *www.minister.dbcde.gov.au/media/speeches/2009/075*

Cosgrove, M. (2009), "Young French bloggers find a new and risky way to create buzz". Available at *www.digitaljournal.com/article/278496*

Council of Europe (2006), Recommendation Rec (2006) 12 of the Committee of Ministers to member states on empowering children in the new information and communications environment (Adopted by the Committee of Ministers on 27 September 2006 at the 974th meeting of the Ministers' Deputies). Available at *https://wcd.coe.int/ViewDoc.jsp?Ref=Rec(2006)12&Language=lanEnglish&Site=CM&BackColorInternet=DBDCF2&BackColorIntranet=FDC864&BackColorLogged=FDC864*

Council of Europe (2007), "Convention on the Protection of Children against Sexual Exploitation and Sexual Abuse", Lanzarote, 25 October 2007. Available at *http://conventions.coe.int/Treaty/Commun/QueVoulezVous.asp?NT=201&CM=8&DF=&CL=ENG*

Council of Europe (2008a), Recommendation CM/Rec (2008) 6 of the Committee of Ministers to member states on measures to promote the respect for freedom of expression and information with regard to Internet filters (Adopted by the Committee of Ministers on 26 March 2008 at the 1022nd meeting of the Ministers' Deputies), Available at *https://wcd.coe.int/ViewDoc.jsp?Ref=CM/Rec(2008)6&Language=lanEnglish&Site=CM&BackColorInternet=DBDCF2&BackColorIntranet=FDC864&BackColorLogged=FDC864*

Council of Europe (2008b), *The Internet Literacy Handbook. A guide for parents, teachers and young people*, 3rd edition. Available at *www.coe.int/t/dghl/standardsetting/internetliteracy/hbk_EN.asp*

Council of Europe (2008c), Declaration of the Committee of Ministers on protecting the dignity, security and privacy of children on the Internet (Adopted by the Committee of Ministers on 20 February 2008 at the 1018th meeting of the Ministers' Deputies). Available at *https://wcd.coe.int/ViewDoc.jsp?id=1252427&Site=CM*

Council of Europe (2009), Recommendation CM/Rec (2009) 5 of the Committee of Ministers to member states on measures to protect children against harmful content and behaviour and to promote their active participation in the new information and communications environment (Adopted by the Committee of Ministers on 8 July 2009 at the 1063rd meeting of the Ministers' Deputies). Available at *https://wcd.coe.int/ViewDoc.jsp?id=1470045&Site=CM*

De Haan, J. and Livingstone, S. (2009), "Policy and research recommendations". LSE, London: EU Kids Online (Deliverable D5). Available at *www.lse.ac.uk/collections/ EUKidsOnline/Reports/D5Recommendations.pdf*

Deloitte Enterprise Risk Services (2008), "Test and benchmark of products and services to voluntarily filter Internet content for children between 6 and 16 years". Synthesis Report 2008 Edition. Report prepared for the European Commission. Available at *www.sipbench.org/Reports2008/sip_bench_2008_synthesis_ report_en.pdf*

Donoso, Veronica, Leen D'haenens, Bieke Zaman, Anna Van Cauwenberge and Katia Segers (2008), National Report for Belgium, in: Cross-national Comparisons for EU Kids *Online*, Available at *www.lse.ac.uk/collections/EUKidsOnline/Reports/ WP3NationalReportBelgium.pdf*

Dooley, J.J., Cross, D., Hearn, L. and Treyvaud, R. (2009), "Review of existing Australian and international cyber-safety research". Child Health Promotion Research Centre, Edith Cowan University, Perth. Available at *www.dbcde.gov.au/__data/assets/ pdf_file/0004/119416/ECU_Review_of_existing_Australian_and_international_ cyber-safety_research.pdf*

eNacso (2009), "Developing a Response to a new breed of location services". Available at *www.enacso.eu/index.php?option=com_rokdownloads&view=file&task=downl oad&id=8%3Aenacso-response-to-the-new-breed-of-location-services&Itemid=11*

Enex TestLab (2009), "Internet Service Provider Content Filtering Pilot Report". Available at *www.dbcde.gov.au/__data/assets/pdf_file/0008/123857/Enex_ Testlab_report_into_ISPlevel_filtering_-_01_Main_report.pdf*

ENISA (2007), "Security Issues and Recommendations for Online Social Networks". ENISA Position Paper No.1. Available at *www.enisa.europa.eu/act/res/otherareas/social-networks/security-issues-and-recommendations-for-online-socialnetworks/at_download/fullReport*

ENISA (2008), "Security and Privacy in Massively-Multiplayer Online Games and Social and Corporate Virtual Worlds. Virtual Worlds, Real Money". Position Paper. Available at *www.enisa.europa.eu/act/it/oar/massively-multiplayer-onlinegames-and-social-andcorporate-virtual-worlds/security-and-privacy-in-virtual-*

worlds-and-gaming

European Association of Communications Agencies (2006), "Ethical Guidelines for Advertising to Children". Available at *www.eaca.be/_upload/documents/guidelines/Ethical%20guidelines%20for%20Advertising%20and%20Children.doc*

EC (European Commission) (2006), "Flash Eurobarometer (EU25). Safer Internet". Available at *http://ec.europa.eu/information_society/activities/sip/docs/eurobarometer/eurobarometer_2005_25_ms.pdf*

EC (2008a), Public Consultation Age Verification, Cross Media Rating and Classification, Online Social Networking; Belgian Awareness Node; Questionnaire 1; Available at *http://ec.europa.eu/information_society/activities/sip/docs/pub_consult_age_rating_sns/results/crioc_a531786.pdf*

EC (2008b), "Background Report on Cross Media Rating and Classification and Age Verification Solutions". Safer Internet Forum 2008. Available at *http://ec.europa.eu/information_society/activities/sip/docs/pub_consult_age_rating_sns/reportageverification.pdf*

EC (2008c), "Flash Eurobarometer (EU27). Towards a safer use of the Internet for children in the EU – a parents' perspective", analytical report. Available at *http://ec.europa.eu/information_society/activities/sip/docs/eurobarometer/analyticalreport_2008.pdf*

EC (2009a), "Empowering and Protecting Children online". Available at *http://ec.europa.eu/information_society/doc/factsheets/018-safer-internet.pdf*

EC (2009b), Communications COM (2009) 64 final. Final evaluation of the implementation of the multiannual Community Programme on promoting safer use of the Internet and new online technologies. Brussels, 18.2.2009. Available at *http://ec.europa.eu/information_society/activities/sip/docs/prog_evaluation/comm_final_eval_sip_en_2005_2008.pdf*

European Framework for Safer Mobile Use by Younger Teenagers and Children, February 2007. Available at *http://ec.europa.eu/information_society/activities/sip/docs/mobile_2005/europeanframework.pdf*

European Parliament and Council (2006), Recommendation 2006/952/EC of the European Parliament and of the Council of 20 December 2006 on the protection of minors and human dignity and on the right of reply in relation to the competitiveness of the European audiovisual and on-line information services industry. Available at *http://eur-lex.europa.eu/LexUriServ/LexUriServ.do?uri=CELEX:32006H0952:EN:NOT*

European Parliament and Council (2007), Directive 2007/65/EC of the European Parliament and of the Council of 11 December 2007 amending Council Directive 89/552/EEC on the co-ordination of certain provisions laid down by law, regulation or administrative action in Member States concerning the pursuit of television broadcasting activities (Audiovisual Media Services Directive). Available at *http://eurlex.europa.eu/LexUriServ/LexUriServ.do?uri=CELEX:32007L0065: EN:NOT*

EURYDICE (2009), "Education on Online Safety in Schools in Europe". Summary Report. Available at *http://eacea.ec.europa.eu/education/eurydice/documents/thematic_reports/121EN.pdf*

FOSI (Family Online Safety Institute) (2007), "State of Online Safety Report 2008". Available at *http://fosi.org/cms/downloads/policy/online_safety_report08.pdf*

Fielder, A., Gardner, W., Nairn and A., Pitt, J. (2007), "Fair game? Assessing commercial activity on children's favourite Web sites and online environments". Available at *www.agnesnairn.co.uk/policy_reports/fair_game_final.pdf*

Government of Canada (2000), "Illegal and Offensive Content on the Internet. Canadian Strategy to Promote Safe, Wise and Responsible Internet Use". Available at *http://dsppsd.pwgsc.gc.ca/Collection/C2-532-2000E.pdf*

Grimm, P., Rhein, St. and Clausen-Muradian, E. (2008), Gewalt im Web 2.0. Der Umgang Jugendlicher mit gewalthaltigen Inhalten und Cyber- Mobbing sowie die rechtliche Einordnung der Problematik, Schriftenreihe der NLM; Bd. 23, Berlin: Vistas Verlag. Available at *www.nlm.de/fileadmin/dateien/aktuell/Studie_Prof._Grimm.pdf*

Hans-Bredow-Institut and the Institute of European Media Law (2006), Final Report. Study on Co-Regulation Measures in the Media Sector. Study for the European Commission. Available at http://ec.europa.eu/avpolicy/docs/library/studies/coregul/final_rep_en.pdf

Hasebrink, U., Livingstone, S., Haddon, L. and Ólafsson, K. (2009), "Comparing children's online opportunities and risks across Europe: Cross-national comparisons for EU Kids Online". LSE, London: EU Kids Online (Deliverable D3.2, 2nd edition).

IIA (Internet Industry Association) (2008), Feasibility Study - ISP Level Content Filtering, February 2008; Main report, Available at *www.dbcde.gov.au/__data/assets/pdf_file/0006/95307/Main_Report_-_Final.pdf*

ISTTF (Internet Safety Technical Task Force) (2008), "Enhancing Child Safety and Online Technologies": Final Report of the ISTTF to the Multi-State Working

Group on Social Networking of State Attorney Generals of the United States. Cambridge, MA: Berkman Center for Internet and Society, Harvard University. Available at *http://cyber.law.harvard.edu/pubrelease/isttf/*

ITU (2009a), "Guidelines for Policy Makers of Child Online Protection". Available at *www.itu.int/osg/csd/cybersecurity/gca/cop/guidelines/policy_makers.pdf*

ITU (2009b), Tokyo Communiqué on Safer Internet Environment for Children as agreed by participants to the ITU/ MIC Strategic Dialogue on "Safer Internet Environment for Children" on 3 June 2009 in Tokyo, Japan. Available at *www.itu.int/osg/csd/cybersecurity/gca/cop/meetings/june-tokyo/documents/ITU-Tokyo-Communique.doc*

ITU (2010a), Council Working Group on Child Online Protection. The Source of Online Threats to Youth and Children. Geneva, 11 June 2010. Available at *www.itu.int/council/groups/wg-cop/second-meeting-june-2010/010610_Online_Threats_COP_Rev.1.doc*

ITU (2010b), Child Online Protection. Statistical Framework and Indicators. Available at *www.itu.int/pub/D-IND-COP.01-11-2010/en*

Jakubowicz, Karol (2009), "A New Notion of Media. Media and media-like content and activities on new communication services". Background Text. First Council of Europe Conference of Ministers Responsible for the Media and New Communications Services.

Kaiser Family Foundation (2006), It's Child's Play: Advergaming and the Online Marketing of Food to Children. Available at *www.kff.org/entmedia/upload/7536.pdf*

Kaiser Family Foundation (2010), Generation M2, Media in the Lives of 8-Year-Olds. Available at *www.kff.org/entmedia/upload/8010.pdf*

KJM (Komission für Jugendmedienshutz der Landesmedienanstalten) (2009), Interstate Treaty on the Protection of Minors in Broadcasting and Telemedia. Available at *www.alm.de/fileadmin/Download/Gesetze/JMStV_Stand_11.RStV_englisch.pdf*

Lee, Byeong Gi (Commissioner, Korea Communications Commission, 2009), Understanding Korea's "Identity Verification System". Available at *http://121.254.145.213/gisa_down.php?pfile=%2Fdata1%2Fftp%2Fgisa_download%2F20091206_%C2%FC%B0%ED%C0%DA%B7%E1_Identity+Verification+System+2009.12.+BGL.doc*

Livingstone, S. and Bober, M. (2005), "UK children go online: Final report of key project findings". London: LSE Research Online. Available at *http://eprints.lse.*

ac.uk/399/

Livingstone, S., and Haddon, L. (2009), "EU Kids Online: Final report". LSE, London: EU Kids Online. (EC Safer Internet Plus Programme Deliverable D6.5). Available at *www.lse.ac.uk/collections/EUKidsOnline/Reports/EUKidsOnlineFinalReport.pdf*

Livingstone, S. (2009), "A Rationale for Positive Online Content for Children". *Communication Research Trends*, Volume 28, No. 3, p. 12.

Marwick, A., Murgia-Diaz, D. and Palfrey, J. (2010), "Youth, Privacy and Reputation" (Literature Review), *Berkman Center Research* Publication No. 2010-5. Available at *http://papers.ssrn.com/sol3/papers.cfm?abstract_id=1588163*

Media Awareness Network (2005), "Young Canadians in a Wired World: Phase II Trends and Recommendations". Available at *www.mediaawareness.ca/english/research/YCWW/phaseII/upload/YCWWII_trends_recomm.pdf*

Millwood Hargrave, A. (2009), "Protecting children from harmful content". Report prepared for the Council of Europe's Group of Specialists on Human Rights in the Information Society. Available at *www.coe.int/t/dghl/standardsetting/media/Doc/HInf(2009)13_en.pdf*

Millwood Hargrave, A., Livingstone, S., et al., (2009), *Harm and Offense in Media Content: A Review of the Empirical Literature*. 2nd ed., Bristol Intellect Press.

Muir, D. (2005), *Violence Against Children in Cyberspace: A Contribution to the United Nations Study on Violence Against Children*. Bangkok, Thailand: ECPAT International. Available at *www.ecpat.net/EI/Publications/ICT/Cyberspace_ENG.pdf#*

National Consumer Council (2007), "Watching, wanting and wekkbeing: exploring the links". Available at: www.agnesnairn.co.uk/policy_reports/watching_wanting_and_wellbeing_july_2007.pdf

New Zealand's Department of Internal Affairs (n.d.), "Censorship and the Internet". Available at *www.dia.govt.nz/diawebsite.nsf/Files/Censorship_Internet/$file/Censorship_Internet.pdf*

NICC (2008), "Notice and Take Down Code of Conduct". Available at *www.samentegencybercrime.nl/UserFiles/File/NTD_Gedragscode_Opmaak_Engels.pdf*

Nordic Consumer Affairs Ministers (n.d.), "Internet Marketing Aimed at Children and Minors". Resolution by the Nordic consumer affairs ministers. Available at *www.kuluttajavirasto.fi/File/71c7279a-af1a-4cea-b858-ae7948ca96d8/Internet+marketing+aimed+at+children+and+minors.pdf*

O'Connell, R., and Bryce, J. (2006), "Young People, Well-Being and Risk On-Line".

Strasbourg: Media Division, Directorate General of Human Rights, Council of Europe. Available at *www.coe.int/t/dghl/standardsetting/media/Doc/H-Inf (2006)005_en.pdf*

OECD (1980), "Recommendation of the Council Concerning Guidelines Governing the Protection of Privacy and Transborder Flows of Personal Data". Available at: *www.oecd.org/document/18/0,3343,en_2649_34255_1815186_1_1_1_1,00.html*

OECD (1999), "Approaches to Content on the Internet". DSTI/ICCP (97) 14/FINAL, OECD, Paris. Available at: *www.oecd.org/officialdocuments/displaydocumentpdf?cote=DSTI/ICCP(97)14/FINAL*

OECD (2001), *The DAC Guidelines, Poverty Reduction*, OECD, Paris. Available at *www.oecd.org/dataoecd/47/14/2672735.pdf*

OECD (2002), *Regulatory Policies in OECD Countries. From Interventionism to Regulatory Governance*. OECD, Paris.

OECD (2003), "Policy Coherence: Vital for Global Development". Policy Brief, OECD, Paris. Available at *www.oecd.org/dataoecd/1/50/8879954.pdf*

OECD (2006), "Mobile Commerce". OECD Digital Economy Paper 124, Directorate for Science, Technology and Industry, OECD, Paris. Available at *www.oecd.org/dataoecd/22/52/38077227.pdf*

OECD (2007a), *Participative Web and User-Created Content: Web 2.0, Wikis and Social Networking*. OECD, Paris.

OECD (2007b), Working Party on Regulatory Management and Reform: Methodological Guidance and Frameworks for RIA, GOV/PGC/REG (2007) 8.

OECD (2008), "The Seoul Declaration for the Future of the Internet Economy". Available at *www.oecd.org/dataoecd/49/28/40839436.pdf*

OECD (2009a), "Report on the APEC-OECD Joint Symposium on Initiatives among Member Economies Promoting Safer Internet Environment for Children". Available at *www.oecd.org/dataoecd/46/46/44120262.pdf*

OECD (2009b), *Computer Viruses and Other Malicious Software. A Threat to the Internet Economy*. OECD, Paris. Available at *www.oecd.org/document/16/0,3343,en_2649_34223_42276816_1_1_1_37441,00.html*

OECD (2009c), "The Economic and Social Role of Internet Intermediaries". OECD Digital Economy Papers 171, Directorate for Science, Technology and Industry, OECD, Paris. Available at *www.oecd.org/dataoecd/49/4/44949023.pdf*

OECD (2010a), "National Strategies and Policies for Digital Identity Management in OECD Countries". OECD Digital Economy Paper 177, Directorate for Science,

Technology and Industry, OECD, Paris.

OECD (2010b), The role of Internet Intermediaries in Advancing Public Policy Objectives. Forging Partnership for Advancing Policy Objectives for the Internet Economy, Part II and III. ICCP (2010) 11, OECD, Paris.

OECD (2010c), "Conference on Empowering E-consumers: Strengthening Consumer Protection in the Internet Economy- Summary of key points and conclusions". DSTI/CP (2010) 2/FINAL, OECD, Paris.

OECD (2010d), "The Evolving Privacy Landscape: 30 Years After the OECD Privacy Guidelines". DSTI/ICCP/REG (2010) 6/FINAL. OECD, Paris.

OECD (2010e), "Ministerial report on the OECD Innovation Strategy. Innovation to strengthen growth and address global and social challenges". May 2010, OECD, Paris. Available at *www.oecd.org/dataoecd/51/28/45326349.pdf*

OECD (2010f), "The role of Internet Intermediaries in Advancing Public Policy Objectives". Workshop Summary, 16 June 2010, Paris, France. Available at *www.oecd.org/dataoecd/8/59/45997042.pdf*

Ofcom (2007), "Ofcom's Submission to the Byron Review, Annex 5: The Evidence Base – The views of Children, Young People and Parents". Available at: *www.ofcom.org.uk/research/telecoms/reports/byron/annex5.pdf*

Ofcom (2008a), "Social Networking: A quantitative and qualitative research report into attitudes, behaviours and use". Available at *http://stakeholders.ofcom.org.uk/binaries/research/media-literacy/report1.pdf*

Ofcom (2008b), "UK code of practice for the self-regulation of new forms of content on mobiles", Review 2008, Available at *www.ofcom.org.uk/advice/media_literacy/medlitpub/ukcode/ukcode.pdf*

Ofcom (2008c), "Ofcom's Response to the Byron Review, Statement 2008", Available at *http://stakeholders.ofcom.org.uk/binaries/research/telecomsresearch/Byron_exec_summary.pdf*

Ofcom (2010), "UK children's media literacy". Available at *http://stakeholders.ofcom.org.uk/binaries/research/media-literacy/ukchildrensml1.pdf*

Online Safety and Technology Working Group (OSTWG) (2010), "Youth Safety in a Living Internet: Report of the Online Safety and Technology Working Group", 4 June 2010, p. 16. Available at *www.ntia.doc.gov/reports/2010/OSTWG_Final_Report_060410.pdf*

PEGI Online (n.d.), PEGI Online Safety Code (POSC), "A Code of Conduct for the European Interactive Software Industry". Available at *www.pegionline.eu/en/*

index/id/235/media/pdf/197.pdf

Peter, J., Valkenburg, P. M., and Schouten, A. P. (2006), "Characteristics and Motives of Adolescents Talking with Strangers on the Internet". *CyberPsychology & Behavior*, 9 (5), 526-530.

Pew Internet & American Life Project (2007), "Teens, Privacy & Online Social Networks. How teens manage their online identities and personal information in the age of MySpace". Available at *www.pewinternet.org/~/media//Files/Reports/2007/PIP_Teens_Privacy_SNS_Report_Final.pdf*

Pew Internet & American Life Project (2009), "Teens and Sexting. How and why minor teens are sending sexually suggestive nude or nearly nude images via text messaging". Available at *http://pewInternet.org/Reports/2009/Teens-and-Sexting.aspx*.

Pew Internet & American Life Project (2010), "Reputation Management and Social Media. How people monitor and maintain their identity through search and social media". Available at *http://pewinternet.org/Reports/2010/Reputation-Management/Summary-of-Findings.aspx?r=1*.

Powell, Alison, Hills, Michael, and Nash, Victoria (2010), "Child Protection and Freedom of Expression Online". *Oxford Internet Institute Forum Discussion Paper No. 17*, 1 March 2010. Available at *www.oii.ox.ac.uk/publications/FD17.pdf*

PricewaterhouseCoopers (2009), "European Framework for Safer Mobile Use by Younger Teenagers and Children". Available at *www.gsmeurope.org/documents/PwC_Implementation_Report.pdf*

Safer Internet Programme (2010), "Assessment Report on the Status on Online Safety Education in Schools across Europe". Available at *http://ec.europa.eu/information_society/activities/sip/docs/forum_oct_2009/assessment_report.pdf*

Safer Social Networking Principles for the EU (2009), Available at *http://ec.europa.eu/information_society/activities/social_networking/docs/sn_principles.pdf*

Schmidt, Marie E. and Vandewater, Elizabeth A. (2008), "Media and Attention, Cognition, and School Achievement", *Children and Electronic Media*, Vol. 18, No 1, Spring 2008. Available at *http://ccf.tc.columbia.edu/pdf/Children%20and%20Electronic%20Media_Spring%2008.pdf*

Shafer, Joseph A. (2002), "Spinning the Web of Hate: Web-based Hate Propagation by Extremist Organizations", *Journal of Criminal Justice and Popular Culture*, 9 (2) : 69-88. Available at *www.albany.edu/scj/jcjpc/vol9is2/schafer.pdf*

Solove, Daniel J. (2007), "The Future of Reputation: Gossip, Rumor, and Privacy on the Internet". *Yale University Press.* Available at *http://docs.law.gwu.edu/facweb/dsolove/Future-of-Reputation/text.htm*

Staksrud, Elisabeth and Lobe, Bojana (2010), "Evaluation of the Implementation of the Safer Social Networking Principles for the EU Part I: General Report". Available at *http://ec.europa.eu/information_society/activities/social_networking/docs/final_report/first_part.pdf*

Stross, R. (2010), "Computers at Home: Educational Hope vs. Teenage Reality". *The New York Times.* Published on 9 July 2010. Available at: *www.nytimes.com/2010/07/11/business/11digi.html.*

Thierer, A. (2009a), "Parental Controls & Online Child Protection: A Survey of Tools & Methods". Washington, D. C.: The Progress & Freedom Foundation. Available at *www.pff.org/parentalcontrols/*

Thierer, A. (2009b), "Five Online Safety Task Forces Agree: Education, Empowerment & Self-Regulation are the Answer". Progress & Freedom Foundation Progress on Point Paper, Vol. 16, No. 13, July 2009. Available at *http://ssrn.com/abstract=1433504*

TACD (Trans Atlantic Consumer Dialogue) (2009), "Resolution on Marketing to Children Online", Available at *http://tacd.org/index2.php?option=com_docman&task=doc_view&gid=207&Itemid*

UKCCIS (UK Council for Child Internet Safety) (2009), "Click Clever, Click Safe: The First Child Internet Safety Strategy. Available at *www.dcsf.gov.uk/ukccis/news_detail.cfm?newsid=36&thisnews=2*

UK Department for Children, Schools and Families, and Department for Culture, Media and Sport (2009), "The Impact of the Commercial World on Children's Wellbeing: Report of an Independent Assessment". Available at *http://publications.dcsf.gov.uk/eOrderingDownload/00669-2009DOM-EN.pdf*

UK Home Office (2005), "Good Practice Guidance for the Moderation of Interactive Services for Children", Available at *http://police.homeoffice.gov.uk/publications/operational-policing/moderationdocument-final.pdf*

UK Home Office (2008), "Good Practice Guidance for the providers of social networking and other user interactive services 2008". Available at *http://police.homeoffice.gov.uk/publications/operational%2Dpolicing/social%2Dnetworking%2Dguidance*

United Nations (1989), "Convention on the Rights of the Child Adopted and opened for signature", ratification and accession by General Assembly resolution 44/25

of 20 November 1989. Available at *www2.ohchr.org/english/law/pdf/crc.pdf*
US Department of Justice (2002), *Drug, Youth and the Internet*. Available at *www.justice.gov/ndic/pubs2/2161/2161p.pdf*
US FCC (Federal Communications Commission) (2009), "In the Matter of Implementation of the Child Safe Viewing Act; Examination of Parental Control Technologies for Video or Audio Programming", MB Docket No. 09-26. Available at *http://hraunfoss.fcc.gov/edocs_public/attachmatch/FCC-09-69A1.pdf*
US FTC (Federal Trade Commission) (n.d.), "Children's Online Privacy Protection Rule"; Final Rule, 16 CFR Part 312.
US FTC (2002), "Protecting Children's Privacy Under COPPA: A Survey on Compliance". Staff Report, Available at *www.ftc.gov/os/2002/04/coppasurvey.pdf*
US FTC (2007), "Implementing the Children's Online Privacy Protection Act". A Report to Congress, February 2007. Available at *www.ftc.gov/reports/coppa/07COPPA_Report_to_Congress.pdf*
US FTC (2009a), "Beyond Voice: Mapping the Mobile Marketplace". Staff Report. Available at *www.ftc.gov/reports/mobilemarketplace/mobilemktgfinal.pdf*
US FTC (2009b), "Virtual Worlds and Kids: Mapping the Risk". A Report to Congress, December 2009. Available at *www.ftc.gov/os/2009/12/oecd-vwrpt.pdf*
US FTC (2010), "FTC Seeks Comment on Children's Online Privacy Protections; Questions Whether Changes to Technology Warrant Changes to Agency Rule". Available at *www.ftc.gov/opa/2010/03/coppa.shtm*
Valkenburg, Patti M., and Peter, Jochen (2008), "Adolescents' Identity Experiments on the Internet: Consequences for Social Competence and Self-Concept Unity", Communication Research, (2008) 35, p. 208.
Wolak, J., Finkelhor, D., and Mitchell, K. (2006), "Online Victimization of Youth: Five years Later". Available at *www.unh.edu/ccrc/pdf/CV138.pdf*
Wolak, J., Finkelhor, D., and Mitchell, K. (2007), "1 in 7 youth: The statistics about online solicitations". Available at *http://cyber.law.harvard.edu/sites/cyber.law.harvard.edu/files/1in7Youth.pdf*
Woollard, J., Wickens, C., Powell, K. and Russell, T. (2007), "E-safety: evaluation of key stage 3 materials for initial teacher education: Childnet International".
Yahoo! and Carat Interactive (2003), "Born to be Wired, the Role of New Media for a Digital Generation". Available at *http://us.i1.yimg.com/us.yimg.com/i/promo/btbw_2003/btbw_execsum.pdf*
YPRT (Youth Protection Roundtable) (2009), Stiftung Digitale Chancen. Youth

Protection Toolkit. Available at *www.yprt.eu/transfer/assets/final_YPRT_Toolkit.pdf*

第Ⅱ部

日本のインターネット・リテラシー
指標開発プロジェクト

序　文

　現代社会においてインターネットは欠くことのできないものとなっており、それは成人においても子どもたちにおいても同様である。しかし、子どものインターネット利用においては、違法・有害情報との接触、個人情報の漏洩、犯罪者との遭遇、電子商取引に関する問題やネット依存など様々なリスクが伴う。

　インターネットを利用する青少年の保護政策が必要であることは明白である。しかし、そのような政策には、極めて自由なインターネットの利益を損なうことなく安全を確保するためのバランスをとることが求められる。インターネット経済に向けたエビデンスに基づく政策に関する近年のOECDの勧告では、これらの問題を重要課題として取り上げている。2008年6月には各国閣僚の合意により、青少年へのインターネットの影響を理解するとともに、オンライン上での彼らの保護を強化するための取り組みの促進を宣言した、いわゆる「インターネット経済の未来に向けたソウル宣言（Seoul Declaration for the Future of the Internet Economy）」［C（2008）99］が採択された。

　2009年4月には、ソウル宣言で認識された政策課題を基に、「子どもたちの安全なインターネット利用を促す経済活動のメンバーによる協力に関するAPEC-OECDジョイントシンポジウム（APEC-OECD Joint Symposium on Initiatives among Member Economies Promoting Safer Internet Environment for Children）」において発展的な議論が行われた。このシンポジウムでの議論を受けて、国際社会に対して次にあげる取り組みが求められた。1）政府と民間の協力をつうじ、青少年のインターネットの環境の改善に取り組むこと。2）法的措置、自主規制や啓発教育を含む包括的なアプローチを講じること。3）青少年、保護者や教員のエンパワーメントを促進すること。4）国際的な共同を促進すること。

2012年2月には、これまでの取り組みを踏襲し、OECD理事会は「インターネット上の青少年の保護に関する理事会勧告（Recommendation of the Council on the Protection of Children Online）」［C（2011）155］を採択した。本勧告ではステークホルダーに対して次のことを訴えた。1）保護者のエンパワーメント。2）青少年と保護者のインターネット・リテラシーの習熟および利用状況に関する評価結果に基づく適切な政策の施行。3）各国政府間の協調による国際比較を促進すること。さらに重要なポイントとして、特に、効果的な政策立案のための基礎として、青少年と保護者のインターネット・リテラシーを測定するという政策的プロセスを経ることの重要性が強調された。

本報告書は、このような国際的な政策の方向性を踏まえて、日本において2009年4月より施行された「青少年が安全に安心してインターネットを利用できる環境の整備等に関する法律」を基にした政策的取り組みを報告する。

本法は、「青少年のインターネットを適切に活用する能力の習得に必要な措置を講ずる」こと、「青少年有害情報フィルタリングソフトウェアの性能の向上および利用の普及」をすること、および「青少年有害情報を閲覧する機会をできるだけ少なくするための措置等を講ずる」ことを目的としている（第1条）。本法はまた青少年の安全なインターネット環境を促進するための措置の必要性を強調している。特に、「民間における自主的かつ主体的な取り組みが大きな役割を担い、国および地方公共団体はこれを尊重すること」を明示している（第3条3）。これらの条項により、インターネットを利用する青少年保護は民間セクターの取り組みを政府が支援するという自主規制および共同規制を介して施行されるべきである。

政府と民間部門による共同規制と政府規制による効果的な協調は、ICT分野における政策立案に有効な支援となる。しかし、効果的な政策の立案と施行には、定量的な分析や実際のインターネットに対する習熟に基づいた強力なエビデンスに基づいていることが求められる。このことから、本報告書は日本における青少年がインターネットを安全に安心して活用するためのリテラシー指標——「青少年インターネット・リテラシー指標（Internet literacy Assessment

Indicator for Students: ILAS)」——の開発と実証研究の結果を報告することを目的とする。

第Ⅱ部　日本のインターネット・リテラシー指標開発プロジェクト

謝　辞

　本報告書の執筆にあたっては、次にあげる方々の多大なる協力を得た。「青少年インターネット・リテラシー指標策定委員会」の赤堀侃司委員長、新井健一副委員長、堀部政男顧問、渡部洋顧問、石戸奈々子委員、小泉力一委員、新保史生委員、中川正樹委員、藤川大祐委員、松浦敏雄委員。経済協力開発機構（OECD）科学技術産業局（STI）デジタル経済委員会（DEP）のAnne Carblanc氏、Michael Donohue氏、Laurent Bernat氏、Christian Reimsbach-Kounatze氏、大磯一氏（前職）。一般社団法人日本教育情報化振興会（JAPET&CEC）の藤本康雄氏（前職）。OECD日本政府代表部の嶋田信哉氏（前職）、入江晃史氏。総務省の阿部かのみ氏（前職）、鎌田俊介氏、吉田智彦氏、玉田康人氏。この場をかりてお礼申し上げる。

要　旨

　青少年のインターネット利用の進展により、彼らのオンライン・セーフティに関する国際的な関心が高まっている。2012年2月にOECD理事会は「インターネット上の青少年の保護に関する理事会勧告」を採択した。本勧告は、各国政府に対して青少年保護をエビデンスに基づく政策により施行することを呼びかけている。それは調査により、子どもたちのインターネット利用状況の理解、リスクの進展を理解するとともに、本問題に対する彼らの意識の状況を把握するためである。

　本勧告に沿って、日本政府は青少年のインターネット・リテラシーを測定するための指標の開発に着手した。本報告書はインターネット・リテラシー指標開発プロジェクトの取り組みの過程とその結果を報告するとともに、国際社会におけるインターネット・リテラシー指標策定に向けたフィージビリティスタディとしてまとめられている。

　このプロジェクトは、15歳の青少年に照準を当てて、彼らがインターネットを安全に安心して利用するための能力を測定するための「青少年インターネット・リテラシー指標（Internet Literacy Assessment Indicator for Students: ILAS）」を策定している。2011年には、14校69人の生徒を被験者として、ILASに対する形成的評価を行った。2012年には、調査を拡大させ23校2,464人の生徒を被験者として、ILASに対する総括的評価を行った。その評価の結果、開発したILASテスト・システムの信頼性と妥当性が証明された。このことにより、ILASは青少年のインターネット・リテラシーを測定する指標として有用で実用的な指標であると言える。

　ILASプロジェクトの説明に加えて、本報告書では分析結果を踏まえて、特定の政策的課題を提供する。それらは以下のとおりである。

- 青少年のセキュリティ・リスクおよび不適正取引に関するリスクに関する知識を身につけさせること。
- インターネット・リテラシーにおける地域間格差を是正すること。
- スマートフォンのWi-Fi回線向けフィルタリングの利用可能性を高めるための施策を講じること。
- 家庭における保護者と子どものインターネットの安全利用に関する話し合いを奨励すること。
- 青少年保護のための様々な技術的保護サービスの利用を推奨すること。
- 過度な利用規制が青少年のインターネット・リテラシーの習得のための学習に負の影響を与えることを踏まえた施策を求めること。
- インターネットの安全利用意識を高めるために青少年の規範意識を醸成すること。
- 子どもたちの安全確保のために、保護者に対する知識習得のための啓発教育を提供すること。

エビデンスに基づく政策立案の一環として、日本政府はILAS調査の結果に基づいて、青少年の安心で安全なインターネットの利用環境の整備に向けた政策方針の明確化に着手し始めている。このILASプロジェクトの概要および関連する政策課題に含まれる洞察は、OECD加盟国における子どものインターネット利用環境の改善に向けた示唆になることが期待される。

第1章

政策立案のための
インターネット・リテラシーの効果の検証

第Ⅱ部　日本のインターネット・リテラシー指標開発プロジェクト

第1節　政府部門にとっての利点

　OECD報告書「伝統的な規制の代替案に関する中間報告：自己規制と共同規制（Interim Report on Alternatives to Traditional Regulation: Self-regulation and Co-regulation）」（OECD, 2006）では、次にあげる効果的な自主規制と共同規制の主要な要素を認識している。1）政策の目的を明確にし、取り組むことができ、2）政策を統合し、他の規制との一貫性を高めることができ、さらに、3）効果的なモニタリングとコンプライアンスの構造を有している。これらのことから、インターネットを利用する青少年保護における自主規制と共同規制の利益を得るために、子どもたちのインターネットの利用状況とリテラシーに関するデータを政策立案に活かすことが重要であり、そのためにも量的な指標システムは必要となるのである。

　情報通信における政策形成において政府と民間部門が協調することは、多くの場合、効率的で効果的である。谷口（2003）もまた、急激に環境変化する情報通信分野においては、共同規制は政府規制や自主規制よりもより効果的であると論じている。谷口はそのような環境の変化に対して、政府規制は迅速な対応ができないことと、自主規制の場合は政策の執行力が十分ではないことを主張している。このことから、理想的なアプローチとして、民間部門の自主規制を政府が支援するという共同規制の体制が求められるのである。

　青少年保護およびインターネット・リテラシーに関する政策立案過程には、関係するステークホルダーの参加を必要とする。中でも、そのステークホルダーとして政府、保護者、教育者、学校関係者、地方自治体、民間部門および社会団体があげられる。量的指標システムは各ステークホルダーの役割を明確にし、それにより共同を促進させることができる。このような効率的な共同は、各ステークホルダーが負担する政策コストを削減させる。

　加えて、インターネットを取り巻く諸問題や青少年保護に関して子どもたち、

保護者や教育者に対する教育の機会を提供することが重要である。啓発教育の有効性を高めるためには、現状を把握するための正確な情報を提供することを目指さなければならない。指標システムは知識のギャップがある領域を特定して適切な啓発教育プログラムを決定することを支援することができる。

第2節　民間部門にとっての利点

　指標システムはエビデンスに基づき、民間部門による自主規制の効果的な施行を支援することができる。特に、指標は各関係者の役割を明確にすることができる。それは、民間部門における自主規制の施行および技術的保護手段の実施の相対的強度を調節することができるようになる。さらに自主規制の透明性を高めるとともに、実施コストの削減を可能とする。さらに、政策形成に指標システムを活用することにより、産業界、政府部門、保護者や教員などの協調を強化することができる。

　フィルタリングの開発と提供に関しては、子どもたちのインターネットの利用の自由と保護とのバランスに配慮することが重要となる。さらにこの問題は、近年のスマートフォンの普及によりさらに複雑化しており、民間部門は青少年保護を踏まえたスマートフォン関連サービスの再構築の必要性に直面している。さらに、民間部門にはスマートフォンの諸問題に対する自主規制政策の再評価を行うことが必要となっている。特に、子どもたちがWi-Fiネットワーク経由においてもインターネットにアクセスするであろうことから、民間部門にはWi-Fiネットワーク向けのフィルタリングの利用環境の整備と、その利用の促進が求められている。

　また、民間部門にはフィルタリング、ペアレンタルコントロール、プライバシー保護機能などのユーザーフレンドリーなデザインの採用による青少年保護サービスへの取り組みが求められる。さらに、そのような保護サービスを青少年や保護者に推奨する必要がある。指標を活用した調査結果を用いることによ

り、民間部門はこれらの保護方策の強度を決定することが可能となる。

図Ⅱ.1　最適な青少年保護政策

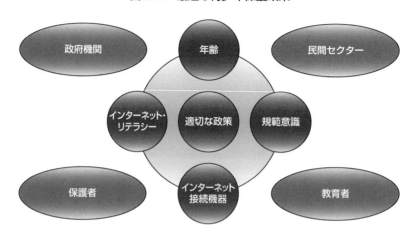

第3節　保護者にとっての利点

　インターネットを利用する青少年保護には、子どもたちだけでなく保護者に対しても彼らをエンパワーメントする必要がある。それゆえに、保護者のインターネット・リテラシーをも醸成する必要がある。指標システムは家庭でのインターネットの安全意識向上に向けた最適な啓発教育政策の決定を支援することができる。さらに、適切な啓発教育の機会と教育内容を決定するためのエビデンスを提供することができる。

　過度なインターネットの利用制限は、逆に子どもたちのインターネット・リテラシーの学習の機会に負の影響を与えることにもつながるであろう。したがって、保護者には利用制限の強度を調節し、子どもたちのインターネットの利用の自由と保護のバランスを確立することが求められる。指標は、このような保護のレベルの決定にも寄与するとができると言える。

第1章　政策立案のためのインターネット・リテラシーの効果の検証

　インターネットの安全利用のためには、インターネット・リテラシーの習得だけではなく、規範意識の醸成が必要と言える。それゆえ、保護者は子どもとインターネットの安全利用について話し合いを行うことが必要となるであろう。そのためには、2つのタイプの教育を効果的に子どもに教える必要がある。それが、インターネット・リテラシーの習得と規範意識の醸成なのである。この、リテラシーと規範意識の獲得のための教育のバランスを決定するための判断材料として、指標から得られたデータを活用することが有効になる。

第4節　教員にとっての利点

　子どもたちが的適切にインターネットを使うことを促進するために、教員をエンパワーメントすることは必要不可欠である。彼らが生徒を指導するために必要な基礎的な知識を得るための研修の機会を提供を受けるべきであり、子どもたちの適切なインターネット利用に向けた関連知識習得をサポートする必要がある。

　さらに、子どもの発達段階を考慮したインターネットの適切利用のための教育や、地域特性に合わせた教育の提供が重要になる。そのためには、インターネット・リテラシーだけではなく、子どもたちの規範意識を育てるための教育を組み合わせることを考慮することが求められる。

第2章

日本のインターネット・リテラシー指標システムの開発

はじめに

　2008年、日本政府は「青少年が安全に安心してインターネットを利用できる環境の整備等に関する法律（平成20年法律第79号）」を議員立法として可決した。本法の目的の1つには、「青少年のインターネットを適切に活用する能力の習得に必要な措置を講ずる（第1条）」ことがあげられており、政府機関、通信事業者および教育機関に対して啓発教育を実践することが奨励されている。本法は2009年に施行され、様々な利害関係者により、情報通信技術（ICT）の分野における多様な青少年保護の実践につながった。しかし、これらの政策に対する評価基準が確立されていなかったことから、これらの取り組みの効果を測定することはできなかった。

　本法第1条の目的を遵守するためにも、効果的な啓発教育政策を策定するための必須の前提条件として、適切に青少年のインターネット・リテラシーを評価するための指標の開発が求められた。この指標は青少年のインターネットの脅威や危険に対処できる能力に焦点を当てたものである。さらに、国際的な視点から青少年の安心で安全なインターネット環境整備のために、国際的な比較が可能となることを目指した。

　この目的のために、日本では安全で安心なインターネット環境整備に向けたエビデンスに基づく政策を支援するために、青少年のインターネット・リテラシー指標の開発に取り組んだ。本指標開発プロジェクトは2011年9月から2012年8月にかけて実施された。

第2章　日本のインターネット・リテラシー指標システムの開発

第1節　インターネット・リテラシー指標の開発プロセス

以下に、インターネット・リテラシー指標（ILAS）の開発ステップを示す。

インターネット・リテラシー指標（ILAS）の開発ステップ

ステップ1：青少年が直面するオンライン・リスクの分類。
ステップ2：青少年がオンライン・リスクに対処するために必要なリテラシーのレベルを分類した、インターネット・リテラシー・リスク定義リストの開発。
ステップ3：青少年のインターネット・リテラシーを測定するためのテスト・システムの開発。
　　1）テスト・アイテムの策定。
　　2）予備テストによる出題数の決定。
　　3）プレ・テストによるテスト・セットに対する信頼性と妥当性の検証。
　　4）プレ・テストの結果を基にしたテスト・セットの改修。
ステップ4：全国規模でのインターネット・リテラシーの測定。
　　1）ILASを運用した青少年のインターネット・リテラシーの測定。
　　2）分析の実施と測定データの評価。
　　3）エビデンスに基づく政策提言への試み。

ステップ1では、先行研究とケーススタディを基にした青少年が直面するインターネットのリスクの分類を行った。ステップ2では、オンライン・リスクに対処するために青少年に必要とされる知識や能力を定義するためのリスク定義リストを策定した。定義した能力は「知識」と「行動」に分類するとともに、それらの能力を測定するためのテスト・アイテムを開発した。このように、ステップ1と2では、青少年のインターネット・リテラシーを測定するためのテスト・システムの基礎的フレームワークを構成した。

ステップ3では、ILASテスト・システムの信頼性と妥当性を検証するために569人の高校1年生を対象としたプレ・テストを実施した。プレ・テストの結果は分析・評価されるとともに、評価結果を受けてILASテスト・システムの信頼性と妥当性を高めるための改修が行われた。

最後にステップ4として、日本の青少年のインターネット・リテラシーを測定するために、全国規模でILASテストを実施した。ILASテストでは約2,500人の被験者を募り、得た結果を分析・評価した。さらに、分析結果の評価を基にしてエビデンスに基づく政策の実践として政策提言を行った。

第2節　青少年のインターネット・リテラシー・リスク定義リストの策定

プロジェクトの第1段階では、指標策定のために、青少年に必要とされるインターネット・リテラシーの習熟レベルを定義するための先行研究レビューを行った。

- 関連する先行研究、先行調査のレビュー。
- OECDが定義するリスク分類のレビュー。
- 青少年に求められるインターネット・リテラシーの習熟レベル設定の検討。

先行研究では、多様な方法でインターネット・リテラシーが検討されている。そのような先行研究を参照したうえで、本指標開発プロジェクトでは、インターネットの適切な取り扱い、リスクや脅威に対する対処能力に焦点を当ててレビューを行った。さらに、レビューの結果を基にインターネット上のリスクの分類に取り掛かった。特に、全国規模で青少年のインターネット・リテラシーを比較検討することを可能とするために、OECD（2012c）が策定したリスク分類（図Ⅱ.2）を基にインターネットの諸リスクを参照しつつ、様々なインター

第2章　日本のインターネット・リテラシー指標システムの開発

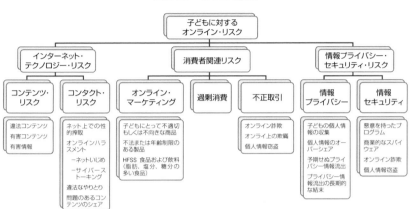

図Ⅱ.2　リスク分類

ネット上のリスクを網羅的に収集した。

　総務省（2009）では、日本の青少年が直面したインターネットに関連する諸問題をケーススタディとして収集し、分類している。リスク分類のプロセスでは、リスク定義リストを開発する際の現実に起きた諸問題のエビデンスとしてこのケーススタディにあげられている諸事例を参照した。

　本取り組みではまた、2011年下期以降急激的に市場で成長を遂げたスマートフォンから派生する問題についても、リスク分類の中に取り入れている。

　リスク定義リスト（表Ⅱ.1）には、義務教育修了時のすべての青少年に求められる諸能力を編纂し、インターネット・リテラシー指標（ILAS）として定義した（以下の囲み記事を参照）。この定義内の各項目は、インターネット・リテラシー・リスク定義リストにおける、3つの大分類と7つの中分類に対応している。

　OECDのリスク分類（図Ⅱ.2）に従い、リスク定義リストでは3つの大項目、7つの中項目、13の小項目からなる各カテゴリーに、リスク回避に必要とされる知識と行動に関する各能力を186定義した。

表Ⅱ.1　本研究で策定したインターネット・リテラシーに関するリスク分類

大分類	中分類	小分類
Ⅰ.違法・有害情報リスク	A. 違法情報リスク	1. 著作権等、肖像権、犯行予告、出会い系サイト等
	B. 有害情報リスク	1. 公序良俗に反するような情報、成人向け情報等
Ⅱ.不適正利用リスク	A. 不適切接触リスク	1. 誹謗中傷
		2. 匿名SNS
		3. 実名SNS
		4. 迷惑メール
		5. アプリケーション
	B. 不適正取引リスク	1. 詐欺、不適正製品等の販売等
	C. 不適切利用リスク	1. 過大消費
		2. 依存
Ⅲ.プライバシー・セキュリティリスク	A. プライバシーリスク	1. プライバシー・個人情報の流出、不適切公開
	B. セキュリティリスク	1. 不正アクセス等のなりすまし
		2. ウイルス

インターネット・リテラシー指標（ILAS）

　インターネットリテラシーに関して、本指標及びテストで測定しようとする能力は、知識基盤社会、高度情報通信社会を生きる力のひとつとして重要な、安全に安心してインターネットを活用できる能力のことであり、スマートフォンが急速に普及し、インターネットがますます青少年にとって身近になる中、義務教育修了時までに、すべての青少年に身につけてほしい能力である。

1. **インターネット上の違法コンテンツ、有害コンテンツに適切に対処できる。**
    a. 違法コンテンツの問題を理解し、適切に対処できる。
    b. 有害コンテンツの問題を理解し、適切に対処できる。
2. **インターネット上で適切にコミュニケーションができる。**
    a. 情報を読み取り、適切にコミュニケーションができる。
    b. 電子商取引の問題を理解し、適切に対処できる。
    c. 利用料金や時間の浪費に配慮して利用できる。
3. **プライバシー保護や適切なセキュリティ対策ができる。**
    a. プライバシー保護を図り利用できる。
    b. 適切なセキュリティ対策を講じて利用できる。

出所：総務省情報通信政策研究所（2012a）。

第3節　ILASテスト・システムの開発

3.1　リスク分類カテゴリーに連動したテスト・アイテムの開発

　リスク定義リストの策定作業を踏まえ、青少年のインターネット・リテラシーの習熟度合いを測定するために、各リスク・カテゴリに対応したテスト・アイテムを開発した。テスト・アイテムは、ブルームら（Bloom et al., 1971）によって提唱された教育目標の分類学における認知ドメインの習熟を測定することを意図した。これは、テストにより被験者が獲得しているインターネット・リテラシーに関する知識の習熟度合いを網羅的に評価することを可能とすることを目指している。テスト・アイテムは、実際の高校1年生が受験することを前提として、6人の高校の先生から協力を得て開発した。

　本研究では、100問以上のテスト・アイテムを策定したが、高校の授業1時限50分の授業で実施可能な問題数にするために、策定した問題の中から実際に出題する問題を選定することとした。表Ⅱ.2はテスト・アイテムの出題例である。

表Ⅱ.2　テスト問題の出題例

（問1） 青少年の利用が法律で禁止されているwebサイトを選択する問題。（四肢択一）
（問2） ネット炎上を引き起こす要因となる有害情報のアップロードに関する問題。（四肢択一）
（問3） 福祉犯罪の要因となりうるSNSサイトでの見知らぬ者とのコンタクトに関する問題。（四肢択一）
（問4） 個人情報をwebサイトに登録する際に利用する暗号化技術に関する問題。（四肢択一）
（問5） オンラインゲームを利用する際に生ずるおそれのある長時間利用に関する問題。（四肢択一）
（問6） IPアドレスに関する問題。（四肢択一）
（問7） 適切なパスワード設定に関する問題。（四肢択一）

3.2　予備実験によるテストの問題出題数の検証

　研究プロジェクトでは、テスト・システムの妥当性（出題数、制限時間、難易度等）を検証するために、37人の高校1年生を被験者として予備テストを実施した。予備テストの結果から、テスト・システムの妥当性（95％の被験者が制限時間内に回答でき、平均正答率は73％であった）が確認された。

　予備テストの結果、最終的な出題数を決定した。各リスク分類に定めた能力の習熟状況を比較できるようにするために、各リスク・カテゴリ中項目から各7問の計49問の出題とすることに決定した。

3.3　プレ・テストによるILASテスト・セットに対する信頼性と妥当性の検証

　予備テストの結果を受けて、本指標開発プロジェクトでは2011年に、さらに規模を拡大させて実証実験を実施した。ILASテストのテスト・セットの検証と実運用可能性を検証するために、プレ・テストを計画し、全国14の高校と共同し569人の被験者を対象とした実証実験を行った。プレ・テストは、次の4つのステップに従い実施した。

1) インターネットを介して、クラウド・オンラインサーバーのシステムに保存された試験問題を各高校に配信して実施した。
2) コンピュータベースド・テスト（CBT）は、各校の教員の管理下で、被験者である生徒に対して実施した。
3) 得られた各高校の試験結果は、クラウドシステムに格納した。
4) 集計データは、総合点および各リスク・カテゴリごとに青少年のインターネット・リテラシーを可視化した。さらに、インターネット・リテラシーとアンケートのデータをクロス分析した。

第2章 日本のインターネット・リテラシー指標システムの開発

表Ⅱ.3 プレ・テストの実施概要

所要時間	50分
出題数	49問（多肢択一問題）
実施内容	● CBT説明：10分 ● 事前アンケート：5分 ● プレ・テスト受験：35分 ● 事後アンケート：5分
実施期間	2012年1月30日～2月9日
被験者	高校1年生相当の高校生569人
実施高校	全国14校

　コンピュータ・ベースド・テスト（CBT）システムは、約20Mbps以上のダウンロード速度が確保できる高校で実施することを前提とした。20Mbps以下のダウンロード速度の高校においては、各端末レベルでのフィリーズを防ぐために、ダウンロードのタイミングをずらすなどの対策を講じた。しかし、3Mbps以下の回線速度の高校では、先のような対策を講じたものの、フリーズが生じてしまった。そのような高校においては、CBTから紙筆式テストに実施方法を切り替えて試験を実施した。

3.4　プレ・テストによるテスト・セットに対する検証

　プレ・テストの評価は、有効回答を得られた532人の生徒のテスト結果に基づいて行った。先ず、CBTの被験者（422人）と、紙筆式テストの被験者（110人）の平均スコアを比較したところ、CBT受験者の平均点が36.0点（SD=7.2）てあったのに対し、紙筆式テストの被験者は35.9点（SD=6.5）であった（表Ⅱ.4、図Ⅱ.3参照）。この結果から、上記の2つのテスト形式受験グループは、同じグループであるとみなすことができ、試験の実施環境（たとえば、インターネットの速度の問題や実施予算などの問題）に応じていずれかの試験形式を採用することができる[1]。

第Ⅱ部　日本のインターネット・リテラシー指標開発プロジェクト

表Ⅱ.4　CBTと紙筆式テストの結果の比較

	平均値	標準偏差
紙筆式	35.9	6.5
CBT	36.0	7.2
全体	36.0	7.1

図Ⅱ.3　CBTと紙筆式テストの得点分布表

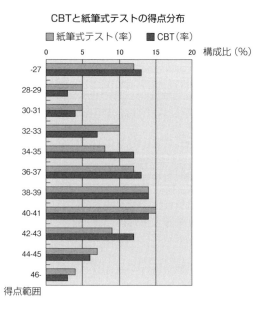

　次に、男子生徒と女子生徒の試験結果を比較したところ、男子の平均点は36.3点（SD=7.3）であったのに対して、女子は35.7点（SD=6.8）であった（表Ⅱ.5、図Ⅱ.4参照）。これらの結果によれば、性別は得点スコアに影響を与えていないと結論づけることができる。

　さらに、49問のテスト・セットの整合性を証明するために、信頼性係数を求めた。分析を行ったところ、クロンバックの α は0.86と高い数値を得たことから、テスト・セットにおける内的整合性は高いレベルであることが証明され

第2章 日本のインターネット・リテラシー指標システムの開発

た。これにより、ILASのテスト・セットは相互関係のあるテストであり、青少年のインターネット・リテラシーを測定するためのテストとして妥当性が高いと言える。

平均正答率をみてみると0.73となり、テスト・セットに構成された49問の問題群は適度な難易度であると判断できる。得点分布においても、0.26から0.96と幅広い分布を形成しており、バランスの良い分布となっていることがわかった。

表Ⅱ.5 男子と女子におけるテスト結果の比較

	平均値	標準偏差
男子	36.3	7.3
女子	35.7	6.8
全体	36.0	7.1

図Ⅱ.4 男子と女子における得点の分布表

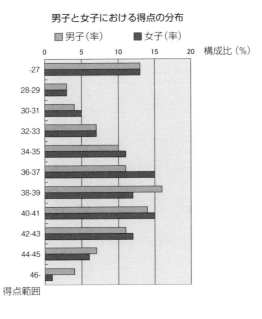

第Ⅱ部　日本のインターネット・リテラシー指標開発プロジェクト

第4節　被験者の属性を測定するためのアンケートの開発

　アンケートの策定においては、インターネットの利用実態、フィルタリングやペアレンタルコントロールなどの青少年保護サービスの利用状況、インターネットの安全な利用に対する態度などを調査することができる調査票を策定した。特に、アンケートはテスト結果では明らかにすることができない、青少年の保護サービスの利用状況やインターネット利用に対する青少年の心理面など、青少年のインターネットの利用状況を包括的に明らかにすることができる。

　さらに、テスト結果とアンケート結果をクロス分析・評価することで、利用しているディバイス、啓発教育の受講経験、安全利用に対する意識や心理的特性など様々な要因と青少年のインターネット・リテラシーとの関係を明らかにすることが可能となる。特にアンケートの設計においては、心理的特性や安全利用に対する意識の度合いを数値化するために、たとえば「とても慎重だ」「どちらかと言えば慎重だ」「あまり慎重でない」「慎重ではない」のような4件法によるアンケートの選択肢にするように設計した。

　策定したアンケートは、事前アンケート13質問、事後アンケート24質問の合計37の質問から構成されるものとした。特に事前アンケートでは、CBTに不慣れな被験者の回答練習としての機能をも果たすように、アンケートの設計を行った。表Ⅱ.6はアンケートのサンプルである。

表Ⅱ.6　アンケートのサンプル

```
(サンプル1)
    あなたは、SNSやブログ等によりインターネットで情報を発信する際に情報公開の範囲に気をつけていますか。(1つだけ)
    1. 気をつけている。
    2. やや気をつけている。
    3. あまり気をつけていない。
    4. 気をつけていない。
    5. 情報公開の範囲を設定できることを知らなかった。
    6. 情報発信していない。
```

第2章　日本のインターネット・リテラシー指標システムの開発

（サンプル2）
　あなたはインターネット上の危険について学校で教えてもらったことがありますか。（1つだけ）
　　1. 通常授業の中で教えてもらった。
　　2. 特別授業の中で教えてもらった。
　　3. その他。
　　4. 教えてもらっていない。

（サンプル3）
　あなたは、インターネット上の危険について家庭で話し合っていますか。（1つだけ）
　　1. よく話し合っている。
　　2. 時々話し合っている。
　　3. あまり話し合ったことがない。
　　4. 話し合ったことがない。

（サンプル4）
　インストールしたアプリケーションがあなたのスマートフォンの端末情報にアクセスしたり、端末情報を外部に送信したりする可能性があることを知っていましたか。（1つだけ）
　　1. よく知っていた。
　　2. 何となく知っていた。
　　3. あまり知らなかった。
　　4. まったく知らなかった。

（サンプル5）
　あなたはスマートフォンのアプリケーションを利用する際に、プライバシーポリシー・利用規約を読んでいますか。（1つだけ）
　　1. 読んでいる。
　　2. 多少読んでいる。
　　3. あまり読んでいない。
　　4. 読んでいない。
　　5. アプリケーションを利用しない。

出所：総務省情報通信政策研究所（2012b）。

第5節　ILASテストの運用

5.1　ILASテストの概要

　プレ・テストによる形成的評価とそれを受けたILAS指標システムの改修ののち、日本の青少年のインターネット・リテラシーを測定するために、全国の23の高校の協力を得て、本調査としての「ILASテスト」を実施した。協力校の選定に関しては、地域的な偏りがないように配慮するとともに、人口密集地域とそうでない地域の差があるかについて検証できるように、50万人以上、30万人〜50万人以下、30万人以下の都市の高校をバランスよく選定した。予備テストおよびプレ・テストと同様に、ILASテストは高校1年生を対象に実施された（表Ⅱ.7参照）。

表Ⅱ.7　ILASテスト運用の概要

所要時間	50分
出題数	49問（多肢択一問題）
実施内容	● CBT説明：10分 ● 事前アンケート：5分 ● ILASテスト受験：35分 ● 事後アンケート：5分
実施期間	2012年5月30日〜2012年7月30日
被験者	高校1年生相当の高校生2,464人
実施高校	全国23校

5.2　ILASテスト・システムの信頼性と妥当性の検証

　ILASテストは、被験者数2,464人を対象に実施され、ILAS指標システムに対する評価および日本の青少年のインターネット・リテラシーの測定を目指した。ILASテストで測定された49問の平均正答率は32.8点（SD=8.3）であり、男子が32.5点（SD=8.7）、女子が33.6点（SD=7.3）であった。これらの結果に基づいて、プレ・テストの結果と同様に、ILASテストにおいても性別はスコアに影響を及ぼしていないと言うことができる。また、信頼性係数をみてみるとα=0.89となり、信頼性係数の数値はプレ・テストよりも高い数値を記録した。さらに、正答率の分布をみてみると、0.22から0.94と広い分布を形成しており、このことからILASテストはプレ・テストよりも緩やかな勾配を形成しており、より難易度が調整されたと言える。このことから、ILASテストは、青少年のインターネット・リテラシーを測定する指標として妥当な尺度であると言える（表Ⅱ.8参照）[2]。

表Ⅱ.8　平均正答率と分布

	プレ・テスト	ILASテスト
平均正答率	73%	67%
信頼性係数	0.86	0.89
正答率分布	26%-96%	22%-94%

第2章　日本のインターネット・リテラシー指標システムの開発

　ILASテストの妥当性は、得点分布に基づいて検討された。プレ・テストにおける得点分布では、幾分高得点エリアに分布が集中しており、38点から41点のピークをから急激に得点分布が減少しており、25点以下ではほとんど分布がみられなかった。ILASテストでは、得点分布の高得点エリアでの集中が緩和され、得点のピークが36点から38点のエリアにシフトするとともに、得点分布の勾配も全体的になだらかになった（図Ⅱ.5参照）。この結果からも、ILASテスト・システムは青少年のインターネット・リテラシーを測定するためのテスティング・システムとして妥当であると言える。

図Ⅱ.5　プレ・テストとILASテストの得点平均正答率分布の比較

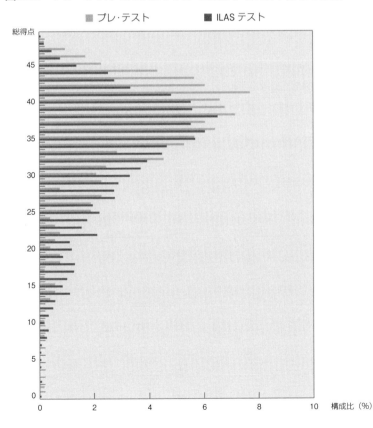

第3章

青少年のインターネットの安全利用の分析と評価

第Ⅱ部　日本のインターネット・リテラシー指標開発プロジェクト

はじめに

　本章では、3つの側面から青少年のインターネットの安全利用のための分析評価を行う。第1節では、ILASテストのテスト結果とアンケートの集計データのクロス分析を行う。第2節では、アンケートの集計データをもとにスマートフォンにおけるセキュリティ対策の実施状況を分析する。第3節、第4節、第5節では、内閣府（2010）が実施した全国調査のデータを補足データとして運用し、ILASテストでは測定されていない保護者と各学齢期の青少年に対する分析・評価を行う。第3節では、各学齢期における青少年のフィルタリングに対する認知状況と利用状況との相関分析を行う。第4節では、各学齢期における青少年の知識伝達型教育と彼らの規範意識との関係について言及する。第5節では、内閣府（2011）の調査データを基に、保護者の啓発教育経験とペアレンタルコントロールの実施状況との相関分析を行う。

第1節　クロス分析結果

1.1　各リスク中分類正答率

　各リスク中分類における平均正答率をみてみると、「違法情報リスク」（75％）、「不適切接触リスク」（72％）、「不適切利用リスク」（75％）は、他のリスク項目よりも高い正答率を示していた（図Ⅱ.6参照）。それに対して、「セキュリティ・リスク」（59％）、「不適正取引リスク」（55％）においては低い平均正答率となった。これらについて考えると、不適正取引リスクに関しては、15歳の青少年の電子商取引経験が多くないことが正答率に影響しているものと考えられる。また、セキュリティ・リスクに関しては、セキュリティに関す

る技術的知識を十分に習得していないことが低い正答率の要因となっていると考えられる[3]。

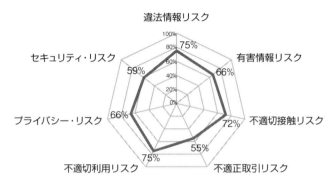

図Ⅱ.6　リスク中分類における平均正答率

N=2,464

1.2　高校のロケーションと平均正答率との関係

　都市の規模と青少年のインターネット・リテラシーとの関係を考えるために、協力校の所在する都市を人口規模により3つのカテゴリーに分類し（50万人以上、30万人以上、30万人以下）、各リスク分類ごとの正答率をクロス分析した。クロス分析の結果では、人口規模が大きい都市に位置している高校の生徒の方が、小さい人口規模の都市に位置している高校よりもインターネット・リテラシーが高いという結果となった（図Ⅱ.7参照）[4]。この結果には大きく2つの要因があると考えられる。人口規模の大きい都市は、人口規模が小さい都市よりもICT環境が発達していることから、その地域に住む青少年が、1）日常生活においてICTに接する機会が多いと考えられることと、2）そのICTの利用の過程において、インターネット・リテラシーを習得していることが考えられる。

図Ⅱ.7　都市の人口規模における平均正答率

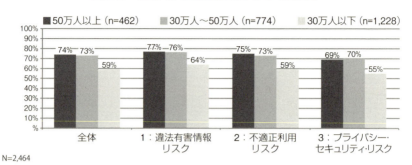

N=2,464

1.3　各通信ディバイスの所持率

ILASのアンケートでは、被験者の通信ディバイスの所有状況を調査した。調査結果では、スマートフォンの所有率が59％と他の通信ディバイスに比べ高い所有率となっていた。ILASテストの前年（2011年）に行ったプレ・テストでは25％の所有率であったことを踏まえると、スマートフォンが1年間で急激に普及したことが理解できる。他のディバイスをみてみると、ノートPCが49％、携帯ゲーム機が41％、フィーチャーフォンが37％となっていた（図Ⅱ.8参照）。

図Ⅱ.8　通信ディバイスの所有状況

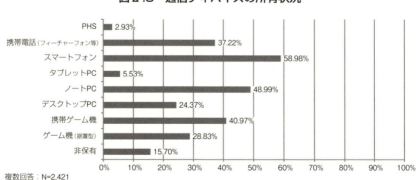

複数回答：N=2,421

第3章 青少年のインターネットの安全利用の分析と評価

これらの結果から、他の通信デバイスに比べ、スマートフォンは青少年の中に急激に広がっていると言える[5]。

1.4 インターネット接続機器として最も利用されている通信デバイス

次に、青少年がインターネットに接続する機器として最も多く利用している通信デバイスに関する調査結果をみていこう。調査結果では、48%の被験者がスマートフォンを最も多く利用していると答えており、24%がフィーチャーフォンと答えており、ノートPCでは13%にとどまっている（図Ⅱ.9参照）。この結果からも、スマートフォンは青少年の間で支配的な通信デバイスであるとともに、インターネットに接続するための手段として最も身近な機器であると言える。

図Ⅱ.9 最も多く利用する通信デバイス

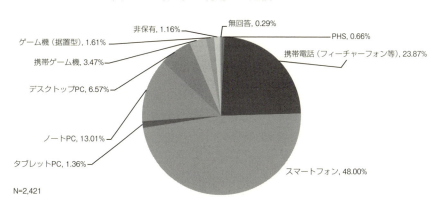

N=2,421

1.5 テスト結果と啓発教育の受講経験との関係

啓発教育の受講経験と平均正答率のクロス分析を行ったところ、啓発教育の受講経験がある被験者の方が、平均正答率が高いという結果を得た（図Ⅱ.10参照）[6]。この結果から、青少年のインターネット・リテラシーを育成するた

第Ⅱ部　日本のインターネット・リテラシー指標開発プロジェクト

めには、学校での教育や社会教育としての啓発教育の機会を提供することが重要であると言える。

1.6　家庭における親子の話し合いの有無と正答率との関係

　家庭で保護者とインターネットの利用について話し合っている青少年と話し合いをしていない青少年の平均正答率を比較したところ、話し合いをしている青少年の正答率の方が（正答率70%）、話し合いをしていない青少年の正答率（68%）よりも高いという結果を得た（図Ⅱ.11参照）[7]。この結果から、家庭での話し合いは、青少年のインターネット・リテラシーを高める一要因となっていることが推測できる。したがって、保護者が家庭で彼らの子どもたちを指導できるように、保護者をエンパワーメントすることが求められる。しかし、そのような話し合いが家庭で行われていない理由として、1）保護者の家庭での指導力不足、2）保護者のオンライン・リスクに対する認識不足などの要因があげられる。

1.7　オンライン・リスクの遭遇経験と正答率との関係

　オンライン・リスクの遭遇経験によりインターネット・リテラシーに差があるかについて検討するために、ILASテストの結果とアンケートの結果のクロス分析を行った。分析の結果、オンライン・リスクの遭遇経験がある青少年の正答率（71%）の方が、経験のない青少年の正答率（65%）[8]よりも高いという結果を得た（図Ⅱ.12参照）。この結果から、青少年は様々なインターネットの利用経験からインターネット・リテラシーを習得している可能性があることがうかがい知ることができる。

　この結果を基にして、インターネットを利用する過程で、小さなリスク経験を経験しつつ、知識不足による深刻なトラブルに巻き込まれないようにするための、段階的なインターネットの利用の幅の段階的な拡大が1つの方策としてあげることができよう。

第3章 青少年のインターネットの安全利用の分析と評価

図Ⅱ.10 啓発教育の受講の有無と正答率

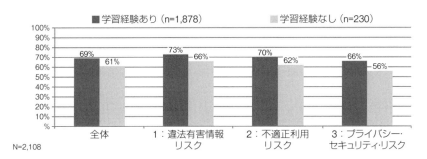

図Ⅱ.11 保護者との家庭での話し合いの有無と正答率との関係

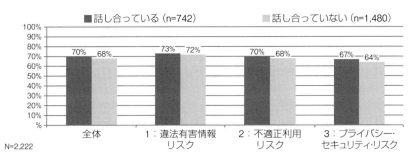

図Ⅱ.12 オンライン・リスクの経験と正答率との関係

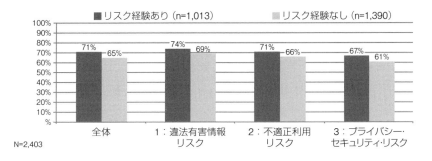

1.8 青少年が遭遇するオンライン・リスクのタイプ

青少年が遭遇するオンライン・リスクの類型とその頻度を複数回答式のアンケートを用いて調査した。調査の結果では、41.1%の青少年がオンライン・リスクを経験しているという結果となった。オンライン・リスクの最も多いものから順にあげると、迷惑メールの受信（31.7%）、インターネット依存（7.55%）、ウイルス感染（6.86%）であった（図Ⅱ.13参照）。

この結果から、青少年が喫緊で身につけるべきインターネット・リテラシーとしては、迷惑メールに対する対処法と言えよう。特に、フィッシング・メール、ウェブサイトへの誘導、偏った主張、詐欺行為等に関したリスクに対する知識への理解と対処力を身につけることが必要とされる。これらは多くの場合、迷惑メールによりトロイの木馬などのウイルスを含んでいる場合が多いからである。

図Ⅱ.13 青少年が遭遇しているオンライン・リスク

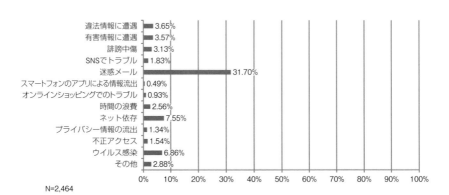

第3章　青少年のインターネットの安全利用の分析と評価

第2節　青少年のスマートフォン利用環境整備の必要性

　日本の「青少年インターネット利用環境整備法」では、インターネットを利用する青少年を保護するための施策として政府と民間セクターとの共同により自主規制および共同規制として青少年保護のための技術的措置を講じることを規定している。これらの措置はフィーチャーフォンに講じることを前提として規定されてきていた。しかし、青少年の間におけるスマートフォンの急激な普及により（ILASの調査においては、2012年の時点で59%の青少年がスマートフォンを所有）、技術的措置の主たる標的をスマートフォンに当てる必要に迫られている。

　日本におけるこの問題のステークホルダーは、従来型の携帯電話のみならずスマートフォン向けの青少年保護の技術的措置が必要であることを指摘している。特に重要な課題としてあげられるのが、Wi-Fiネットワーク向けのフィルタリングの問題である。

　従来型の携帯電話のインターネット通信は、3G規格、LTEやPHSの技術に基づくネットワークを利用している。モバイルキャリアは彼らの通信ネットワークとともに、保護者がオプトアウトしない限りにおいて青少年にフィルタリングを提供している。しかし、スマートフォンにおいては、インターネットの有害な情報に青少年が遭遇することを防ぐために、保護者や青少年に対してWi-Fiネットワークにおいてもフィルタリングを設定することを求めなければならない。フィルタリングの利用普及のためには、保護者と青少年を焦点に当てた啓発活動を行うことが必要であり、特にスマートフォンにおけるフィルタリングの仕組みの違いについての情報を提供することと、Wi-Fiフィルタリングの適用を促してゆく必要があると言える。

　スマートフォンに関するもう一方の問題としては、アプリケーションのダウンロード時の個人情報の収集の問題がある。青少年の多くは、彼らがダウンロ

第Ⅱ部　日本のインターネット・リテラシー指標開発プロジェクト

ードしたアプリケーションを利用する際に、彼らの個人情報が送信される危険性があることについての知識が十分に身についているとは言えないこと、およびその結果として生じるおそれのある潜在的な問題を十分に認識しているとは言えない。

2.1　青少年保護サービスの利用状況

このセクションでは、上記の問題を踏まえて、スマートフォンにおける技術的な青少年保護サービスの利用状況についてILAS調査の結果を基に言及してゆくことする。図Ⅱ.14は、各青少年保護サービスが十分に利用されていないことを示している[9]。スマートフォン・ユーザーのうち、42.79%の青少年が「セキュリティ・アプリ」を利用しており、41.39%が「プライバシー設定機能」を利用しており、「ペアレンタルコントロール機能」に関しては、11.76%の利用率にとどまっている。

効果的な青少年保護サービス利用の鍵は、青少年のインターネット・リテラシーに応じたレベルの調整を行うことと言える。そのためには、青少年のインターネット・リテラシーを定期的に測定することと、それに応じた施策に対する再評価を行うことである。

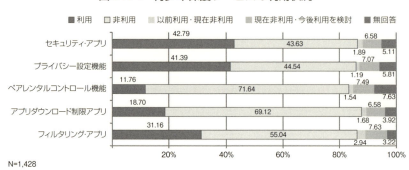

図Ⅱ.14　青少年保護サービスの利用状況

第3章 青少年のインターネットの安全利用の分析と評価

2.2 3GネットワークとWi-Fiネットワークの認知と利用状況

次に、3Gネットワークなどの携帯キャリアが提供するインターネット接続サービスとWi-Fiネットワークなどの無線LANに対する青少年の認知率および利用率についての調査を行った。調査の結果、3G回線と無線LANの利用率に大きな差はなかった（図Ⅱ.15参照）。しかし、30%の青少年は3G回線が携帯キャリアから提供されている回線サービスであり、無線LANはそうでないという違いを認識していなかった。このことは、無線LAN使用時においてフィルタリングが利用されていないおそれを拭いきれない。このことから、青少年に対してスマートフォンにおいて利用可能となるネットワークシステムの仕組みや、それらの環境下向けのフィルタリングに対する知識を提供する必要があると言えよう。

図Ⅱ.15 3Gネットワークと無線LANの認知と利用状況

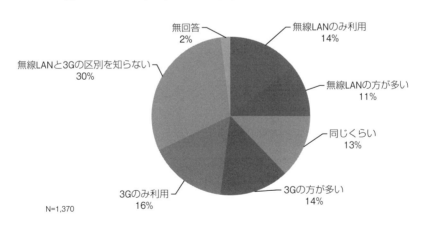

2.3　アプリケーションのインストールによる情報漏洩リスクに対する認知

青少年のアプリケーションのインストールによる情報漏洩リスクに対する認知状況について調査したところ、アンケートの回答に対して4件法による平均評価をしたところ、認知度合いの平均ポイントは2.74/4という結果となり、中位の認知状況であることがわかった（表Ⅱ.9参照）。この結果から、青少年の約半数以上はアプリケーションをインストールした際に情報漏洩のリスクの問題が生ずることを認識していると言える。

表Ⅱ.9　アプリケーションのインストールによる情報漏洩リスクに対する認知状況

	人数	配点	得点	平均
よく知っている	320	4	1,280	
多少知っている	526	3	1,578	
あまり知らない	259	2	518	
全く知らない	199	1	199	
合計	1,304		3,575	2.74/4

2.4　プライバシーポリシー同意書の確認

次に、青少年のアプリケーションのダウンロード時におけるプライバシーポリシーの確認状況を調査した。調査結果に対する4件法による平均評価を行ったところ、2.32/4とやや低い評点となり、この結果から青少年はどちらかというとプライバシー・ポリシーをあまり確認していないと言える（表Ⅱ.10参照）。

この結果から、青少年はアプリケーションを利用する際に情報漏洩のリスクについての認識はあるものの、そのようなリスクを回避するための行動は、どちらかというととられていないと考えられる。

表Ⅱ.10　プライバシーポリシー同意書の確認状況

	人数	配点	得点	平均
読んでいる	172	4	688	
多少読んでいる	439	3	1,317	
あまり読んでいない	327	2	654	
読んでいない	364	1	364	
合計	1,302		3,023	2.32/4

2.5　家庭における話し合いとプライバシー設定機能利用との相関

　青少年のプライバシー設定機能の利用と家庭での話し合いとの間の相関係数をみたところ、R=0.77と非常に高い相関係数を示した（表Ⅱ.11参照）。この結果から、家庭においてスマートフォンの安全利用について話し合いを行うことは、青少年の実際のプライバシー保護のための機能利用にも関係性が高いと考えられる。このことからも、保護者に対して家庭において話し合いをすることを支援してゆくことが1つの有効な手段であると言える。

表Ⅱ.11　家庭における話し合いとプライバシー設定機能利用との相関係数

	家庭での話し合いとの相関係数	有意確率（両側）	有効回答数
フィルタリング	0.10	0.000	1,214
ペアレンタルコントロール機能	0.11	0.000	1,184
プライバシー設定機能	0.77	0.000	1,210
セキュリティ・アプリ	0.09	0.001	1,221

2.6　各種保護サービス利用の相互関係

　各種保護サービスの利用における相互関係を分析した。保護サービスとして相関関係を分析したのはフィルタリング、プライバシー設定機能、セキュリティアプリケーションおよびペアレンタルコントロールであった。分析の結果、すべ

ての保護サービスにおいて中程度以上の相関係数の数値を得た。特に、プライバシー設定機能とセキュリティアプリケーションの利用との相関係数がR=0.89と極めて高い数値となった。これらの結果から、保護サービスを利用している青少年は複数の保護サービスを並行して利用している傾向にあることがわかった。

表Ⅱ.12　各種保護サービス利用の相関

	フィルタリング	プライバシー	セキュリティ	コントロール
フィルタリング利用	1.00			
プライバシー設定	0.47	1.00		
セキュリティ・アプリ利用	0.40	0.89	1.00	
ペアレンタルコントロール利用	0.45	0.44	0.43	1.00

2.7　情報漏洩に対する認識とプライバシーポリシーの確認行動との相関

青少年の情報漏洩に対する認識とプライバシーポリシーの確認行動との相関を分析したところ、相関係数がR=0.88と極めて高い値を得た（表Ⅱ.13参照）。このことから、情報漏洩リスクに対して慎重な青少年は、その意識が行動にも結びついている傾向にあることが考えられる。

表Ⅱ.13　情報漏洩に対する認識とプライバシー・ポリシーの確認行動との相関

	情報漏洩	読んでいる
情報漏洩	1.00	
読んでいる	0.88	1.00

第3節　青少年の学齢ごとの知識と安全対策との関係

ILASプロジェクトでは、15歳の青少年に焦点を当てて、彼らのインターネット・リテラシーを測定することを目指しているものであるが、本指標開発プ

ロジェクトの調査対象ではない他の年齢の青少年についても、当然ながら調査する必要がある。そこで、本節では、内閣府（2010）[10]が調査した各学齢期の青少年1,369名のデータを援用して、ILASプロジェクトで収集していない他の学齢期の青少年の分析を行う。

3.1 フィルタリングに対する認知と実際の利用との相関

学齢期ごとに、彼らのフィルタリングに対する認知状況と実際のフィルタリングの利用との相関を分析した。分析の結果、小学生（4〜6年生）においてはR=0.23と弱い相関が示された。しかし、中学生においてはR=0.14、高校生においてはR=0.06とほとんど相関がないという結果となった（図Ⅱ.16参照）[11]。この結果は、学齢が低い小学生では、フィルタリングに対する認識が実際の利用に対して弱いながらも正の影響を与えているが、中学、高校と学齢が上がるごとにフィルタリングを認識していても、実際にその機能を利用する割合が減少していることを示していると言える。

図Ⅱ.16　各学齢期におけるフィルタリングに対する認知と利用との相関

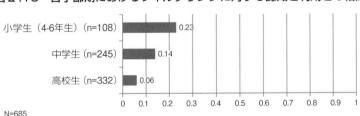

N=685

第4節　知識伝達型の教育と規範意識を育てる教育

これまで、各国において啓発教育が様々なかたちで実施されてきているが、その多くが知識ベースの啓発教育が主たるものであった。しかし、様々な教育理論がそのような教育が規範意識を育成することに直接的な効果があることを

示してはいない。

　Bloomら（1971）やGagneら（2005）の研究では、教育目標の分類学の観点から、教育目標の項目として「認知領域」と「情意的領域」をあげている。「認知領域」は知識の習得を目的とした学習である一方で、精神的なスキルの獲得としての「情意的領域」は、情緒的な成長と自我の確立に関する学習であり規範意識を育てる教育に関係している。これまでの啓発教育は、リスクに対して判断するための知識を与えることを主眼として提供されてきている。しかし、知識があるからと言って適切な判断がなされるとは言えず、またそのような適切とは言えない判断から様々な問題が生ずることから、啓発教育においても規範意識を育てる教育が求められ始めている。

　さらに、Kohlberg and Turiel（1971）やErikson（1959）の研究を踏まえ、青少年の社会的なアイデンティティを育てるためには内省的な学習を行うことが重要であり、そのような学習により青少年が社会におけるアクティブな一員となることを手助けすると言える。このことを踏まえて、青少年に社会構成主義の立場からの内省学習を行う機会を提供することにより、彼らの規範意識を醸成することが重要であると言える。そのような学習の実践方式の例として、ディスカッション形式の学習やプロジェクトベースド・ラーニングなどがあげられる。

　これらの先行研究を基に、青少年の規範意識を高めるために内省型の啓発教育を実践していることは有効な手立ての1つであると言える。このような学習は、青少年の発達段階を踏まえて、リスクに対する知識を習得するための教育と、インターネット社会の一員としての規範意識を醸成していく教育とのバランスを図り、その適用度合いを考慮して実践してゆくことが鍵となるであろう。

第5節　保護者の啓発教育経験と実際の安全対策実施との相関

　家庭における安全なインターネット環境を確保するためには、保護者に対する啓発教育の状況とその教育が実際の安全行動に結びついたかについて評価す

ることは重要と言える。このことを念頭に置いて、内閣府（2011）の調査データを基に、保護者の啓発教育受講経験と実際の安全対策実施との相関関係を分析した[12]。

5.1 保護者の啓発教育受講経験とインターネット・リスクに対する注意行動との相関

保護者に対する分析として、齋藤・新垣（2012）では啓発教育の受講経験数と彼らのインターネット・リスクに対する注意項目数との相関係数を算出したところ、0.36と中程度の相関を示した[13]。この結果から、保護者の家庭におけるインターネット・リスクに対する意識を高めるためにも、彼らに対して啓発教育を提供することは有効な手立てであると言えよう。

5.2 保護者の啓発教育受講経験と家庭におけるルールの設定状況との相関

保護者の啓発教育の受講経験数と家庭のルール決めの状況との相関係数を算出したところ、R=0.29とやや弱いながらも相関がみられた。この結果から、保護者の啓発教育の経験が多いほど家庭におけるルール決めを行っている傾向にあることがわかる。

これらの保護者に対する2つの分析の結果から、保護者の啓発教育の経験は家庭におけるインターネットの安全行動に正の影響を与えていると考えられる。このことから、保護者に対する啓発教育を拡充することは有効な手立てであると言える。しかし、学校でのフォーマル教育としてインターネット・リテラシーを学ぶ機会のある子どもたちとは違い、保護者はそのようなフォーマル教育の学習機会がない。このことから、政府自治体、非営利社会団体、産業界などから提供されるノンフォーマル教育での学習の機会を確保していかなければならないということに留意しなければならない。

第4章

主要な知見と政策提言

第Ⅱ部　日本のインターネット・リテラシー指標開発プロジェクト

第1節　インターネット・リテラシー指標の開発と検証

　本章では、これまでの章で議論してきたILASの開発・検証・分析結果を再考する。総論として、ILAS指標システムは、青少年のインターネット・リテラシーを測定する指標として信頼性が確保され、運用実効性が高い指標であると言える。

1.1　ILAS指標システムによる15歳の青少年に求められるインターネット・リテラシー

　ILAS指標システムの基礎となる要素はリスク定義リストであると言える。このリスク定義リストは、OECDが定義するリスク分類を基にして、様々なインターネット上のリスクを3つの大項目、7つの中項目、13の小項目に分類し、それらのカテゴリーに関連する186ものリスク回避のための知識とスキルを定めた各「リテラシー内容」を定義したものからなる。このリスク分類を定めることにより、ほぼ100%の青少年が携帯電話を所有する高校生の年代に求められるインターネットのリスク回避能力を測定するための「青少年のインターネット・リテラシー指標」を策定することを可能にした。

1.2　ILASテスト・セットの策定による青少年のインターネット・リテラシーの測定

　ILASテスト・セットに設定するためのテスト・アイテムは、リスク定義リストから導かれた問題を100問以上策定した。ILASテスト・セットの出題数の決定は、高校の授業時間である50分／1限を想定するとともに、リスク定義リストで分類された7つのリスク中分類からバランスよく出題することを考慮

に入れて、合計49問の出題数に決定した。このアプローチにより、実際の高校の授業におけるILAS指標システムの運用可能性を高めたとともに、リスク分類に定めた各リスク回避能力をバランスよく測定することを可能とした。

1.3 CBT、紙筆式テストのどちらにおいても実施可能なILAS指標システム

プレ・テストにおけるCBT（422名）と紙筆式テスト（110名）の結果の比較では、平均スコアに有意な差があるとは言えない。CBTの平均スコアは36.0点（SD=7.2）であり紙筆式テストでは35.9点（SD=6.5）であった。この結果を基に、2つのテスト形式は同じグループに属するとみなすことができ、このことからILASテストの運用においてICTの利用環境の制約や予算の制約に応じて、いずれかの試験形式を選択することが可能と言える。

1.4 ILASテストのスコアにおいて男女の性差はない

ILASテスト結果の平均スコアを男女で比較すると、男子の平均スコアは36.3点（SD=7.3）であり、女子は35.7点（SD=6.8）であった。この結果から、青少年の性別はスコアに影響を与えないと結論づけることができる。

1.5 インターネット・リテラシーを測るための指標としての信頼が証明されたILAS指標システム

ILASテスト・セットの平均正答率は67%を得ており、このことからテストの難易度が適切であると考えられる。また、正答率の分布をみてみても0.22から0.94となだらかな勾配を持つ広い分布となっており、このことからも難度のバランスがとれていると言える。さらに、信頼性係数をみてみると、$\alpha=0.89$となり、ILASテスト・セットは内的整合性のとれた信頼性が高いテスト群であると言える。

第2節　ILASテストの結果を基にした政策提言

　ILASプロジェクトは、テストとアンケート結果を基にして具体的で属性に合った政策提言を行うことが可能である。本節では、政策立案をする際に有効な手立てであることを示しているILASプロジェクトの結果を基にして、日本のインターネットを利用する青少年の保護政策の提言を行うとともに、国際社会に向けた示唆を提示する。

提言1：青少年のセキュリティや電子商取引に関する知識を育てる

　ILASリスク中分類における平均スコアの比較では、「セキュリティ・リスク（59%）」と「不適正取引リスク（55%）」が他のリスク分類よりも低い得点となった。このことから、青少年に対してセキュリティや電子商取引に関する知識を強化するための啓発教育の推奨を行うことが求められる。

提言2：都市間におけるインターネット・リテラシーの格差を是正する

　ILASテストでは、人口規模が50万人以上の都市の被験者（74%）の方が人口30万人以下の都市の被験者（59%）よりも正答率が高いという結果を得た。このことから、都市の規模におけるインターネット・リテラシーの格差を是正する対策が必要と考えられる。

提言3：スマートフォン利用環境に適した技術的青少年保護措置の実施

　調査の結果、今日スマートフォンは青少年がインターネットに接続するためのデバイスとして最も多く利用されている通信機器であることがわかった（48%）。しかし、スマートフォンでは3GとWi-Fiの2つのネットワークを介してインターネットに接続することができる一方で、フィルタリングはそれらのネットワークに応じた形式を異にしたフィルタリングを利用しなければならな

第4章　主要な知見と政策提言

いという問題が生じている。さらに、アプリケーションのダウンロードには個人情報や機密情報の漏洩の問題があることや、マルウェアやトロイの木馬ウイルスなどに感染する恐れがあることなどのリスクに対する認識を持たずにアプリケーションをダウンロードしてしまうという問題も生じている。このような問題に対応するために、スマートフォン利用環境下における安全措置を講じることを推奨する施策が必要である。

提言4：Wi-Fiネットワークに対応したフィルタリングの普及促進

　スマートフォンにおける安全なインターネット利用のためには、Wi-Fiネットワーク向けのフィルタリングやアプリ・フィルタリングの利用が求められる。しかし、アプリ・フィルタリングの利用率が31.6％にとどまっている現状や、インターネット接続の方式が3GとWi-Fi方式があること自体を認識していない青少年が30％も存在することを踏まえなければならない。したがって、青少年に対してスマートフォンにおけるネットワーク方式の知識や、それに伴うフィルタリング方式の違いの認識、およびその利用を奨励してゆく必要があると言える。

提言5：青少年と保護者の間のインターネットの安全利用に関する話し合いの促進

　家庭において保護者とインターネットの安全利用について話し合っている青少年と話し合っていない青少年の正答率を比較すると、話し合いを行っている青少年（70％）の方が話し合いをしていない青少年（68％）の正答率よりも幾分高いという結果となった。家庭におけるインターネットの安全利用の意識づけは、青少年のインターネット・リテラシーを育成るるうえで正の作用をもたらすと考えられることから、保護者がそのような指導を家庭で行えるようにするために、保護者を支援してゆくことが必要と言える。

提言6：各種青少年保護サービス利用の推奨

　2012年に実施したILASの調査では、青少年におけるスマートフォンの所持率が59％までに急激に増加していた。その一方で、青少年保護のための様々な機能やアプリケーションの利用が進んでいないことも明らかとなった。青少年保護機能の利用率を個別にみてみると、セキュリティ・アプリの利用率が42.79％、プライバシー設定機能が41.39％、ペアレンタルコントロール機能に至っては、11.76％の利用率にとどまっていた。この結果から、各携帯電話事業者が提供している青少年保護サービスの利用を提案してゆくことは有効な手立てだと言えよう。

提言7：過度なインターネット利用規制による青少年のリテラシー習得機会に対する負の影響への考慮

　オンライントラブルの経験がある青少年と経験がない青少年の正答率の比較では、オンライントラブル経験のある青少年（71％）の方が経験のない青少年（65％）よりも高い正答率を示した。この結果から、青少年はインターネットを利用する過程や、その過程において経験するトラブルによってリテラシーを習得していることも想定される。この考察を踏まえると、青少年のインターネット利用を著しく制限することは、彼らのインターネット・リテラシー獲得に対して負の影響をも与えてしまいかねないことを示唆していると言える。

提言8：青少年のインターネットの安全利用に向けた規範意識を育てるための啓発教育の提供

　啓発教育の受講経験とフィルタリング利用率の相関関係の分析では、小学生ではR=0.23と弱いながらも相関がみられたものの、中学生ではR=0.23、高校生ではR=0.14とほとんど相関がないという結果であった。この結果から、青少年の年齢が上がるほど、啓発教育が実際のフィルタリング利用に結びついていないと言える。このような問題の解決には、インターネットのリスクを伝え

る従来の啓発教育に加えて、規範意識を育てる教育を青少年に提供することが重要であると言える。そのために、啓発教育の教育内容に知識を育てる教育とインターネット社会の参加者としての意識を育てる2つの教育の方向性が必要となる。

提言9：保護者のインターネット・リテラシー習得のための学習機会の提供

　保護者の啓発教育の受講経験数と彼らのインターネットのリスクに対する注意事項の数の相関係数を算出したところ、R=0.36と中程度の相関となった。また、家庭のルール数との相関係数を算出したところ、R=0.29と弱い相関があることがわかった。このように、保護者に対する啓発教育は実際の家庭での安全行動に結びついていることから、さらなる保護者に対する啓発教育を拡充し、保護者の指導力育成を図ることは有効であると言える。

結 論

第Ⅱ部　日本のインターネット・リテラシー指標開発プロジェクト

　本報告書では、ILAS指標システムは青少年のインターネット・リテラシーを測定するための指標として信頼性が高く、実運用性が高いことを示した。ILASに設定されているテスト・アイテムは、インターネットのリスクを回避するための能力を評価するための有効な尺度であることを証明している。アンケートは、青少年の通信ディバイスの利用状況や彼らのリスクに対する態度を評価することが可能である。リテラシー・テストとアンケートのクロス分析を行うことにより、リテラシーの習得と通信ディバイスの利用状況、リスク回避状況、リスクに対する態度などを課題ごとに評価することが可能となる。この方策により、啓発教育政策の改善への手助けを得ることができ、それは結果的に子どもたちの安心安全なインターネット利用環境の改善へとつながっていくであろう。

　さらに、本報告書ではスマートフォンのような多機能で洗練されたディバイスが青少年の間においても急激に普及していることを明らかにした。このような通信環境の変化は、これまでの携帯電話以上にウイルスへの感染、個人情報の流出などのリスクの上昇にもつながっている。これらの社会的問題は、青少年に対して、スマートフォン利用における個人情報保護やセキュリティ対策への意識向上を図っていく必要を示唆していると言える。

　人口規模の大きい都市の高校と小さい規模の都市の高校生のインターネット・リテラシーの比較では、人口規模の大きい都市の高校生の方がインターネット・リテラシーが高いという結果を得た。このことから、日本全土にあまねく啓発教育を提供することができる政策的な取り組みが重要となると考えられる。

　さらに、迷惑メールやウイルス感染などのようなインターネットのリスクとの遭遇経験とインターネット・リテラシーとの相関分析では、リスクに遭遇した経験のある青少年の方が、そのような経験をしていない青少年よりもインターネット・リテラシーが高いという結果を基にすれば、青少年はそのような利用過程においてインターネットに精通してゆくことが考えられる。この結果から、インターネットの利用を禁ずるような過度な青少年保護は、彼らのインターネットを活用する能力の習得機会に負の影響をも及ぼす可能性があることを

結論

考慮に入れなくてはならないであろう。保護者の監督のもとでインターネットを利用することが青少年のインターネット・リテラシーの習得に理想的なあり方であるとともに、甚大な被害にあう前に小さなリスクに遭遇することでリテラシーを習得できる環境を提供することが重要であると言える。さらに、インターネットの安全利用について保護者と話し合いをしている青少年は、そのような話し合いをしていない青少年よりもインターネット・リテラシーが高いという結果から、保護者が家庭において自分の子どもを指導できるように彼らに対する啓発教育を拡充してゆくための政策が重要であると言える。

ILASプロジェクトの今後の課題としては、環境が変化し続けるICT環境にILAS指標システムが対応し続けるために、定期的なレビューを行っていく必要がある。また、OECD (2012a) の「インターネット上の青少年の保護に関する理事会勧告」では保護者をエンパワーメントすることの重要性を指摘している。そのためには、青少年のみならず、保護者に対しても彼らのインターネット・リテラシーを測定し、保護者向けの啓発教育政策の改善に結びつけていくことも、今後に向けた課題と言える。

日本における青少年のインターネット・リテラシー指標開発プロジェクトの先進的な取り組みをOECD加盟国の青少年保護政策に外挿することにより、各国での政策の透明性や一貫性の向上、およびマルチ・ステークホルダーの共同を促すことに貢献できると考える。政策の透明性と一貫性の改善は、自主規制と共同規制を支援し、政策にかかるコストを削減し、政策の施行を加速化させることつながるであろう。さらに、政策の透明性の向上は、OECD加盟国における国際的な協調を可能とするであろう。これらのことから、日本のILASプロジェクトを通じて得た有益な経験を基に、国際的に青少年のインターネットのリスク回避能力を比較検討できる青少年保護指標を、OECD加盟国において施行することは意義のあることだと言える。

第Ⅱ部　日本のインターネット・リテラシー指標開発プロジェクト

注

1. 本分析の結果は、総務省情報通信政策研究所（2012a）において公開されている。
2. 本分析の結果は、総務省情報通信政策研究所（2012a）において公開されている。
3. 第1節の1.1項から1.8項の分析結果は、総務省情報通信基盤局（2012a）において公開されている。
4. $F_{(2,246.1)} = 192.06, p<0.001$.
5. PHSは、パーソナル・ハンディフォン・システムの略称（図Ⅱ.8参照）。PHSは、東アジア地域で使用されている1,880-1,930MHzの周波数帯で作動するモバイルネットワーク・システムの1つである。
6. $t_{(276.31)} = 7.21, p<0.001$.
7. $t_{(148.08)} = 3.46, p=0.001$.
8. $t_{(2,235.53)} = 8.07, p<0.001$.
9. 第2節の2.1項から2.7項の分析結果は、齋藤・吉田（2013）において公開されている。
10. 内閣府（2010）が行った全国調査では、2010年9月1日〜9月22日の期間において調査員による戸別訪問によりアンケート調査が行われている。本調査では2,000人の10〜17歳の青少年を対象に調査が行われ、1,369人からの有効回答を得ている（68.5%）。
11. これの分析結果は齋藤・新垣（2011）において公表されている。
12. 内閣府（2011）が行った全国調査では、2011年10月22日〜11月8日の期間において調査員による戸別訪問によりアンケート調査が行われている。本調査では2,000人の10〜17歳の保護者を対象に調査が行われ、1,400人からの有効回答を得ている（70.0%）。
13. 本分析の結果は齋藤・新垣（2012）において公開されている。

参考文献・資料

Bloom, B.S., J.T. Hastings and G.F. Madaus (1971), *Handbook on Formative and Summative Evaluation of Student Learning*, McGraw-Hill Book Company, New York.

内閣府 (2010),「青少年のインターネット利用環境実態調査」, *www8.cao.go.jp/youth/youth-harm/chousa/h22/net-jittai/pdf-index.html*（2012年10月確認）.

内閣府 (2011),「青少年のインターネット利用環境実態調査」, *www8.cao.go.jp/youth/youth-harm/chousa/h23/net-jittai/pdf-index.html*（2012年10月確認）.

Erikson, E.H. (1959), "Identity and the life cycle", *Psychological Issues*, Vol. 1, pp. 1-171.

Gagne, R.M., W.W. Wager, K.C. Gollas and J.M. Keller (2005), *Principles of Instructional Design* (5th edition), Wadsworth Publishing, Belmont, CA.

Kohlberg, L. and E. Turiel (1971), "Moral development and moral education", In G. Lesser (Ed.), *Psychology and Educational Practice*, Scott Foresman, Glenview, IL.

総務省 (2009),「インターネット利用におけるトラブル事例等に関する調査研究（平成23年度版）－インターネットトラブル事例集（Vol. 3）－」, *www.soumu.go.jp/main_content/000173733.pdf*（2012年10月確認）.

総務省情報通信政策研究所 (2012a),「青少年のインターネット・リテラシー指標（指標開発編）」, *www.soumu.go.jp/iicp/chousakenkyu/data/research/survey/telecom/2012/ilas2012-report-build.pdf*（2012年10月確認）.

総務省情報通信政策研究所 (2012b),「青少年のインターネット・リテラシー指標（実態調査編）」, *www.soumu.go.jp/iicp/chousakenkyu/data/research/survey/telecom/2012/ilas2012-report-survey.pdf*（2012年10月確認）.

OECD (2006), *Interim Report on Alternatives to Traditional Regulation: Self-regulation and Co-regulation* [GOV/PGC/REG (2006) 3]", OECD Publishing, Paris.

OECD (2008), *The Seoul Declaration for the Future of The Internet Economy*, OECD Publishing, Paris, *www.oecd.org/internet/consumerpolicy/40839436.pdf* (accessed 10 November 2012).

OECD (2009), *APEC-OECD Joint Symposium on Initiatives among Member Economies Promoting Safer Internet Environment for Children*, OECD Publishing, Paris, *www.oecd.org/sti/interneteconomy/44120262.pdf* (accessed 10 November 2012).

OECD (2012a), *Recommendation of the Council on the Protection of Children Online*, OECD Publishing, Paris, *http://webnet.oecd.org/oecdacts/Instruments/ShowInstrumentView.aspx?InstrumentID=272&InstrumentPID=277&Lang=en&Book=False* (accessed 10 November 2012).

OECD (2012b), *PISA 2009: Technical Report*, OECD Publishing, Paris.
OECD (2012c), *The Protection of Children Online: Risks Faced by Children Online and Policies to Protect Them*, OECD Publishing, Paris.
齋藤長行・新垣円 (2012),「青少年のインターネット利用環境整備のための保護者に対するノンフォーマル教育政策の方向性についての検討」国際公共経済学会誌、第23号、pp.78-89.
齋藤長行・新垣円 (2011),「青少年のインターネット利用における規範意識を育てるための協働学習についての研究」情報文化学会誌、第18巻2号、pp.60-67.
齋藤長行・吉田智彦 (2013),「青少年のスマートフォン利用環境整備のための政策的課題-実証データ分析から導かれる政策的課題の検討-」総務省情報通信政策レビュー第6号、pp.91-108.
齋藤長行・吉田智彦・赤堀侃司 (2012),「青少年がインターネットを安全に安心して活用するためのリテラシー指標の開発と評価」日本教育工学会研究会(ICTを活用したFD／一般 京都大学、pp. 45-50.
谷口洋志 (2003),「政府規制, 自主規制, 共同規制」経済学論纂、第44巻1-2号, pp.35-56.

あとがき

　最後に、あとがきとして本書が果たす役割について考えてみたい。本書はOECDから公開されたインターネット上の青少年保護に関する勧告と2つの報告書を翻訳したものである。これらの功績を日本の方々に広く知って頂くことには以下の意義があると考える。

　まず、日本はインターネットを利用する青少年保護に関する社会的実践は、他国に比べ先進的に取り組まれてきているということである。さらに、OECDやアジア太平洋経済協力（Asia-Pacific Economic Cooperation: APEC）の場において、本問題に関する国際的な貢献を先導的な立場で推進してきているということである。

　また、各国のインターネット上の青少年保護政策は、その国の通信環境や文化的な背景に依拠し、そこで発生しているインターネット上のリスクやそれに対する対策、啓発教育などの実践内容に差異があるということである。

　しかしながら、子どもたちを取り巻くインターネット上のリスクは、たやすく国境を越えて子どもたちに影響を及ぼす恐れがあることから、本問題に関して国際的な協調のもとで保護政策を講じていく必要がある。そのための1つの方策として、自主規制・共同規制を主軸とした青少年保護政策を講じることが有効であること、さらにそのような政策の効率性や効果を高めるためには、縦断的な研究によるエビデンスに基づく政策を施行することが必要とされると言うことである。

　これらは、OECD加盟国において共通の認識となっており、このことを日本の読者の方々に共有できたということは、本書著訳者の喜びである。

　本書を締めくくるにあたり、小職の執筆活動にご協力頂いた方々に謝意の辞

を記したい。堀部政男先生、総務省の松井正幸氏、大内康次氏らは、小職がOECDに赴任する前段階において、OECDやAPECにおいてインターネット上の青少年保護政策に関して尽力頂いている。また、OECD赴任当時は、総務省の玉田康人氏、大磯一氏、嶋田信哉氏、入江晃史氏、鎌田俊介氏、阿部かのみ氏（前職）、吉田智彦氏（情報通信政策研究所）らのサポートを受けて、原稿を執筆することができた。さらに、OECDの科学技術産業局（STI）デジタル経済委員会（DEP）のAnne Carblanc氏、Michael Donohue氏、Laurent Bernat氏、Christian Reimsbach-Kounatze氏らは、上司・同僚として、公私ともに支援を受けた。

　また第Ⅱ部は、「青少年インターネット・リテラシー指標策定委員会」での取り組みを日本の事例報告としてOECDから公開されたものである。本委員会の構成員である赤堀侃司委員長、新井健一副委員長、渡部洋顧問、石戸奈々子委員、小泉力一委員、新保史生委員、中川正樹委員、藤川大祐委員、松浦敏雄委員、一般社団法人日本教育情報化振興会（JAPET & CEC）の藤本康雄氏（前職）らの協力があったからこそ、その成果を国際社会に示すことができた。

　共同翻訳者の新垣円氏にも感謝を述べたい。新垣氏からは、本書の翻訳だけにとどまらず、第Ⅱ部において引用した、日本の青少年と保護者に対する啓発教育とフィルタリング利用との相関に関する分析を共同で行っている。長期にわたる共同翻訳・共同研究に付き合って頂き感謝の念に堪えない。新垣氏の協力がなければこれほどまでの成果を上げることはできなかったであろう。

　明石書店の安田伸氏からは、本書の企画を持ち込んだ際に快く受け入れて頂いたとともに、原稿の提出が遅れても辛抱強く待って頂いた。さらに、小職の至らない文章に対し、的確な校正をして頂いた。

　パリのOECD事務局に赴任し、本書第Ⅱ部の「日本のインターネット・リテラシー指標開発プロジェクト」の原稿を執筆していた当時が懐かしく思われる。昼休みには職員有志で、OECD事務局近くのスタッド・デ・ラミュエットという名のグラウンドにて、よくサッカーをしていた。チームメンバーも多彩

あとがき

で、フランス、イタリア、ドイツ、ポーランド、メキシコ、イギリス、コロンビア、ノルウェー……、など多国籍メンバーからなるチームであった。OECDサッカーチームのメンバーにも感謝している。

　休日には、妻と3人の子どもたちとともに、ブーローニュ・ビアンクールのマルシェに行っては、バケット、肉、野菜やチーズなどをよく買ったものだった。ブーローニュの森やセーヌ川にもよく散歩に行った。このようなかけがえのない時間があったからこそ、原稿の執筆に集中できたのだと思う。帰国後、翻訳作業をしている際も、家族の支えがあって成しえることができたと思う。妻と3人の子どもたちにありがとうと言いたい。

2015年11月1日
　自宅書斎にて

齋藤　長行

◎著者・訳者紹介

齋藤 長行（さいとう・ながゆき）　SAITO Nagayuki

1967年生まれ、山形県出身。慶應義塾大学大学院メディアデザイン研究科後期博士課程修了。博士（メディアデザイン学）。青山学院大学 HiRC 客員研究員、経済協力開発機構（OECD）科学技術産業局（STI）ポリシーアナリスト、国立国会図書館非常勤研究員等を経て、現在、KDDI 研究所研究主査、お茶の水女子大学非常勤講師、慶應メディアデザイン研究所リサーチャー。総務省の「青少年のインターネット・リテラシー指標に関する有識者検討会」では委員に就任し、「青少年がインターネットを安全に安心して活用するためのリテラシー指標（ILAS）」の策定に加わる。2015年5月アジア太平洋経済協力（APEC）第2回高級実務者会合（SMO 2）第52回電気通信・情報作業部会（APEC TEL 52）では、日本の青少年保護の取り組みを発表。現在、OECD 科学技術イノベーション局（STI）デジタル経済政策委員会（CDEP）デジタル経済計測分析作業部会（WPMADE）において、国際的なインターネット上の青少年保護に関する指標策定に向けた取り組みを行っている。主要著書に "Internet Literacy in Japan" OECD Publishing、「インターネット上の青少年保護政策担当者の政策意思決定構造に関する研究」国際公共経済学会誌第25号等がある。

新垣 円（あらがき・まどか）　ARAGAKI Madoka

愛知県出身。2007年東京大学医学系研究科健康科学・看護学専攻博士課程修了。博士（保健学）。以降、青山学院大学、大手前大学など複数の大学でオンライン／対面教育に従事。2012年米国ラトガース大学 Program in American Language Studies 修了。Certificate of Completion, Advanced level of English as a Second Language 取得。現在は、ビジネス・ブレークスルー大学経営学部グローバル経営学科専任講師。主要論文に、「ボランティア学習が高校生の自尊心・ソーシャルスキル・向社会的行動に与える短期影響：準実験的デザインによる評価」（学術論文、東京大学医学系研究科）などがある。

サイバーリスクから子どもを守る
──エビデンスに基づく青少年保護政策

2016年1月27日　初版第1刷発行

編著者　経済協力開発機構（OECD）
著訳者　齋藤長行
訳　者　新垣　円
発行者　石井昭男
発行所　株式会社 明石書店
　　　　　〒101-0021
　　　　　東京都千代田区外神田6-9-5
　　　　　TEL　03-5818-1171
　　　　　FAX　03-5818-1174
　　　　　http://www.akashi.co.jp/
　　　　　振替 00100-7-24505

組版　明石書店デザイン室
印刷・製本　モリモト印刷株式会社

（定価はカバーに表示してあります）　　　　ISBN978-4-7503-4300-6

教育研究とエビデンス
国際的動向と日本の現状と課題

国立教育政策研究所 編
大槻達也、惣脇宏、豊浩子、トム・シュラー、籾井圭子、津谷喜一郎、秋山薊二、岩崎久美子 著

◎3800円　A5判／376頁

学力の評価や教育政策の判断の際に活用されるエビデンスとはどのようなものか？　本書では、エビデンスの産出・活用について、その国際的動向や、医学などの先行分野における取り組みを概観するとともに、日本の教育分野における将来性や課題を明らかにする。

●内容構成●

第Ⅰ部　英国と米国におけるエビデンス活用の系譜
第1章　英国におけるエビデンスに基づく教育政策の展開
第2章　ランダム化比較試験とメタアナリシスの発展
第3章　米国のエビデンス仲介機関の機能と課題

第Ⅱ部　OECDと欧州の取り組み
第4章　OECDプロジェクトに見るエビデンスと教育的成果
第5章　エビデンス活用の推進に向けた欧州の取り組み

第Ⅲ部　我が国の動き
第6章　日本のエビデンスに基づく医療（EBM）の動きからのレッスン
第7章　エビデンス情報に基づくソーシャルワークの実践に向けて
第8章　知識社会における教育研究エビデンスの課題
第9章　エビデンスを活用した教育研究政策形成

諸外国の教育動向　2014年度版
文部科学省編著
●3600円

教員環境の国際比較
OECD国際教員指導環境調査（TALIS）2013年調査結果報告書
国立教育政策研究所編
●3500円

成人スキルの国際比較
OECD国際成人力調査（PIAAC）報告書
国立教育政策研究所編
●3800円

生きるための知識と技能5
OECD生徒の学習到達度調査（PISA2012年調査国際結果報告書）
国立教育政策研究所編
●4600円

TIMSS2011 算数・数学教育の国際比較
国際数学・理科教育動向調査の2011年調査報告書
国立教育政策研究所編
●3800円

TIMSS2011 理科教育の国際比較
国際数学・理科教育動向調査の2011年調査報告書
国立教育政策研究所編
●3800円

PISAから見る、できる国・頑張る国2
未来志向の教育を目指す：日本
経済協力開発機構（OECD）編著　渡辺 良監訳
●3600円

PISAの問題できるかな？
OECD生徒の学習到達度調査
経済協力開発機構（OECD）編著　国立教育政策研究所監訳
●3600円

〈価格は本体価格です〉

図表でみる教育 OECDインディケータ（2015年版）

経済協力開発機構（OECD）編著
徳永優子、稲田智子、西村美由起、矢倉美登里訳

A4判変型／並製　●8600円

OECD加盟各国の教育を取り巻く状況を国際的に比較・評価するデータ集。一連の最新のインディケータ（指標）を豊富かつ国際比較が可能な形で提示する。教育機関による成果と学習への影響、教育の成果を形成する政策手段と教育制度の運営や発展の方法、および教育に投資される人的資源と財源といった情報を、豊富な図表とともにテーマ別に構成。

●内容構成●

A章　教育機関の成果と教育・学習の効果
成人の学歴分布／後期中等教育卒業率／高等教育卒業率／親の学歴と高等教育進学率／最終学歴の就業状況／最終学歴による所得の増加／教育からの収益／教育による公的補助／教育への誘因／教育の社会的成果／就業・所得に対するスキルの影響／教育における男女差

B章　教育への支出と人的資源
在学者一人当たり教育支出／国内総生産（GDP）に対する教育支出の割合／教育支出の公私負担割合／公財政教育支出／高等教育機関の授業料と学生への公的補助／教育支出の使途別構成／教育支出の水準を決定する要因

C章　教育機会・在学・進学の状況
初等・中等教育への生徒の在学率／幼児教育／高等教育進学率／高等教育機関における留学生や外国人学生／若年者の就学及び就業状況／成人教育への参加

D章　学習環境と学校組織
初等・中等教育学校での生徒の標準授業時間数／学級規模と教員一人当たり生徒数／教員の給与／教員の授業時間数及び勤務時間数／教員及びスクールリーダーの意思決定／教員養成と調査の仕組み／教育現場での情報通信技術の評価と利用

図表でみる世界の年金 OECDインディケータ（2013年版）
OECD編著　岡部史哉訳　●7200円

図表でみる世界の主要統計 経済・環境・社会に関する統計資料
OECDファクトブック（2014年版）経済協力開発機構（OECD）編著　トリフォリオ訳　●8200円

図表でみる世界の保健医療 OECDインディケータ（2013年版）
OECD編著　鐘ヶ江葉子訳　●5500円　オールカラー版

図表でみる世界の行政改革 OECDインディケータ（2013年版）
OECD編著　平井文訳　●5500円　オールカラー版

図表でみる起業活動 OECDインディケータ（2012年版）
OECD編著　高橋しのぶ訳　●3000円

図表でみる国民経済計算 2010年版 マクロ経済と社会進歩の国際比較
中村洋一監訳　高橋しのぶ訳　●2800円

図表でみる世界の社会問題3 OECD社会政策指標　貧困・不平等・社会的排除の国際比較
OECD編著　高木郁朗監訳　麻生裕子訳　●2800円

地図でみる世界の地域格差 OECD地域指標（2013年版）オールカラー版　都市集中と地域発展の国際比較
OECD編著　中澤高志、神谷浩夫監訳　●5500円

〈価格は本体価格です〉

学習の本質 ―研究の活用から実践へ

OECD教育研究革新センター 編著
立田慶裕／平沢安政 監訳
佐藤智子／赤尾勝己／中澤智恵／岩崎久美子／有本昌弘 ほか訳

A5判／424頁
●4600円

21世紀を担う若者たちに求められるスキルやコンピテンシーは何か？ 認知科学、脳科学、動機・感情の研究、教室研究など、"最先端の研究知見をもとに学習の本質を明らかにし、学習者中心の効果的な実践にとって本当に必要とされる原理・原則を提示する。

● 内容構成 ●

第1章　21世紀の学習環境の分析と設計
第2章　学習についての理解の歴史的発展
第3章　学習の認知的視点：重要な10の知見
第4章　教室での学習において、動機と感情が果たす重要な役割
第5章　発達と生物学的視点からみた学習
第6章　形成的アセスメント：効果的な学習環境における共同学習
第7章　共同学習：何がグループワークを機能させるのか
第8章　テクノロジーを活用した学習
第9章　調べ学習：その可能性と挑戦
第10章　サービス・ラーニング：学習資源としてのコミュニティ
第11章　子どもの学習と社会化への家族の影響
第12章　家庭と学校のパートナーシップ
第13章　イノベーションの実践：空想的モデルから日常的実践へ
21世紀の学習環境の方向性

知識の創造・普及・活用 ―学習社会のナレッジ・マネジメント

OECD教育研究革新センター編著　立田慶裕監訳
●5600円

脳からみた学習 ―新しい学習科学の誕生

OECD教育研究革新センター編著
小泉英明監修　小山麻紀、徳永優子訳
●4800円

学習成果の認証と評価 ―働くための知識・スキル・能力の可視化

OECD編著　山形大学教育企画室監訳　松田岳士訳
●2800円

教育のトレンド2 ―図表でみる世界の潮流と教育の課題

OECD教育研究革新センター編著　立田慶裕監訳　宮田緑訳
●2400円

スクールリーダーシップ ―教職改革のための政策と実践

OECD編著　有本昌弘監訳　多々納誠子、小熊利江訳
●3800円

ESDコンピテンシー ―学校の質的向上と形成能力の育成のための指導指針

トランスファー21編　由井義通、卜部匡司監訳
高雄綾子、岩村拓哉、川田力、小西美紀訳
●1800円

キー・コンピテンシー ―国際標準の学力をめざして

ドミニク・S・ライチェン、ローラ・H・サルガニク編　立田慶裕監訳
●3800円

研究活用の政策学 ―社会研究とエビデンス

S・ナトリー、I・ウォルター、H・デイヴィス著
惣脇宏、豊浩子、籾井圭子、岩崎久美子、大槻達也訳
●5400円

〈価格は本体価格です〉

メタ認知の教育学
生きる力を育む創造的数学力

OECD教育研究革新センター 編著
篠原真子、篠原康正、袰岩晶 訳

A5判／上製／280頁
◎3600円

「何を学習するか」から「いかに学習するか」へ。21世紀の革新型社会においては、自身の思考を振り返る高次の思考方法「メタ認知」が求められる。本書は、この「メタ認知」概念を整理し、数学教育におけるメタ認知教授法の効果について検証する。

●内容構成●
- 第1章 革新型社会における数学教育と問題解決能力
- 第2章 メタ認知とは何か?
- 第3章 メタ認知の教授法
- 第4章 数学教育におけるメタ認知指導の効果
- 第5章 到達度に対するメタ認知教授法の効果
- 第6章 社会的スキルと感情的スキルに対するメタ認知教授法の効果
- 第7章 学習を促すためのテクノロジーとメタ認知的プロセスの統合
- 第8章 教員研修のためのメタ認知プログラム
- 第9章 本書を振り返って：要約と結論

多様性を拓く教師教育 多文化時代の各国の取り組み
OECD教育研究革新センター編著　斎藤里美監訳
◎4500円

国境を越える高等教育 教育の国際化と質保証ガイドライン
OECD教育研究革新センター・世界銀行編著
斎藤里美監訳　徳永優子、矢倉美登里訳
◎3800円

形成的アセスメントと学力 人格形成のための対話型学習をめざして
OECD教育研究革新センター編　有本昌弘監訳　小田勝己、小田玲子、多々納誠子訳
◎3800円

世界の教育改革4 OECD教育政策分析
「非大学型」高等教育とICT、学校教育と生涯学習
租税政策と生涯学習　稲川英嗣、御園生純監訳
◎3800円

移民の子どもと格差 学力を支える教育政策と実践
OECD編著　斎藤里美監訳　布川あゆみ、本田伊克、木下江美訳
◎2800円

移民の子どもと学力 社会的背景が学習にどんな影響を与えるのか
OECD編著　木下江美、布川あゆみ訳
◎3200円

教育と健康・社会的関与 学習の社会的成果を検証する
OECD教育研究革新センター編著　矢野裕俊監訳
山形伸二、佐藤智子、荻野亮吾、立田慶裕、籾井圭子訳
◎3800円

学習の社会的成果 健康、市民、社会的関与と社会関係資本
OECD教育研究革新センター編　坂巻弘之ほか訳
NPO法人教育テスト研究センター(CRET)監訳
◎3600円

〈価格は本体価格です〉

主観的幸福を測る
OECDガイドライン

経済協力開発機構（OECD）編著
桑原進 監訳　高橋しのぶ 訳

A5判／上製／432頁
◎5400円

人は自分の生活についてどのように評価し、どのように感じているか。主観的幸福を測定し比較することは可能なのか。「生活評価」「感情」「エウダイモニア」等の心理的な尺度に焦点をあて、主観的幸福を測定し評価するためのガイドラインを提示する。

●内容構成●
- 第1章　主観的幸福尺度の概念と妥当性
- 第2章　主観的幸福測定の方法論的考察
- 第3章　主観的幸福の測定
- 第4章　主観的幸福度データの公表と分析
- 附録A　主観的幸福尺度の実例
- 附録B　質問群

OECD幸福度白書
OECD編著　徳永優子、来田誠一郎ほか訳
より良い暮らし指標：生活向上と社会進歩の国際比較
●5600円

OECD幸福度白書2
OECD編著　西村美由起訳
より良い暮らし指標：生活向上と社会進歩の国際比較
●4500円

OECD医療政策白書
〈第2回OECD保健大臣会合背景文書〉
OECD編著　小林大高、坂巻弘之訳
費用対効果を考慮した質の高い医療をめざして
●3800円

OECD世界開発白書2
OECD開発センター編
富のシフト世界と社会的結束
●6600円

OECD教員白書
〈第1回OECD国際教員指導環境調査（TALIS報告書）〉
OECD編　斎藤里美監訳
効果的な教育実践と学習環境をつくる
●7400円

OECD保育白書
OECD編著　星三和子、首藤美香子、大和洋子、一見真理子訳
人生の始まりこそ力強く：乳幼児期の教育とケア（ECEC）の国際比較
●7600円

OECDジェンダー白書
OECD編著　濱田久美子訳
今こそ男女格差解消に向けた取り組みを！
●7200円

OECD成人スキル白書
第1回国際成人力調査（PIAAC）報告書
経済協力開発機構（OECD）編著　矢倉美登里ほか訳
〈OECDスキル・アウトルック2013年版〉
●8600円

〈価格は本体価格です〉

グローバル化と言語能力
自己と他者、そして世界をどうみるか

OECD教育研究革新センター 編著
本名信行（青山学院大学名誉教授）監訳
徳永優子、稲田智子、来田誠一郎、
定延由紀、西村美由起、矢倉美登里 訳

A5判／上製／736頁
◎6800円

言語学習は、コミュニケーションを促進する手段であるだけでなく、アイデンティティや他者性、さらには文化や世界についての理解を深める鍵となる。本書は、グローバル化時代における言語と文化の多様性と、それが教育とどう関係するのかという問題について考察する。

●内容構成●
- 第Ⅰ部　グローバル化・言語・モチベーション
- 第Ⅱ部　言語・文化・アイデンティティ
- 第Ⅲ部　地域・言語・政策
- 第Ⅳ部　人口移動・言語・移民
- 第Ⅴ部　言語の学習・方法・目的

ミャンマーの多角的分析　OECD第一次診断評価報告書
OECD開発センター編著　門田清訳
●4500円

格差拡大の真実　二極化の要因を解き明かす
経済協力開発機構（OECD）編著　小島克久、金子能宏訳
●7200円

創造的地域づくりと文化　経済成長と社会的結束のための文化活動
OECD編著　寺尾仁訳
●4500円

メンタルヘルスと仕事・誤解と真実　労働市場は心の病気にどう向き合うべきか
〈OECDメンタルヘルスと仕事プロジェクト〉
OECD編著　岡部史信、田中香織訳
●4600円

よくわかる国際移民　グローバル化の人間的側面
OECDインサイト③
ブライアン・キーリー著　OECD編　濱田久美子訳
●2400円

社会的企業の主流化　「新しい公共」の担い手として
OECD編著　連合総合生活開発研究所訳
●3800円

官民パートナーシップ　PPP・PFIプロジェクトの成功と財政負担
OECD編著　平井文三監訳
●4500円

子どもの福祉を改善する　より良い未来に向けた比較実証分析
OECD著　高木郁朗監訳　熊倉瑞恵、関合みのぶ、永由裕美訳
●3800円

〈価格は本体価格です〉

インターネット経済
デジタル経済分野の公共政策
〈OECDソウル宣言進捗レビュー〉

経済協力開発機構（OECD）編著
入江晃史 訳

A5判／上製／272頁
◎4500円

新たな成長を牽引するインターネット経済。高速インフラ、IPv6、周波数割当、デジタルコンテンツ、グリーンICT、消費者保護、電子商取引、グローバルアクセスなど、デジタル経済分野における基本論点を整理し、今後の政策課題を明らかにする。

● 内容構成 ●

第1章　ソウル宣言：進捗の概観と将来の取組の提言
第2章　高速インフラを経由したインターネットへのアクセス
第3章　イノベーションと持続可能性：デジタルコンテンツとグリーンICT
第4章　消費者の強化と保護
第5章　インターネット経済へのグローバルな参加

OECD 科学技術・産業スコアボード
［2011年版］オールカラー版
グローバル経済における知識とイノベーションの動向

OECD 編著
高橋しのぶ 訳

B5判／並製／208頁
◎7400円

経済を不況から脱却させ、持続可能な成長と競争力の源泉を見出すための鍵は何か。活力あるイノベーションや分野を超えた研究開発に焦点をあて、国際比較可能なデータをもとにOECD諸国及び主要新興諸国における科学、技術、産業の実績や将来展望を概観する。

● 内容構成 ●

第1章　知識型経済：傾向と特徴
　成長の源泉／新たな成長の勢力図／変化するイノベーションの展望／イノベーションの現状／今後の課題

第2章　知識の構築
　新規博士号取得者／博士号取得者の職歴／科学技術関連の職業 ほか

第3章　知識の連結
　R&Dの官民相互の助成／R&Dへの国際的な助成／共同研究／政府によるR&D助成／医療分野のイノベーション／環境技術 ほか

第4章　新たな成長分野を狙う

第5章　企業のイノベーションを引き出す
　様々なイノベーション形態／広がるイノベーション／商標 ほか

第6章　グローバル経済における競争
　雇用／サービス業と製造業の連携／企業規模と活力／産業部門の特化 ほか

〈価格は本体価格です〉